安秉煜 에세이

안병욱 희망론

三育出版社

靑年希望論

별을 쳐다보며 삽시다

■ 책 머리말

하늘이 사람을 이 세상에 내어 보낼 때에 각자에게 맡기는 사명(使命)과 소임(所任)이 있다고 나는 생각한다. 우리는 아무 의미(意味)도 목적도 보람도 없이 그저 이 세상에 태어나는 것은 결코 아니다. 저 마다 저 다운 존재 이유(存在理由)가 있고 존재 가치가 있다.

산다는 것은 자기를 표현하는 것이다. 산다는 것은 자기의 존재 가치(存在價値)를 나타내는 것이다. 산다는 것은 자기의 천분(天分)을 표현하고 자기의 개성을 발휘하고 자기의 소임을 다하는 것이다. 산다는 것은 저마다 제 길을 가고, 제 노래를 부르고, 제 향기(香氣)를 들어내고, 제 말씀을 하고, 제 빛을 발(發)하는 것이다. 인생(人生)은 창조적 자기 표현(創造的 自己表現)이다. 그것을 최고도로 잘 하는 사람이 인생의 성공자요, 승리자요, 행복자(幸福者)라고 나는 생각한다.

세계는 무대(舞臺)요, 인생은 그 무대에서 저 마다의 연기를 하는 배우다. 우리는 자기의 역할(役割)을 잘 해내는 인생의 명배우(名俳優)가 되고 명연기자(名演技者)가 되어야 한다. 명배우의 명연기는 우리의 심금(心琴)을 울리고 마음에 큰 감동을 불러 일으킨다. 인생에서 가장 중요한 것은 자기의 천직(天職)과 사명(使命)을 자각하고 그 천직과 사명에 온 정성(精誠)과 정열을 쏟는 것이다. 심혈(心血)을 다하여 자기의 맡은 역할을 명배우처럼 잘 해내는 것이다.

철학과 사색을 하며 글을 쓰는 것이 나의 사명이요 천직이다. 나는 그렇게 생각하고 많은 글을 썼다. 나의 키만큼 책을 쓰고 죽는 것이 나의 인생의 간절한 소원이요, 높은 목표다. 하늘이 나에게 그러한 천수(天壽)와 건강을 주실는지 모르겠다. 다만 그렇게 믿고 나에게 주워진 사명(使命)과 천직(天職)의 길을 꾸준히 걸어갈 따름이다.

삼육출판사에서 《안 병욱 전집(安秉煜全集)》 17권 《안 병욱 인생론(安秉煜人生論)》을 내었고 안병욱 전집 18권 《좌우명(左右銘) 365일》를 출간했다. 이 책은 그 뒤를 잇는 나의 수상집(隨想集)이다. 나의 전체 저서(著書)로서는 32권째의 책이다. 이 책은 그동안에 쓴 글을 모은 것이다.

나는 절망(絶望)과 회의(懷疑)의 아들이 되고 싶지 않다. 희망과 광명(光明)의 인간이 되고 싶다. 인간은 희망을 먹고 사는 동물이다. 희망은 생명의 양식이요, 용기(勇氣)의 어머니요, 기쁨의 원천(源泉)이다. 희망의 태양이 인생을 비치는 한 우리는 언제 어디서나 기쁜 마음과 즐거운 심정(心情)으로 생(生)을 살아갈 수 있다.

이번에 출판사의 요청으로 구(舊) 《희망(希望)의 철학(哲學)을 안 병욱 희망론(安秉煜希望論)》으로 개명(改名)한다.

1989년 8월
二於齋齋에서

怡堂 安 秉 煜

■ 차 례

■ 제1장 나의 길을 가련다
　　　□ 감사하는 마음／11
　　□ 별을 쳐다보며 삽시다／14
　　　　　□ 飛仙臺／17
　　　□ 나의 學窓時節／19
　　□ 讀書에서 心田耕作을／22
　　□ 마음에 太陽을 가져라／33
　　　　□ 밀레의 晩鐘／36
　　　　□ 나의 愛誦詩／42
　　　　□ 敎育의 보람／44
　　□ 春園 李光洙 선생님／48
　　□ 南岡 李昇勳 선생님／54
□ 이 한해에 또 친구들은 가고／58
　□ 저 하늘의 별을 노래하며／61
　　　　　□ 碑　文／64
　□ 죽음을 追放하는 生／66

■ 제2장 힘은 맑은 江물처럼
　　　　□ 創造의 힘／71

□ 理想의 힘／75
□ 精誠의 힘／78
□ 意味의 힘／81
□ 使命의 힘／84
□ 靈感의 힘／88
□ 鍊磨의 힘／91
□ 信念의 힘／94
□ 智慧의 힘／97
□ 希望의 힘／100
□ 사랑의 힘／103

제3장 산다는 것의 意味

□ 濁流를 헤치고／109
□ 立　志／118
□ 人間의 城은 어디에／120
□ 산다는 것은 길을 찾는 것／123
□ 孝／130
□ 絶望은 存在하지 않는다／133
□ 片片想／138
□ 奉仕에서 보람을／146
□ 人物難／149
□ 調和의 美／153
□ 慈母・賢母・勇母／157
□ 協同의 精神／164
□ 希望의 哲學／167
□ 네 일을 사랑하라／172
□ 敬天愛人 正心誠意／177

■ 제4장 運命의 저 별빛아래

　　　　　　　　□ 瞑想錄／185
　　　　　　　　□ 市民倫理／190
　　　　　　　　□ 儒林의 使命／196
　　　　□ 책이 있으니 즐겁지 않으랴／201
　　　　　　　　□ 創造的 知性／212
　　　□ 企業家精神과 리이더십론／221
　　　　　　□ 哲學과 現實의 論理／241
　　　　　　　□ 國難克服의 姿勢／247
　　　　　□ 民族自力更生의 哲學／264

제1장 나의 길을 가련다

□ 감사하는 마음／11
□ 별을 쳐다보며 삽시다／14
□ 飛仙臺／17
□ 나의 學窓時節／19
□ 讀書에서 心田耕作을／22
□ 마음에 太陽을 가져라／33
□ 밀레의 晩鐘／36
□ 나의 愛誦詩／42
□ 敎育의 보람／44
□ 春園 李光洙 선생님／48
□ 南岡 李昇勳 선생님／54
□ 이 한해에 또 친구들은 가고／58
□ 저 하늘의 별을 노래하며／61
□ 碑　文／64
□ 죽음을 追放하는 生／66

감사하는 마음

감사는 행복의 문을 여는 열쇠다. 고마와하는 마음을 가질 때 우리는 행복한 일생을 살 수 있다. 불평불만으로 가득 찰 때 행복의 여신은 사라지고 불행의 여신이 우리를 찾아온다. 행복은 감사의 나무에 피는 꽃이요, 불행은 불평 불만의 나무에 돋는 독버섯이다.

우리는 감사하기 공부를 해야 한다. 모든 일에 고마와하는 마음을 가지도록 힘써야 한다. 사도 바울은 우리에게 '범사에 감사하라'는 진리를 가르쳤다. 종교는 은혜에 보답하는 생활을 역설한다. 감사심(感謝心)의 훈련은 인생의 중요한 훈련의 하나다.

너무 풍족한 생활을 하면 감사하는 마음을 잊어 버리기 쉽다. 무슨 일이나 쉽게 이루어지면 감사하는 심정을 가지기가 힘들다.

우리는 고생을 해야 한다. 고생끝에 목적을 달성해야 고마와하는 마음을 느낄 수 있다. 추위에 떨어본 사람이 태양의 고마움을 느낀다. 굶주림에 시달린 사람이 밥 한그릇에 고마움을 안다. 갈증의 고통을 겪은 사람이 시원한 물 한그릇에 감사하는 마음을 갖는다. 인정에 굶주린 사람이 사랑의 고마움을 뼈저리게 느낀다.

우리는 치열한 경쟁 사회 속에서 살아간다. 너와 나의 가혹한 경쟁은 우리의 마음에서 감사의 심정을 빼앗고 우리의 입술에서 고맙다는 말을 자꾸만 앗아간다.

오늘날 우리의 언어에는 감사어(感謝語)가 점점 적어져 간다. '고맙습니다' '감사합니다'하는 말을 들어 보기가 힘들어졌다. 이것은 지극히 불행한 일이다. 따뜻한 말과 말이 오고 가고, 부드러운 웃음이 오고 가고, 정다운 인사가 오고 가고, 흐뭇한 감사와 감사가 오고 갈때 우리의 인생은 즐거움이 있고 삶에는 기쁨이 있다.

어떤 지방에 갔더니 국민 학교 시절부터 '고미실안 교육'을 한다고 한다. 고미실안이 무슨 뜻이냐고 물었더니 '고맙습니다.' '미안합니다.' '실례합니다.' '안녕히 계십시오'의 머릿자를 딴 것이라고 한다. 참으로 좋은 생각이다. 인간 관계에 이런 말이 자주 오고 갈 때 기쁨과 화목의 꽃이 핀다.

기계에 기름을 치면 부드럽게 돈다. 인간 관계에 감사라는 기름을 치면 모든 일이 평화와 기쁨 속에 부드럽게 돌아간다. 신(神)은 우리의 마음속에 감사라는 감정을 심어 주었다. 우리는 이 감정을 키우고 확대시키고 심화(深化)시켜야 한다. 고마와해야 할 때 고마와하지 않는 사람은 인간으로서의 자격이 부족한 사람이다. 감사해야할 일에 감사할 줄 모르는 사람은 사람의 값이 떨어진다. 감사하는 마음은 인간을 인간답게 하는 근본의 하나다.

우리는 어려서부터 감사하는 마음을 길러야 한다. 큰 일은 물론 적은 일에도 고마와할 줄 아는 심정을 가져야 한다. 감사심의 훈련은 인간 교육의 중요한 항목이다. 빛깔을 바로 분간하는 능력이 없는 사람을 색맹(色盲)이라고 한다. 감사해야할 때 감사하는 마음을 못갖는 것은 일종의 도덕적 색맹이다.

나는 내 인생에 대하여 아무것도 감사할 것이 없다고 불평하는 사람이 있을는지 모른다. 그것은 잘못된 생각이요, 옅은 생각이다. 누구의 인생에나 몇가지의 감사할 것이 있다. 우리는 그것을 찾아야 한다.

나는 병원의 환자를 볼 때마다 나의 건강에 감사한다. 앞 못보는 맹인을 볼 때 나의 눈에 감사한다. 자녀가 없어서 슬퍼하는 부모를 볼 때 나에게 자녀가 있는 것을 감사하게 생각한다. 실직(失職) 속에서 헤매는 사람을 볼 때 나에게 만족스러운 직업이 있는 것을 감사한다.

나는 아침에 일어나서 맑은 날씨와 밝은 태양에 먼저 감사한다. 오늘도 건강한 몸으로 보람 있는 일을 할 수 있는 것을 감사한다. 나에게 쓸만한 집이 있고, 나를 아껴주는 친구가 있고, 나의 글을 애독해 주는 많은 독자가 있는 것을 늘 고맙게 생각한다.

나에게 몇 가지의 재능이 부여되어 있고, 내가 사랑하는 사업이 있고, 내가 소중히 생각하는 조국과 동포가 있는 것을 나는 고맙게 생각한다. 또 좋은 책이 있고, 좋은 음악이 있고, 위대한 문학과 예술과 철학과 사상의 풍성한 보고(寶庫)가 내 앞에 있는 것을 나는 감사하게 생각한다.

인생은 결코 외로운 것도 아니요, 불행한 것도 아니다. 감사하는 마음을 항상 마음속에 지닌다면 인생은 언제나 즐거운 것이요, 살 재미와 보람이 있는 것이다.

허무주의자나 염세주의자들이 말하는 것처럼 인생은 그렇게 허무한 것도 아니요, 괴롭기만 한 것도 아니다. 인간도처유청산(人間到處有靑山)이라고 하였다. 감사의 눈으로 인생을 바라보라. 인생은 기쁨의 샘터요, 행복의 화원(花園)이 될 수 있다. 인생은 성실하게 살 만한 가치가 있는 것이요, 열심히 노력하고 생활할 만한 보람이 있는 것이다.

별을 쳐다보며 삽시다

"별을 쳐다보며 삽시다."

고독(孤獨)했던 여류 시인 노 천명(盧天命)의 말이다.

하늘의 꽃을 별이라고 하고, 땅의 별을 꽃이라고 한다. 별과 꽃은 미(美)의 두 형제요, 자연의 아름다운 두 오누이다. 그러나, 별과 꽃은 이미지가 다르다. 꽃처럼이라고 하면 아름답게 라는 뜻이요, 별처럼이라고 하면 청수고고(淸秀孤高)하다란 뜻이다.

별은 높은 곳에서 빛난다. 별은 우리가 쳐다보는 존재다. 우리는 별처럼 우러러 보는 존재를 마음속에 지니고 살아야 한다. 그래서 별처럼 높이 쳐다보는 탁월한 인물을 우리는 스타라고 한다. 옛날은 괴에테가 스타요, 다빈치가 스타요, 플라톤이 스타요, 원효(元曉)가 스타요, 도 연명(陶淵明)이가 스타였다.

현대의 대중 사회는 스타의 개념과 차원이 말할 수 없이 타락 저속해지고 말았다. 별은 영원의 심벌이다. 우주 개벽(開闢)이래 별은 영겁(永劫)의 옷을 입고 무한한 공간과 무한한 시간 속에서 불멸의 빛을 발한다. 별은 영원의 아들이요, 영원의 딸이다. 별은 이상의 심벌이다. 별은 언제나 어두운 밤에 빛난다. 별이 없는 밤은 캄캄하다. 우리의 마음속에서 이상의 별이 사라질 때 우리는 어두운 생활로 전락한다.

별은 이상(理想)의 자녀들이다. 별은 희망의 심벌이다. 암흑의 밤에 찬란한 별빛은 우리에게 희망의 광명을 던진다. 인간은 희망을 먹고 사는 동물이다. 우리의 존재가 희망을 못먹을 때 우리는 병이 든다. 우리는 희망의 별이 필요하다.

별은 순수(純粹)의 심벌이다. 별의 세계에는 오염이 없고 혼탁이 없다. 별은 한없이 맑고 깨끗하다.

별은 청정(淸淨)의 천재다. 별은 순수의 대표다. 우리는 별처럼 순수한 혼(魂)을 가져야 한다. 별은 순수의 아들이요, 순수의 딸이다. 별은 영원의 옷을 입고 정결한 얼굴에 희망의 표정을 지으며 우리에게 순수의 미소를 던진다.

우리는 항상 별을 쳐다보며 살아야 한다. 우리의 존재의 지성소(至聖所)에 성좌(星座)가 빛나야 한다.

그런데 우리는 별을 잊어버리고 살아간다. 우리는 별을 쳐다보지 않고 살아간다.

오염의 도시에서는 별빛도 흐려졌다. 한 달에 한번도 별을 쳐다보지 못하고 살아가는 불행한 도시인(都市人)이 얼마나 많은지 모른다.

"별을 노래하는 마음으로 모든 죽어가는 것들을 사랑해야지"하고 불우했던 젊은 저항시인 윤 동주(尹東柱)는 읊었다.

현대인은 별을 노래하는 마음을 상실했다. 그렇기 때문에 존재를 사랑하는 마음도 잃어버려 간다. 우리의 마음속에 별이 찬란하게 빛날 때 우리는 존재를 사랑하는 마음이 싹튼다.

별은 우리의 정신의 고향이다. 우리의 정신이 언제나 돌아가서 포근히 안겨야 할 존재의 안식처다.

어린 시절, 시골의 마당에 멍석을 깔고 할머니의 무릎을 베고 옛말을 들으면서 총총히 깔린 밤의 은하수(銀河水)를 바라보던 시절이 있었다. 오늘의 어린 세대는 별 대신에 텔레비전을 바라보고 산다.

이제 별을 쳐다보며 사는 것은 옛날의 이야기가 되고 말았다.

20세기의 위대한 별이었던 쉬바이쩌는 이렇게 말했다.

"현대인이 하루에 몇 분만이라도 밤 하늘을 쳐다보며 우주를 생각한다면 현대 문명은 이렇게 병들지는 않았을 것이다."

　우리의 발이 흙을 밟기를 게을리하면서부터 현대 문명은 병들기 시작했다. 우리의 눈이 별을 쳐다보기를 잊어버리면서부터 현대인의 정신과 생활은 병들기 시작했다.

　별을 바라보라. 밤 하늘을 쳐다보라. 너의 존재가 무한(無限) 속의 한 점(點)이요, 너의 일생이 영원 속의 한 순간임을 깨달을 것이다.

　너의 명성, 너의 업적, 너의 재산이 하나의 티끌이요, 하나의 무(無)요, 하나의 공(空)에 지나지 않는다는 것을 느낄 것이다.

　우리는 별을 바라보며 겸손을 배워야 한다. 우리는 별을 바라보며 인간의 유한(有限)을 배우고 나 자신의 한계를 깨달아야 한다.

　우리는 별을 바라보며 인간의 허욕(虛慾)을 버리고 교만을 버려야 한다.

　별은 인간에게 실재(實在)를 가르쳐주는 우주의 지혜요, 자연의 스승이다. 현대인은 하늘에 별이 있다는 것을 망각하고 살아간다. 땅만 보면서 살아가는 것이 현대인이다.

　현대인이여, 고개를 쳐들자. 그리고 높이 별을 바라보자.

　나의 존재를 별과 결부시키자.

　우리는 별을 쳐다보며 살아야 한다. 우리는 별같이 살아야 한다. 우리는 별의 꿈을 배우고 별의 순수를 지니고 별의 노래를 익히고 별의 미(美)를 본받아야 한다.

　인생을 별처럼 살자.

飛 仙 臺

　돌에는 의지(意志)의 미학(美學)이 있다. 바위에는 힘의 예술이 있다. 크고 작은 바윗돌이 아무렇게나 놓여있는 것 같은데 보면 볼수록 제자리에 꼭 알맞게 위치를 자리 잡고 있다. 이것이 자연의 질서요, 계곡의 예술이다. 나는 설악산(雪嶽山)의 비선대(飛仙臺) 계곡을 무척 좋아한다.
　남한의 계곡의 여왕이다. 선녀(仙女)가 날아갔다고 해서 비선대라고 명명했다. 그럴만한 상상(想像)과 명칭이 나옴직하다.
　5월의 신록이 우거졌을 때 물소리를 들으면서 비선대의 계곡을 올라가는 맛은 천하 일품(天下一品)이다.
　10월의 단풍이 온 산을 붉게 채색할 때 비선대의 바위에 앉아서 가파른 절벽을 바라보는 정취(情趣)는 비할 데가 없다.
　어쩌면 물들이 저렇게 맑을까. 어쩌면 돌들이 저마다 개성이 뛰어날까. 몇 천년 몇 만년 흐르고 또 흐르는 맑은 물에 씻기고 또 씻기어 선녀의 살결처럼 희고 곱게 세탁된 그 돌들의 피부, 격류에 돌끼리 부닥치어 뾰족한 규각(圭角)이 닳아 없어지고 동그랗게 다듬어진 돌의 미학(美學), 비선대의 계곡을 걸으면 저절로 마음이 맑아지고 가슴속이 깨끗해진다.
　"청천석상류(淸泉石上流)"라고 고인(古人)은 읊었다. 맑은 물이 돌을 씻으면서 쉴새없이 흘러간다.
　"자연(自然)은 신(神)의 예술"이라고 시인 단테는 말했다. 비선대의 계곡은 신의 아름다운 예술의 하나다. 돌과 물과 물소리가 혼연 일체(渾然一體)하여 이루어 놓은 자연의 놀라운 작품, 그것이 비선대의 계곡이다.

  심신이 피로하거든 비선대의 계곡을 찾아가라. 바위 위에 앉아 물소리를 듣고 물빛을 보라.

  산광수색(山光水色)이 청정심(淸淨心)과 청정신(淸淨身)의 경지로 당신을 인도할 것이다.

  비선대의 계곡에는 바위의 미학이 있고 수성(水聲)의 음악이 있고 영혼의 안식이 있다.

나의 學窓時節

"지상(地上)에서 가장 아름다운 것은 대학(大學)"이라고 영국의 계관 시인(桂冠詩人) 존 메인스필드는 갈파했다.

인생의 황금 시대를 든다면 나는 대학 시절을 들겠다. 나는 행복한 대학 시절을 보낼 수 있었던 것을 운명(運命)의 신(神)에게 먼저 감사하고 싶다.

나는 일제 말기의 1930년대 말에서 40년대 초까지 약 4년반 동안 동경 와세다(早稻田) 대학을 다녔다.

부모의 은덕(恩德)으로 경제적 염려없이 내가 갈망하던 철학과(哲學科)에 들어가서 마음대로 공부할 수 있었다.

학생은 미래를 위하여 무기와 자본을 준비하는 자다. 장래의 힘찬 활동을 위하여 힘을 기르고 실력을 축적하는 자다. 대학 시절은 인간의 일생을 통하여 가장 성장력과 흡수력이 강하다. 나는 왕성한 의욕을 가지고 정신적 영양소를 흡수했다.

열심히 강의를 듣고 열심히 독서하고 열심히 사색했다.

대학 시절은 꿈을 키우는 때다. 산다는 것은 꿈을 갖는 것이요, 그 꿈을 실현하기 위하여 분투 노력하는 것이다. 꿈을 대망(大望)이라고 해도 좋고 야심이라고 해도 무방하고 비전 또는 이상이라고 해도 좋다. 산다는 것은 꿈을 추구하는 것이다. 나는 대학에서 열심히 꿈을 키웠다. 공부한다는 것은 심전경작(心田耕作)을 하는 것이다. 마음의 밭을 갈고 좋은 생명의 씨앗을 뿌리는 것이다.

나는 대학 시절에 여행과 운동을 별로 하지 않았다. 이렇다 할 사람도 없었다. 놀고 향락하는 일을 멀리 하였다. 나의 대학 시절은 독서에 제일 많은 시간을 보냈고, 좋은 영화를 감상하는 것이 취미였고, 명곡을 듣는 것이 낙이었고, 서예(書藝) 공부하는 것이 가장 큰 보람이었다. 동서 고금의 많은 고전과 명작을 읽으려고 애썼다. 철학·종교·문학·전기(傳記)·역사 등 다방면의 책을 읽었다.

좋은 책을 읽는다는 것은 얼마나 즐겁고 보람있는 일인지 모른다. 독서는 고인(古人)과의 깊은 정신적 대화(精神的 對話)다. 좋은 책을 읽으면서 우리는 옛날의 위대한 인물들과 행복한 만남의 시간을 갖는다. 예수의 소리를 듣고, 공자의 말씀에 귀를 기울이고, 괴에테가 하는 소리를 경청하고, 율곡(栗谷)의 얘기에 정신이 팔리고, 도스토예프스키의 음성에 매혹된다.

그것은 얼마나 흐뭇한 일인가. 독서없는 인생은 맛이 없는 음식과 같다. 대학 시절에 촌음(寸陰)을 아끼면서 열심히 읽은 많은 명작 고전(古典)이 오늘의 나의 자아와 인간을 성장시키는데 결정적 영양소가 되고 정신적 비료(精神的 肥料)가 되었다.

일제하의 한국은 어둡기만 했다. 우리의 말과 글은 말살되고 민족의 희망은 캄캄하고, 일본인의 압박은 날로 심해 갔다. 그런 속에서도 나는 열심히 독서하고 공부했다.

고등 학교 시절에는 40명 학생 중에 한국 학생은 나하나 뿐이었다. 나는 일본 청년들에게 무엇을 하여도 절대로 져서는 안된다고 마음속에 결심했다. 내가 열심히 공부하는 것이 조국에 대한 사랑이요, 충성이라고 생각했다. 그래서 일인(日人) 학생들에게 지지 않으려고 이를 악물고 공부에 전심전력했다. 성적은 늘 상위권에서 일본 학생들과 막상막하의 실력을 다투었다.

나는 언제나 나이보다 늙어 보이는 인상이었다. 같은 나이의 학생들이 한데 모이면 좌장(座長) 노릇을 했다. 일인 학생들과 연설하는 자리에서 나의 연설이 가장 절찬을 받았을 때 민족적 자신(民族的 自信)과 승리감(勝利感)에 도취하지 않을 수 없었다.

 그래서 일인 동급생들은 나를 언제나 높이 보았다. 대학의 권위있는 어떤 일인 노교수(老敎授)가 어느날 나에게 "안군은 풍격(風格)이 있는 학생"이라고 여러 학생들 앞에서 나를 칭찬하였다. 나는 흐뭇한 만족감을 느꼈다.

 나의 대학 시절의 최대의 수확은 서예 공부다. 붓글씨를 쓰기 시작한 것이다. 중국의 유명한 서가들의 서첩(書帖)을 보는 것이 다시 없는 즐거움이었다. 주나라의 석고문(石鼓文)의 탁본(拓本)에서 청말의 유명한 서첩에 이르기까지 수십권의 책을 사서 항상 보고 즐겼다. 이것이 나의 큰 자랑이었다.

 동경의 하숙방에서 밤늦게까지 혼자 반듯하게 꿇어앉아 먹을 갈고 글시를 쓰면서 서예 삼매경(書藝三昧境)의 행복한 시간을 자주 가졌다.

 나는 그동안 20여권의 책을 썼다. 그리고 적지않은 나의 독자가 나의 책을 애독한다. 이것은 내가 대학 시절에 일심 불란(一心不亂)으로 독서하고 공부한 결과라고 생각한다.

 앞으로 나의 인생의 목표는 대학 시절에 익힌 서예를 하나의 예술의 경지까지 완성하는 일이다.

 당(唐)의 명필 구양순(歐陽詢)이 쓴 《구성궁 예천명(九成宮醴泉銘)》의 글씨를 대학 시절에 10여회나 썼다. 이것이 오늘의 나의 글씨의 바탕을 이룬다. 지금도 그 책을 보면 20대 전반의 젊은 학생 시절에 밤늦게까지 홀로 하숙방에서 글씨 공부에 전력투구(全力投球)하던 나의 모습이 방불(彷佛)하게 떠오른다. 서예는 나의 대학 시절의 최대의 즐거움이요 수확이요 보람이었다.

 나는 행복한 대학 시절을 보낸 것을 항상 나의 운명에 감사한다.

讀書에서 心田耕作을

인간의 일생을 통해서 가장 감격성(感激性)이 강하고 흡수력 (吸收力)이 왕성하고 성장력이 싱싱한 것은 10대 후반기다.

그러므로 이때 무슨 책을 읽고, 어떤 감명을 받고, 어떤 영향을 받느냐하는 것은 우리의 후반기의 생애를 좌우하는 중요한 문제다.

이때에 가장 좋은 책을 많이 읽어야 한다. 대학에 가서, 또는 어른이 되어서 읽는 책은 10대 후기(後期)의 독서만큼 강렬한 영향과 인상을 주지 못한다.

이 시기에 읽은 책이 우리의 성격 형성과 정신 건설(精神建設)과 사상(思想) 방향에 가장 결정적(決定的) 작용을 한다.

봄에 좋은 씨앗을 많이 뿌려야 가을에 풍성한 수확을 거둘 수 있다. 여름에 씨앗을 뿌리면 좋은 추수를 거두기 어렵다. 독서는 심전경작(心田耕作)이다. 우리 마음의 밭에 정신의 씨앗을 뿌리는 것이다.

인생의 봄에 해당하는 독서의 시기가 10대 후반기다. 10세 전에 좋은 책을 읽지 않은 사람은 후일 정신적 대성(精神的 大成)을 하기 힘들다.

무슨 일이나 다 때가 있다. 씨를 뿌릴 때가 있고, 열매를 거둘 때가 있다. 때를 놓치면 그 효과도 없다. 독서야말로 때가 가장 중요하다.

나는 20세 이후에 읽은 책보다도 20세 이전에 읽은 책에서 결정적 감명을 받았다. 그것이 나의 인생의 방향과 성격을 형성하는데 큰 힘이 되었다. 그런 점에서 볼 때 요즘의 고등 학생들이 대학 입시에 쫓기어 10대 후반기에 좋은 책을 거의 읽지 못하는 것은 개인적으로나 민족적으로나 크게 불행한 일이요, 또 크게 손해가 되는 일이다.

거름을 주지 않은 화초는 시들기 쉽다. 정신의 화초(花草)도 마찬가지다. 감격성과 성장력(成長力)과 흡수력이 왕성한 10대 후반기에 우리는 좋은 책을 많이 읽고 후일의 대성을 위한 인생의 근본력(根本力)을 축적해야 한다.

독서에는 네 가지 종류가 있다. 첫째는 재미를 위해서 책을 읽는 것이다. 둘째는 지식을 얻기 위해서 독서하는 것이다. 세째는 교양을 위한 독서다. 네째는 감격(感激)을 하기 위하여, 어떤 힘과 용기를 얻기 위하여 책을 읽는 것이다. 단순히 지식이나 재미를 우리에게 제공하는 독서는 우리에게 큰 힘이 되지 않는다.

나는 네째번의 독서를 특히 강조하고 싶다. 우리의 심금을 울리고, 우리에게 큰 감동을 일으키고, 우리의 마음에 혁명을 가져오는 책들이 있다. 그런 책들이 인간의 성격 형성(性格形成)에 결정적인 영향을 준다.

나는 인생에서 감격성(感激性)의 가치(價値)를 가장 높이 평가한다. 인간이 감격한다는 것은 얼마나 좋은 일인가. 감격성이 없다는 것은 정신의 죽음을 의미한다. 좋은 말을 듣고도, 좋은 글을 읽고도 아무 감격이 없다면 그것은 정신의 감수성(感受性)이 다 고갈된 것이요, 마음의 생명이 다 시든 것이다.

감격은 인간의 가장 큰 정신적 자본이다. 사람이 책을 만들고 책이 사람을 만든다. 좋은 책이 좋은 사람을 만든다. 한권의 책이 우리의 생애를 바꾸어 놓는 수도 있다. 한권의 책이 역사와 사회의 방향을 좌우하는 수도 있다. 그런 책을 찾았다면 운명의 신에 크게 감사해야 한다. 우리의 마음을 흔들어 놓는 책, 우리의 눈을 새로 뜨게 하는 책, 우리의 생활에 큰 힘을 주는 책, 우리의 좌우명(座右銘)이 될 만한 책, 우리에게 희망과 용기(勇氣)와 신념을 주는 책, 그런 책이 정말 책다운 책이다. 나는 특히 젊은이들에게 그런 책을 읽으라고 권하고 싶다. 나는 10대 후반기에 춘원 이 광수(春園李光洙) 선생의 책을 읽고 일생의 결정적 영향을 받았다.

나는 감격성이 가장 강한 시기에 춘원의 책을 읽게 되었다는 것을 나의 운명에 감사하고 싶다.

춘원만큼 일제 시대의 한국인에게 영향을 준 작가가 없다. 그는 붓 한자루로 한국의 정신계를 지배했다. 나는 춘원의 영향을 너무나 많이 받았다. 스폰지가 왕성한 흡수력을 가지고 물을 빨아들이듯이 나의 젊은 혼(魂)은 춘원의 책에서 정신적 영양소를 최대한으로 흡수했다. 후일 춘원이 친일 행동(親日行動)을 한 것을 나는 가장 슬퍼했다. 중학교 3학년, 그러니까 열여섯살 때부터 20세까지 약 5년 동안 나는 춘원의 글을 탐독하고 애독하고 정독(精讀)했다.

제일 처음에 《무정(無情)》을 읽었다. 《무정》은 나의 어린 가슴을 동경과 꿈과 경이(驚異)로 가득 차게 했다. 신문화(新文化)가 한국에 들어오는 새시대의 여명기(黎明期)에 우리 나라의 젊은 청년들이 사랑에 눈이 뜨고, 이상에 눈이 뜨고, 민족에 눈이 뜨고, 자아에 눈이 뜨고, 자기의 사명에 눈이 뜨는 정신적 자각사(精神的 自覺史)를 소박하지만 힘있게 그린 《무정》은 나에게는 너무나 큰 충격이었다.

《무정(無情)》을 읽고 나는 춘원의 열렬한 팬이 되었다. 마의 태자(麻衣太子)를 읽고 역사 소설에 흥미를 느꼈다. 《어린 궁예(弓裔)》의 이야기는 소년의 호기심을 더욱 자극했다.

《단종 애사(端宗哀史)》를 읽고는 의(義)의 힘에 놀랐다. 인간에게는 사랑이니, 돈이니, 권력이니, 명예니 하는 가치 위에 의(義)라고 하는 높고 준엄한 가치가 엄연히 존재한다는 것을 춘원은 《단종 애사(端宗哀史)》를 통해서 박진미(迫眞味)가 있게 그려 놓았다. 나도 의인(義人)이 되어 의(義)의 면류관을 쓰고 의를 위해서 살아가야 되겠다는 결심을 어린 소년 시절에 품게 되었다. 그 시대의 의는 항일하는 것이요, 민족의 독립을 위해서 싸우는 것이었다.

3·1 운동을 배경으로 하고 쓴 《재생(再生)》도 깊은 감명 속에 읽었다. 평이하면서 사랑의 심금에 호소하는 춘원의 문장력에 나는 놀라지 않을 수 없었다.

주 요한과 김 동환(金東煥)과 이 광수(李光洙)의 시를 모은 《삼인 시가집(三人詩歌集)》은 나의 마음속에 낭만과 감상(感傷)을 흠뻑 심어주었다. 주 요한 선생의 《봄비》는 지금도 그대로 윌 수가 있다. 소박한 언어로 엮은 춘원의 시를 나는 무척 좋아했다. 후일 불교로 귀의(歸依)한 다음에 쓴 춘원의 시조집(時調集)을 나는 애독했다.

이 시집은 5백부인가 1천부 한정판(限定版)으로 출판되었는데 춘원이 직접 붓으로 쓴 친필의 글씨가 들어 있었기 때문에 더욱 마음에 들었다.

6·25동란으로 이 책은 시중에서 구해볼 수 없게 되었다. 다시 간직하고 싶은 호화판의 시집이다.

《흙》은 춘원의 대표작의 하나다. 중학교 3학년 때 밤을 꼬박 밝혀 가면서 이 소설을 탐독했다. 다 읽고 나서 너무나 벅찬 감명 속에 수십장의 독후감을 일사 천리로 썼다.

지금 그 원고를 본다면 어린 소년의 치기(稚氣)와 객기(客氣)가 넘치는 서투른 글이겠지만 싱싱한 젊음이 약동하는 뜨거운 감격의 맥박이 힘차게 뛰고 있을 것이다.

중학교 3학년 때 춘원에게 편지를 썼다. 선생님의 좋은 글을 읽고 큰 감명을 받아 한없이 감사하다는 내용과 《무정(無情)》이란 소설은 왜 이름을 무정이라고 했는지 알고 싶다는 내용이었다.

며칠 후에 춘원의 답장이 왔다. 나는 그것을 받아들고 미칠 듯이 기뻐했다. 읽고 또 읽고, 수십번 읽어서 그 내용을 구구 절절 다 기억하고 있었다. 한장으로 된 짧막한 편지였다.

춘원은 그 답장에서 나의 작품을 그렇게 애독해 주니 고맙다는 얘기를 쓰고 성현(聖賢)의 말씀을 보고 배우고 익혀서 군(君) 스스로 성인(聖人)처럼 되려고 힘쓰는 것이 우리 민족을 위하는 길이라는 내용이었다. 이 편지를 6·25때 잃어버린 것은 나의 가장 큰 아쉬움 중의 하나다.

《애욕(愛慾)의 피안(彼岸)》, 《그의 자서전(自敍傳)》, 《개척자(開拓者)》, 《이차돈(異次頓)의 죽음》은 모두 나에게 정다운 작품이다. 나는 춘원의 작품 중에서 《유정(有情)》과 《사랑》을 가장 좋아한다.

《유정(有情)》은 인간의 정의 고마움과 아름다움과 슬픔을 그린 걸작이다. 춘원 자신도 자기 작품중에서 이 작품을 가장 사랑한다고 했다. 나는 낭랑한 목소리로 하숙방 한구석에 앉아 이 소설을 큰 소리로 읽고 혼자 깊은 감동의 소용돌이 속에 빠졌다. 이 소설에 나오는 광막한 시베리아의 자연 묘사와 주인공이 사랑과 민족을 안고 이역(異域)을 혼자 방랑하는 이야기는 어린 소년의 마음에 낭만과 비장미(悲壯美)의 감격을 흠뻑 심어 주었다.

춘원의 단편 소설 중에서 가장 좋아하는 것은 가실(嘉實)이다. 한국인의 이상적(理想的) 인간상(人間像)을 찾는다면 나는 《가실》에서 찾고 싶다. 소박하고 의리(義理)가 있고, 부지런하면서 인정미가 넘치는 《가실》은 한국인의 대표적 모델이 아닐까. 대표적 한국인을 나는 《가실》에서 발견한다.

춘원 문학의 최고봉(最高峰)은 《사랑》이란 작품이다. 민족주의자(民族主義者)로서 검거되어 옥중에서 고생을 하다가 풀려나온 춘원이 언제 죽을는지 모르는 그런 절박한 심정을 느끼면서 때로는 직접 쓰고 때로는 기운이 없어서 구술(口述)해서 쓴 《사랑》은 춘원 문학의 총결산이라고 나는 생각한다.

그의 사상은 원숙했고 그의 문장과 표현력은 천의무봉(天衣無

縫)의 경지에 도달했다. 춘원의 사랑은 육(肉)을 떠난 영(靈)의 사랑을 너무 강조했기 때문에 오늘날의 성애(性愛) 중심의 사랑으로 보면 현실 유리적(現實 遊離的)인 데가 있다. 주인공 안 빈(安賓)과 석 순옥(石筍玉) 사이에 벌어지는 너무나 청순하고, 너무나 숭고하고, 너무나 아름다운 사랑의 이야기는 사랑의 이데아를 그린 명작이라고 아니할 수 없다. 원래 춘원은 이상주의 작가(理想主義作家)이지만 이 소설에 그의 이상주의 정신이 유감없이 표현되어 있다. 이렇듯 나는 10대 후반기의 어린 시절을 춘원의 소설을 읽으면서 감격과 기쁨과 꿈속에서 보냈다. 이것은 내 인생의 보배요, 자랑이다.

　독서는 너와 나의 깊은 정신적 만남이요, 즐거운 마음의 대화요, 인생의 진지한 개안(開眼)이다. 우리는 책을 읽을 때 동서고금의 철인·사상가·문학자와 깊은 정신적인 만남을 가질 수 있다. 나보다 뛰어난 인물들과 정신적으로 만날 수 있다는 것은 얼마나 흐뭇하고 보람있는 일인가.
　《논어(論語)》를 읽으면 인간지(人間智)가 숲처럼 풍성했던 공자(孔子)의 지혜를 만나게 된다.
　《우파니샤트》를 읽으면 고대 인도의 철인들의 깊은 사색의 향기를 느낄 수 있다. 희랍의 비극작품(悲劇作品)을 읽으면 운명과 싸우다가 비장(悲壯)하게 패배하는 영웅들의 고뇌의 소리를 들을 수 있다.
　괴에테의 《파우스트》를 읽으면 놀라운 종합적 천재(綜合的 天才)의 예지(叡智)에 가득찬 말씀을 들을 수 있다. 현실의 인간에 대해서 우리는 실망하는 경우가 너무나 많다. 존경할 만한 스승을 찾기 어렵고 진심으로 믿을 수 있는 지기(知己)를 발견하기 힘들다. 그러나 책속에는 뛰어난 인물과 사상들이 밤하늘의 성좌(星座)처럼 찬란하게 빛난다. 우리는 책에서 정다운 지기를 찾을 수 있고 사숙(私淑)하는 스승을 만날 수 있다.

독서는 고인들과의 즐거운 대화다. 칸트는 조용한 말로 인생의 진리를 말한다. 니이체는 시적 언어(詩的 言語)로 생(生)의 심연(深淵)을 파헤친다. 도 연명(陶淵明)은 소박한 표정으로 자연에 안겨서 살아가는 생의 진미(眞味)를 우리에게 들려준다.

산다는 것은 너와 내가 대화를 나누는 것이다. 풍성한 생이란 풍성한 대화를 의미한다. 자연과의 대화, 신과의 대화, 역사와의 대화, 진리와의 대화, 인간과의 대화 속에서 우리는 살아간다. 깊은 대화는 우리의 정신적 개안(精神的 開眼)을 촉구한다.

좋은 책을 읽으면 마음의 눈을 뜨게 된다. 우리의 심안(心眼)을 열어주는 책이 위대한 책이다.

인간의 정신의 창조물 중에서 책처럼 훌륭한 것이 없다. 로마의 권력도 금력도 망했지만 로마의 위대한 책은 아직도 남아 있다. 영원히 남는 것은 오직 위대한 책뿐이다.

책은 말씀의 보고(寶庫)요, 지혜의 숲이요, 진리의 저수지요, 사고(思考)의 결정(結晶)이요, 정신의 진주요, 영혼의 향기(香氣)다.

좋은 책을 읽으면 3천년의 인생을 살 수 있다. 동서 고금의 지혜(智慧)의 교향곡(交響曲)을 들을 수 있다.

책이 없다면 인생은 얼마나 황량(荒涼)하고 무미 건조하겠는가.

나는 일제 시대에 일본에서 고등 학교와 대학을 나왔다. 나라 없는 슬픔을 이역의 하늘 아래서 독서로 달래면서 5년을 보냈다. 여행도 사랑도 운동도 노는 것도 모르고 책 속에서 청춘의 정열을 불살랐다. 책을 읽는 것이 곧 사는 것이었다. 인간으로서의 폭넓은 교양을 쌓기 위하여 다방면의 책을 읽었다.

책속에서 보낸 대학생 시절을 나는 지금 감사 속에 회상한다.

대학 시절에 왼 한시(漢詩)의 한 구절이 생각난다.

폐문시즉심산(閉門是卽深山)

독서수처정토(讀書隨處淨土).

중국시인 진 계유(陳繼儒)의 시다. 문을 닫으면 곧 깊은 산이요, 책을 읽으면 어디나 정토라는 것이다. 독서 삼매경(讀書三昧境)을 노래한 시귀다.

철학·종교·문학·전기 등, 많은 책을 탐독했지만 나에게 가장 큰 영향을 준 것은 《논어(論語)》다. 대학 때, 일곱번을 읽었다. 나의 서가에는 논어가 일곱권이나 꽂혀 있었다. 매번 새책을 사서 읽었고, 다 읽으면 어느날 어디서 몇번 째라고 꼭 써 넣었다. 그것이 말할 수 없는 즐거움이었다.

공자는 위대한 상식인이요, 가장 폭이 넓은 휴우머니스트라고 나는 생각한다. 제일 아끼던 고제자(高弟子) 안 회(顏回)가 30여세에 요절했을 때 "아아 하늘이 나를 망쳤다"고 땅을 치며 통곡하던 공자에서 우리는 다정 다감한 인간미를 발견한다.

좋은 음악을 듣고 심취한 나머지 석달 동안 고기맛을 잊었다고 술회(述懷)하는 공자에서 우리는 위대한 예술가의 일면을 발견한다. 인(仁)에 의지하여 예술 속에서 살아야 한다는 말에서 그의 진면목(眞面目)을 발견한다.

나는 많은 사람들이 공자의 인간상(人間像)을 왜곡했다고 생각한다.

후일 나는 공자론을 쓸 생각이다. 공자의 일상시의 모습은 《논어(論語)》에 의하면 이이여(怡怡如)했다고 한다. '이(怡)'는 '기쁠 이'자로서 화열(和悅)을 의미한다. 공자는 마음이 평화롭고 희열에 넘쳐 있었다. 나는 대학 시절에 이당(怡堂)이라는 아호(雅號)를 손수 지어서 썼다. 논어 수천자 중에서 내가 가장 좋아하는 글자로서 '이(怡)'자 한자를 골라서 이당(怡堂)이라고 했다.

그만큼 《논어(論語)》가 좋았다. 지금도 논어를 손에 들면 마음의 고향에 돌아온 듯한 흐뭇한 심정을 느낀다. 논어는 나의 인생관(人生觀)과 성격을 형성하는데 결정적 작용을 했다. 사람은 누구든지 한 두권의 애독서를 가져야 한다. 논어는 무한한 지혜의 샘이다.

《논어(論語)》가 계기가 되어 《대학(大學)》, 《중용(中庸)》, 《맹자(孟子)》를 읽게 되었고, 또 《노자(老子)》를 애독하게 되었다. 나는 중국의 자연시인 도 연명(陶淵明)을 위시하여 당시(唐詩)에 매력을 느꼈었다. 일요일이면 대학 도서관에서 온종일 맹 호연(孟浩然)·위 응물(韋應物)·왕 유(王維) 등의 시집을 노우트에 전부 베끼었다. 고된 일이었지만 즐거웠다.

인생을 유연(悠然)하게 살아가는 자세를 나는 그들한테서 배웠다. 돈이니 명예니 권력이니 하는 인생의 가치를 대수롭지 않게 여기는 초탈(超脫)의 경지를 중국의 시인들은 나에게 가르쳐 주었다.

간소(簡素)한 생활(生活), 그리고 고원(高遠)한 사색――(Simple life, and high thinking)이 나의 생의 신조다. 나는 정신의 자유와 독립을 인생에서 가장 높이 평가한다. 이것은 무엇과도 바꿀 수 없는 천하의 지보(至寶)다. 나는 이 지보를 간직하고 싶다.

도 연명의 채국동리하 유연견남산(採菊東籬下悠然見南山)의 경지를 나는 가장 부러워한다. 한 송이의 국화꽃을 담 밑에서 꺾어 들고 유연한 마음으로 남산을 바라보는 그 여유 있는 자세, 우리는 그런 자세와 심경으로 인생을 살아야 한다. 나에게 그런 경지를 가르쳐 준 것은 공자와 당나라의 시인들이었다.

대학 시절에 전당시(全唐詩)를 샀다. 상당히 비싼 금액이었다. 당나라의 시를 전부 모은 중국책이다. 이 책을 지금 갖지 못하는 것은 나의 큰 아쉬움 중의 하나다.

《신약 성서(新約聖書)》도 《논어(論語)》처럼 나를 사로잡지는 못했다. 《팡세》를 읽었지만, 참으로 그 깊은 의미를 안 것은 40 넘어서였다. 니이체의 명저《짜라투스트라》는 그 내용보다도 상징과 비유를 자유롭게 구사하면서 일사 천리로 써내려간 그 표현의 미(美)에 매혹되었다.

대학 시절에 괴에테의 《파우스트》도 읽었지만 그 깊은 뜻은 불혹(不惑)을 넘어서 다시 읽었을 때 이해할 수 있었다. 사람은 자기의 이해력의 정도만큼 고전이나 명작을 이해할 수 있다.

아무리 유명한 고전이나 명작도 읽는 이의 인생 체험(人生體驗)이나 사색력이 빈약할 때는 도저히 그 진미(眞味)나 정수(精粹)를 이해할 수가 없다. 나는 대학 시절에 그런 것을 많이 경험했다. 좋다고 해서 읽어 보았지만 무엇이 왜 좋은지를 몰랐다. 그런 책이 많았던 것 같다. 책은 우리의 정신적 능력에 맞추어서 읽어야 한다.

돼지 앞에 진주(眞珠)라고 그리스도는 말했다. 명작이나 고전도 그걸 이해할 만한 능력이 없는 사람에게는 큰 의미와 가치가 없는 것 같다.

독서는 자기의 정도에 맞게끔 지혜로운 선택이 필요하다. 나는 《팡세》나 《파우스트》를 40을 넘어서 재독(再讀)했을 때 그 깊은 의미를 비로소 이해했다. 그런 점에서 고전이나 명작은 인생의 연륜(年輪)이 많이 쌓인 후에 다시 읽고 다시 음미해야 한다.

그래서 요즘 다시 고전과 명작을 읽어가고 있다.

소설은 독일이나 프랑스의 것보다도 러시아 문학에 심취했다. 톨스토이는 만년의 민화집(民話集)이 더 마음에 들었다. 도스토예프스키의 《카라마조프의 형제》는 어느 작품보다 깊은 감명을 받았다. 특히 아료샤의 인품(人品)에 끌렸다. 내가 되고 싶은 인간이 있다면 아료샤가 아닐까. 젊은 시절에 그런 생각을 하면서 이 작품을 탐독했다. 나는 소설도 좋아했지만 전기(傳記)를 애독했다. 위대한 인간의 전기는 우리에게 깊은 감명을 준다.

간디의 자서전(自敍傳)과 로맹 롤랑이 쓴 《간디전(傳)》은 대학 시절의 나에게 큰 감동을 준 책이다. 나는 고전이나 명작(名作)을 다시 읽을 생각이다. 젊었을 때에는 멋모르고 읽은 것들이 많다. 이제는 인생의 연륜도 쌓이고 사색과 체험도 생겼기 때문에 명작이나 고전의 진미(眞味)와 정수(精粹)를 제대로 이해할 수 있을 것 같다.

마음에 太陽을 가져라

──── 졸업하는 고교생에게 ────

"오늘의 문제는 싸우는 것이요, 내일의 문제는 이기는 것이다." 프랑스의 문호(文豪) 빅토르 위고의 말이다. 나는 졸업하는 학생 제군에게 먼저 이 말을 보내고 싶다.

사람이 산다는 것은 부단히 싸우는 것이다. 여름에는 더위와 싸워야 하고 겨울에는 추위와 싸워야 한다. 또 온갖 질병과 싸워야 한다. 생존 경쟁(生存競爭)의 무대에서 싸워야 한다. 우리는 싸우면 이겨야 한다.

고등 학교를 마치고 어떤 이는 대학으로 진학하고 또 어떤이는 사회로 진출한다. 모두가 합격의 영광을 차지하고 승리의 개가(凱歌)를 부르는 것은 아니다. 낙방(落榜)의 고배를 마셔야 하는 이도 있고 불합격의 패배를 겪어야 하는 이도 있다. 가정 형편으로 대학에 진학하지 못하는 이는 자기의 불여의(不如意)한 처지를 비관할 것이다. 또 시험에 떨어져서 앞이 캄캄해지는 절망 끝에 자포 자기하여 타락의 구덩이로 빠질 위험도 없지 않다.

영어에서는 졸업(卒業)을 코멘스먼트(Commencement)라고 한다. 시작한다는 뜻이다. 인생은 졸업이 없는 학교다. 사람이 산다는 것은 부단히 싸워야 하는 분투 노력의 과정이다. 우리는 남과 싸워서 이겨야 하는 동시에 특히 자기 자신과 싸워서 이겨야 한다.

인생의 패배자(敗北者)는 대개 자기와의 싸움에서 지는 것이다. 나의 게으름과 나의 무책임과 나의 비겁과 나의 박지 약행 (薄志弱行)과 싸워서 이기는 용사만이 인생의 영광된 승리자가 될 수 있다.

나는 졸업생 제군에게 세 가지 지혜를 강조하고 싶다.

첫째는 자기의 실력(實力)과 분수(分數)에 맞는 목표를 세우라는 것이다.

율곡 선생은 젊은이에게 먼저 입지(立志)를 강조했다. 우리는 저마다 인생의 높은 뜻을 세워야 한다. 산다는 것은 어떤 목표를 세우고 그 목표를 달성하기 위하여 꾸준히 노력하는 것이다. 목표가 없는 인생은 죽은 인생이다. 나의 천분(天分)과 능력을 잘 살릴 수 있는 동시에 민족 사회를 위하여 가치 창조(價値創造)를 할 수 있는 큰 목표와 높은 이상을 우리는 먼저 세워야 한다. 그러나 우리는 또한 실력과 분수를 망각해서는 안된다.

실력과 분수를 망각한 인생의 목표와 이상은 한낱 허황한 꿈이 되기 쉽다. 그러므로 우리는 먼저 자기 자신을 바로 알아야 한다. 자기 자신을 안다는 것은 자기의 형편과 처지를 알고 거기에 맞는 목표를 세우는 것이다. 젊은이여 대망(大望)을 가져라. 공상이 아니고 이상을 가져라. 허황한 꿈이 아니고 실현성(實現性)이 있는 비전을 지녀라. 꿈이 없는 젊은이는 젊은이가 아니다.

둘째로 나는 인내와 노력의 덕을 강조하고 싶다. 로마는 하루 아침에 이루어진 것이 아니다. 만리 장성을 한밤중에 쌓을 수는 없다.

모든 위대한 것, 모든 가치있는 것은 피눈물의 산물이요, 피땀의 결과다. 성공은 우연의 아들이 아니요, 요행의 딸이 아니다. 신념이 기적을 낳고 훈련이 천재를 만든다. 칠전팔기(七顚八起)의 정신을 가지고 백련천마(百鍊千磨)할 때 비로소 대학자가 될 수 있고, 큰 예술가가 될 수 있고, 성공한 기업인이 될 수 있고, 뛰어난 정치가가 될 수 있다.

누구가 이기고 누구가 승리자가 되느냐. 그것은 끈기를 가지고 꾸준히 노력하는 사람이다. 사람은 자기가 심은 것을 거두고 뿌린 것을 추수한다. 노력의 씨를 뿌린 자는 성공과 승리의 열매를 거둘 것이고, 나태의 씨를 뿌린 자는 실패와 불행의 결과를 거둘 것이다.

셋째로 사람은 기다릴 줄을 알아야 한다. 누구에게나 기회는 찾아 온다. 아무리 좋은 기회가 와도 실력과 준비가 없는 사람은 그 기회를 붙잡지 못한다. 나에게는 반드시 기회가 오리라는 것을 믿고 그날을 위하여 힘을 기르고 재능을 연마해야 한다. 너무 조급하게 성공과 승리를 서둘러서는 안된다. 세상의 모든 일이 다 때가 있고 순서와 단계가 있다.

인생을 노력하지 않고 쉽게 살려는 안이한 생각을 가져서는 안 된다. 젊은이들은 많은 시간과 왕성한 생명력과 풍부한 기회와 놀라운 잠재력을 갖는다. 우리는 이 소중한 자본을 최대한도로 활용하고 발휘해야 한다. 언젠가는 여러분의 시대가 온다. 사회의 주인공으로서 역사의 창조자로서 민족의 일꾼으로서 크게 일할 때가 온다. 우리는 그날을 위하여 희망과 신념과 용기(勇氣)를 가지고 꾸준히 힘을 준비하자.

밀레의 晩鐘

여러분들이 제일 좋아하는 그림은 무엇인가? 어떤 그림에서 가장 큰 감명과 기쁨을 느꼈는가?

내가 가장 좋아하는 그림은 프랑스의 농민 화가 프랑소와즈 밀레의 《만종(晩鐘)》이라는 그림이다. 이 그림은 내가 소년 시절에 가장 큰 감동을 받은 그림이다.

국민 학교 3학년 때, 그러니까 내가 열 살 났을 때의 일이다. 새 학기가 되어 전과(全科) 참고서를 샀다. 그 책의 표지에 오색이 영롱하게 밀레의 그림 《만종》이 그려져 있었다.

나는 이 때 처음으로 이 그림을 보았다. 이 그림을 보는 순간 마음에 꼭 들었다. 그것은 어린 나의 가슴에 아름다움과 기쁨과 희망을 심어 주었다.

밀레의 그림 《만종》을 잠깐 동안 머리속에 그려 보기로 하자. 해가 지평선 저쪽으로 사라졌다. 어둠이 조용히 땅을 덮기 시작한다. 넓은 들에서는 두 젊은 부부가 온종일 열심으로 일을 하고 있다. 사방은 조용하고 땅에서는 흙 냄새가 풍겨온다.

어디선가 소 우는 소리가 들려온다. 넓은 벌판의 저쪽에 조그마한 예배당이 하나 있다. 저녁을 알리는 교회의 종소리가 은은하게 저녁 하늘에 울려퍼진다.

일하던 두 젊은 부부는 일손을 멈추고 조용히 고개를 숙였다.

"하나님, 오늘 하루 종일 건강한 몸으로 일할 수 있었던 것을 당신께 감사드립니다." 부부는 정성을 모아 하나님께 기도를 드리고 있다.
 이것이 밀레의 그림 《만종》이다. 내가 처음으로 이 그림을 보았을 때 나의 어린 가슴은 말할 수 없는 기쁨과 감동(感動)으로 꽉 찼었다.
 이 그림 속에는 무엇인지 모르지만 생명과 아름다움과 진실과 평화(平和)와 기쁨이 넘치고 있다.
 누구나 이 그림을 보면 마음의 평화를 느낀다. 이 그림에는 거짓이 없다. 싸움이 없다. 미움이 없다. 속임수가 없다.
 나는 밀레의 그림을 가위로 오려서 책상 앞 벽에 붙여 놓았다. 매일 그것을 보는 것이 나에게는 큰 기쁨이었던 것이다.
 그 후부터 나는 밀레의 그림을 모으기 시작했다. 《이삭 줍는 여인》의 그림을 구했다. 이 그림은 추수가 끝난 들에서 여자들이 땅에 떨어진 이삭을 줍는 광경이다. 이 그림도 나의 마음에 기쁨과 평화를 주었다.
 지금도 잊히지 않는 것은 《양육(養育)》이라는 그림이다. 어느 농가의 뜰 문지방에 세 어린이가 나란히 앉아 있다. 가운데에 제일 어린 동생이 앉아 있고, 좌우 양쪽에 서너 살, 대여섯 살된 그의 언니가 정답게 앉아 있다.
 어머니는 그 어린 아이에게 밥을 떠 먹이려고 한다. 어린 아이는 귀여운 입을 벌리고 엄마가 떠 넣어 주는 밥을 받아 먹으려 몸을 약간 앞으로 기울였다. 두 언니는 동생을 귀엽게 또 조심스럽게 옆에서 바라보고 있다.
 또 뜰 한구석에서는 병아리와 암탉이 먹이를 주어 먹고 있다. 참으로 평화로운 가정의 모습이다. 이것이 밀레의 《양육》이라는 그림이다.
 여러분들에게도 아마 이런 경험이 반드시 있을 것이다.
 어린 동생이 밥을 먹는 귀여운 모습을 우리는 즐거운 마음으로 바라본다.
 그 다음에, 밀레의 그림 중에서 언제나 좋다고 느낀 것은 《씨

뿌리는 젊은이》다. 젊은이가 밭에서 열심히 씨를 뿌리는 광경을 그린 그림이다.

우리는 생명의 씨를 뿌려야 한다. 그 씨에서 싹이 나고 잎이 돋고 꽃이 피고 열매가 맺는다. 씨를 뿌린다는 것은 희망(希望)을 심는 것이다. 생명을 심는 것이다.

땅에 뿌려진 씨는 언젠가 성장하여 열매를 맺는다.

우리는 저마다 씨 뿌리는 사람이 되어야 한다.

한국의 메마른 들에 사랑의 씨, 생명(生命)의 씨, 희망의 씨, 건설의 씨를 뿌려야 한다. 밀레의 《만종》은 나의 어린 가슴속에 기쁨과 생명과 희망을 안겨 주었다. 미국의 반다이크라는 교육자는 밀레의 그림을 다음과 같이 설명했다.

"이 그림은 사랑과 신앙과 노동을 그린 인생의 성화(聖畫)다."

밀레의 만종은 성스러운 그림이다. 그렇다. 이 그림 속에는 사랑이 그려져 있고, 신앙(信仰)이 그려져 있고, 노동이 그려져 있다. 사랑과 신앙과 노동은 행복의 집을 짓는 세 개의 주춧돌이다. 우리가 생활의 집을 짓고, 정신의 집을 짓고, 가정의 집을 짓고, 나라의 집을 지을 때, 어떤 기초 어떤 터전 위에 지어야 하는가. 사랑과 신앙과 노동(勞動)이다. 이 세 가지의 주춧돌 위에 세워진 집은 튼튼하고 행복하고 번영한다.

만일 그 반대의 집을 짓는다고 하자.

사랑의 반대는 미움이요, 신앙의 반대는 불신(不信)이요, 노동의 반대는 게으름이다. 우리가 미움과 불신과 게으름 위에다가 우리의 인생의 집을 짓고, 가정의 집을 짓고, 나라의 집을 짓는다면 어떻게 될 것인가. 그것은 반드시 불행과 절망으로 끝나고 말 것이다.

사랑과 신앙과 노동은 우리에게 기쁨과 번영과 행복을 약속해 주는 인생의 등불이다. 인생의 영원한 보금자리를 원한다면 우리는 이 세 개의 기둥 위에 삶의 집을 지어야 한다.

밀레는 한 폭의 그림을 통해서 우리에게 영원한 진리를 가르쳐 주었다.
 그의 그림 속에는 철학(哲學)이 있고, 사랑이 있고, 깊은 생각이 있다. 밀레의 그림은 평범하다. 그러나 그 평범 속에는 깊은 진실과 생명이 있다.
 나는 밀레의 진짜 그림을 보고 싶은 생각이 간절해졌다.
 1961년부터 2년 동안 세계 일주를 하면서 미국과 유럽의 여러 미술관을 찾아다녔다.
 나는 곳곳에서 밀레의 명화를 수십 점 보았다.
 특히 잊혀지지 않는 것은 1962년 파리의 루우브르 미술관을 찾아가서 밀레의 《만종》을 실제로 본 일이다.
 《만종》은 그렇게 큰 그림은 아니다. 학생들의 책상만한 크기의 그림이다. 나는 밀레의 명화 《만종》 앞에 섰을 때, 참으로 흐뭇하고 즐거웠다.
 열 살 때 처음으로 사진에서 본 그림을 직접 보게 되니, 나는 오랫 동안 그리워하던 선생님을 만나 뵈는 듯이 기뻤다.
 이처럼 나는 어린 소년 시절을 밀레의 그림과 더불어 자랐다. 내 가슴속에 항상 기쁨과 평화와 꿈을 안겨 준 것은 밀레의 그림이었다.
 밀레는 가난한 농부의 아들로 태어났다. 그는 일생 동안 가난 속에서 살았다. 농부의 아들이었기 때문에 농부의 그림을 주로 그렸다. 열심으로 일하는 농부, 이것이 밀레의 그림의 주제였다. 왜 그는 일하는 농부만 즐겨서 그렸는가. 그림은 그의 인생관·가치관·예술관(藝術觀)이기 때문이었다.
 밀레는 이렇게 생각했다.
 "화가는 인생과 자연의 아름다움을 그리는 사람이다. 아름다운 것을 찾고 아름다운 것을 그리는 것이 화가의 사명(使命)이요, 직분이다."
 사람은 언제 가장 아름다우냐. 인간의 최고의 아름다움은 어디에 있는가. 밀레에 의하면 그것은 일할 때다. 사람은 열심으로 일할 때 가장 아름답다.

어떤 일에 전심 전력을 다하고 있을 때 우리의 눈동자는 빛나고 입술은 굳게 다물어지고 얼굴 표정은 성실(誠實)해진다. 손과 발에 빈 구석이 없다.

열심으로 일하는 사람의 얼굴 표정을 보라. 알차고 충실하다. 인간의 최고의 미는 일하는 데 있다. 밀레는 그렇게 믿었다.

그래서 그는 주로 일하는 농부를 그렸다.

입을 쩍 벌리고 잠자고 있을 때, 술이 취하여 정신이 없을 때, 남과 주먹다짐으로 싸움을 할 때, 할 일없이 빈둥빈둥 놀고 있을 때, 사람은 절대로 아름답지가 않다. 아름답기는커녕 추하고 보기 싫다.

온 몸과 온 마음이 한 목표에 집중이 되어 성심 성의를 다하여 열중했을 때, 인간은 가장 아름답고 알차고 믿음직스럽다.

아름답기를 원하느냐. 열심히 일을 하여라.

나는 프랑스의 전기 작가 로맹 롤랑이 쓴 《밀레 전(傳)》을 읽고 밀레가 더욱 좋아졌다.

밀레는 이렇게 말했다.

"남을 감동(感動)시키려거든 먼저 자기 자신이 감동해야 한다. 그렇지 않으면, 작품이 아무리 정교(精巧)할지라도 절대로 생명이 없다."

우리는 이 말을 깊이 생각할 필요가 있다. 소설이건, 그림이건, 말씀이건, 음악이건, 남을 감동시키려면 그 사람 자신이 먼저 감동해야 한다. 그래야 남의 마음에 깊은 감동을 불러 일으킬 수 있다.

소설가 자신이 감동을 가지고 쓴 작품이라야 독자의 마음을 감동시킬 수 있다. 화가 자신이 감동을 가지고 그린 그림만이 보는 이의 마음을 움직일 수 있다. 감격(感激)을 가지고 외치는 말씀만이 우리의 가슴속에 꼭 같은 감격을 줄 수 있다.

아무 감정도 없이 잔재주만 가지고 만든 소설이나 그림은 보는 이의 마음을 절대로 감동시킬 수가 없다. 생명이 있는 작품, 우리의 가슴에 감격을 일으키는 작품은 작가 자신이 뜨거운 감동이나 감격을 가지고 쓰거나 만든 작품이다.

 밀레의 그림이 우리 마음속에 기쁨과 힘과 생명을 주는 것은 밀레 자신이 그러한 마음을 가지고 그림을 그렸기 때문이다.

 나의 집 벽에 《이삭 줍는 여인》의 그림이 걸려 있다.

 나는 밤낮으로 이 그림을 볼 때마다 어린 소년 시절에 나의 가슴속에 기쁨과 꿈을 한 아름 안겨 주던 정다운 추억을 되새긴다.

 사랑하는 그림을 갖는다는 것은 얼마나 즐거운 일인지 모른다. 밀레는 나의 어린 시절의 정신적(精神的) 스승이요, 밀레의 그림은 나의 어린 시절의 정다운 친구였다. 밀레의 《만종》은 우리에게 사랑과 신앙과 노동을 가르쳐 주는 위대한 그림이다.

나의 愛誦詩

도수부도수(渡水復渡水)
간화환간화(看花還看花)
춘풍강상로(春風江上路)
불각도군가(不覺到君家)
　　　　(尋胡隱君/高啓)

명(明)나라의 시인 고 계(高啓)의 오언 절구(五言絕句)다. 나는 이 시를 대학생 시절부터 좋아했다. 나이가 들수록 더욱 좋아진다.
이 한시를 우리말로 옮겨본다.

물건너 또 물건너
꽃구경 또 꽃구경
봄바람 강변 길에
어느덧 벗의 집이.

고 계의 호는 청구(青邱)다. 명대(明代) 초기의 시인이다. 그는 어떤 사건에 관련되어 39세에 처형되었다. 젊은 나이에 요절한 셈이다. 때는 봄, 장소는 중국 강남. 봄바람이 훈훈하게 불어오는 강변 길을 물을 건너고 꽃구경을 하면서 가다보니 어느덧 정다운 친구의 집에 이르렀다는 것이다.

유연　자재(悠然自在)한　마음으로　춘풍강상로(春風江上路)를 어슬렁 어슬렁 걸어가는 시인의 모습이 떠오른다.
　생활이 각박해지고 사회가 기술화될수록 자연이 그리워진다. 도시의 메마른 콘크리트 위에서 사니까 이런 시가 더욱 좋아진다.
　짧은 시지만 이 시에는 흐뭇한 정취가 풍긴다. 춘풍강상로를 꽃구경과 물구경을 하면서 친구집을 찾아가는 이 시인은 유유 자적(悠悠自適) 속에 인생을 멋있게 살아간다. 어떤 분의 환갑 기념으로 이 시를 병풍에 써서 선물로 드렸다. 고 계의 이 시처럼 우리의 생활에는 여유가 있고 윤기가 흐르고 향기가 풍기고 정취가 있어야 한다.
　나는 중국의 자연시인들이 명리(名利)를 떠나서 유연한 자세로 인생을 살아간 그 태도를 무척 좋아한다. 이 시에는 그런 기분이 가장 잘 나타나 있다. 내가 이 시를 좋아하는 이유가 바로 여기에 있다.

敎育의 보람

이 세상에서 가장 보람 있는 일이 두 가지 있다고 한다. 하나는 산에 나무를 심는 일이요, 또 하나는 인재(人材)를 기르는 일이다.

나무는 심으면 저절로 자란다. 1년생 2년생의 조그만 나무를 늘 보면 저 나무가 언제 자라서 정정(亭亭)한 거목이 될까 하는 생각이 든다. 그러나 20년 30년이 되면 하늘에 치솟는 우람한 거목(巨木)이 된다. 나무가 울창한 숲을 보면 저절로 마음이 기뻐진다. 울울 창창한 삼림처럼 믿음직스럽고 흐뭇한 것이 없다. 나무를 심는 일보다 더 보람있는 것은 인재를 기르는 일이다. 천하의 영재(英才)를 교육하는 것이 인생의 세가지 즐거움중의 하나라고 갈파한 맹자의 말은 천하의 명언이다.

세상에 교육처럼 보람있는 일은 없다. 사내 대장부가 정말 심혈을 기울여서 해볼 만한 일이 있다면 그것은 교육을 통한 인재 양성이다.

자기가 가르친 제자들이 나라의 큰 기둥이 되고, 사회의 늠름한 동량지재(棟樑之材)가 되는 것을 보는 일처럼 마음 든든한 일이 없다.

나는 30년을 교단에서 지냈다. 나의 소원은 죽을 때 교탁을 붙들고 교단에 쓰러지는 일이다. 나는 교육자가 된 것을 한번도 후회해 본 일이 없다. 교육은 나의 천성에 맞는다. 세상에 제자를 가르치는 일처럼 즐겁고 보람 있는 일이 없다.

사촌이 논밭을 사면 배가 아프다고 한다. 인간에게는 경쟁심과 시기심이 있다. 남이 나보다 잘되는 것을 보면 질투하는 마음이 생기기 쉽다. 남의 성공이나 행복이나 출세나 승리를 진심으로 축하하고 기뻐해 준다는 것은 쉬운 일이 아니다.

제자들이 잘되고 훌륭해지는 것을 볼 때 대견스럽고 기쁜 마음을 누를 수가 없다. 그런 점에서 사제애(師弟愛)는 인간의 가장 아름다운 감정이다. 스승이 제자를 아끼고 사랑하는 마음은 고귀한 심정이다.

나는 20대 후반에서 30대 전반까지는 서울의 고등 학교에서 학생들을 가르쳤다. 30대 후반부터는 20년 동안 주로 대학에서 젊은이들을 가르쳤다. 내가 가르친 제자 중에는 이미 종합 대학교의 총장이 있고, 박사와 교수가, 또 국회의원과 대사들도 있고, 큰 회사의 사장도 있다. 유명한 배우도 몇 사람 나왔다. 그들의 성장을 지켜 보는 것이 나의 큰 기쁨이다. 이 다음에 다시 이 세상에 태어난다고 해도 나는 또 서슴지 않고 교육자가 되겠다.

며칠 전에 서울 고등 학교에서 가르친 제자들의 모임에 참가했다. 제자들이 동창회 모임에 불러 주는 것은 가장 큰 즐거움의 하나다. 열여섯, 일곱의 홍안의 어린 시절에 가르친 제자들이 어느 새 불혹(不惑)을 넘어 41, 2세의 제자들이 되었다. 나도 늙었지만 제자들도 늙었구나 하는 생각이 들었다. 모두 오래간만에 내 이야기를 경청했다.

나는 그 자리에서 이런 이야기를 했다. 인생은 너와 나의 깊은 만남이다. 우리가 이 세상에서 60년 사는 동안 가까이 만나고 정답게 지나는 사람이란 불과 백여명도 안된다. 인생의 지기나 막역한 벗은 불과 몇 사람밖에 안된다. 그러므로 우리는 자기가 만나는 사람을 하느님이 주신 귀한 선물로 생각하고 소중하게 여겨야 한다. 사회에 나오면 가까운 친구가 그렇게 많이 생기는 것이 아니다. 그러므로 내가 갖고 있는 옛 친구를 잃어버리지 않도록 소중하게 대해야 한다. 우정(友情)은 성장이 느린 나무와 같다.

연애는 일순간에 백년의 정이 들수도 있지만 우정은 서서히 자란다. 특히 고등 학교 시절의 친구는 일생에서 가장 정다운 친구이므로 소중히 여겨야 한다.

이런 요지의 말을 했다. 모두 학생 시절의 동심으로 돌아가서 나의 이야기를 진지하게 경청했다. 나중에 술을 마시고 잡담을 벌였다. 몇몇 제자들이 이구 동성으로 이런 말을 한다. 선생님이 그때 교실에서 하신 말씀을 제 일생의 좌우명(座右銘)으로 삼고 살아간다는 것이다.

"민족의 한구석을 깨끗이 쓰는 빗자루가 되어라." 옛날 내가 학생들에게 자주한 말이다.

내가 무심코 던진 말이 여러 학생들의 마음의 밭에 뿌려져서 생활을 움직이는 힘이 되었다는 것을 알았을 때 나는 교육자의 기쁨을 다시 한번 절감했다. 미국의 시인(詩人) 롱펠로우의 짤막한 시귀가 생각났다. 그의 골자는 이렇다.

나는 어느날 활을 쐈다. 그 화살은 하늘 저쪽으로 멀리 사라져 버렸다.

나는 어느날 노래를 불렀다. 그 노래는 하늘 저편으로 사라졌다.

그러나 먼 훗날 내가 쏜 화살이 숲속의 나무 밑둥에 굳게 박혀 있는 것을 발견했다.

또 내가 부른 노래가 친구의 가슴속에 남아 있는 것을 발견했다.

나는 이 시의 이미지와 발상(發想)을 무척 좋아한다. 내가 20대 후반 또는 30대 전반의 교실에서 강의 시간에 어린 학생들에게 던진 말이 화살처럼 그들의 맑은 가슴속에 박혀 수십년이 지났는 데도 그대로 남아 있는 것을 보고 나는 흐뭇한 심정과 말할 수 없는 기쁨을 느꼈다. 좋은 말씀은 우리의 가슴속에 화살처럼 박힌다. 진리(眞理)의 말씀, 생명의 말씀은 우리의 가슴속에 오래오래 남아서 우리의 행동을 지배하고 생활에 영향을 준다. 그것이 진짜 교육이다. 다 잊어버리려고 하여도 잊혀지지 않고 가슴속 깊은 곳에 남아 있는 말씀, 그것이 교육의 알맹이다. 내가 던졌던 말씀의 화살들이 제자들의 가슴속에 굳게 박혀 있는 말씀, 그것이 교육의 알맹이다. 내가 던졌던 말씀의 화살들이 제자들의 가슴속에 굳게 박혀 있는 것을 발견하고, 나는 교육이란 바로 이런 것이로구나 하고 새삼스럽게 느꼈다.

 인생은 왔다 가는 것이다. 서로 만난다는 것은 헤어진다는 것의 시작이다. 그러나 헤어지더라도 두고두고 기억 속에 남는 것, 남아서 우리에게 힘과 기쁨을 주는 것. 그것이 인생의 만남의 깊은 뜻이다.

 나는 많은 돈을 갖지는 못했지만 많은 제자들을 갖고 있다. 그리고 그 제자들이 우리 사회의 한구석을 깨끗이 쓰는 민족의 빗자루 노릇을 하고 있다. 그것을 생각하면 교육자로서 30여년의 생애를 살아온 것을 큰 기쁨, 큰 보람으로 느낀다. 교육은 인생의 가장 보람있는 사업이다. 나는 언제나 그런 신념(信念)으로 교단에 선다.

春園 李光洙 선생님

　세상에 좋은 선생님처럼 고마운 분은 없다. 선생님은 우리를 낳아준 부모는 아니다. 그러나 부모님 못지 않게 소중하다. 선생님은 우리의 정신의 아버지요, 정신의 어머니다.
　나를 낳은 이는 부모요, 나를 가르친 이는 선생님이다.
　나는 참으로 고마우신 선생님을 한 분 가지고 있다. 그 분은 춘원(春園) 이 광수(李光洙) 선생님이다.
　그는 나를 직접 교실에서 가르치지는 않았다. 나는 직접 그 분한테서 배우지는 않았다. 그러나 그의 책을 통해서 많은 것을 배웠다. 또 직접 집에 찾아가서 여러번 만나 이야기를 주고 받는 가운데서 인생의 귀한 진리를 많이 배웠다.
　요즈음 사람들은 스승의 은혜를 모르는 이가 많다. 또 선생님을 마음속으로 존경하고 우러러보는 사람이 드물다. 대단히 불행한 일이다.
　옛날에는 군사부일체(君師父一體)라고 했다. 임금님과 부모님과 스승을 같은 자리에 놓고 똑같이 소중히 생각하고 높이 우러러 보았다.
　또 옛날 사람들은 스승의 그림자를 밟을까 두려워서 세 자나 뒤로 물러서서 선생님의 뒤를 따랐다고 한다. 선생님의 그림자를 밟을까 두려워하는 마음, 얼마나 갸륵하고 얼마나 아름답고 깊은 마음인가.
　옛날 소크라테스의 제자였던 플라톤은 자기 운명(運命)의 신

(神)에 대해서 네 가지의 감사(感謝)를 드렸다.

그 중에서 특히 소크라테스의 제자로 태어난 것을 운명의 신에게 감사하였다. 스승을 우러러 보는 마음이 그렇게 간절했다. 훌륭한 스승을 갖는다는 것은 인생의 큰 행복의 하나다.

춘원 이 광수 선생님은 우리 나라의 신문학을 개척한 천재적 작가다. 그는 한국 문학의 역사에 영원히 남는 위대한 별이요, 불멸(不滅)의 존재다.

중학교 3학년이었던 16세 때, 나는 처음으로 춘원 선생님의 처녀작인 《무정(無情)》이라는 소설을 읽었다. 이 소설은 나의 마음속에 큰 변화를 가져왔다.

인생에는 문학이라는 세계, 소설이라는 세계가 있다는 것을 알았다. 이 소설은 나의 정신의 눈을 뜨게 했다. 인생에 눈이 떴고, 민족에 눈이 떴고, 이상에 눈이 떴다.

그 후부터 춘원의 책을 탐독하기 시작했다. 나의 중학교, 고등학교의 시절은 춘원의 소설을 읽으면서 보냈다.

나는 그 때 평양 고등 보통 학교의 학생이었다.

나의 고향은 평안 남도 용강(龍岡)이다. 나는 그당시 평양에서 하숙 생활을 하고 있었다.

집에서 매달 학비를 보내 오면 나는 용돈을 아껴 가며 춘원의 소설 책을 샀다. 나의 고리짝은 춘원의 소설로 가득차 있었다. 그것이 나의 자랑스러운 재산이었다. 돈만 생기면 춘원의 소설책을 사서 읽었다.

나는 춘원의 글을 읽고 너무나 큰 감명을 받았다. 춘원의 글은 나의 가슴속에 선(善)의 씨를 심어 주었다. 이상의 등불을 켜주었다. 감격의 샘터를 파 주었다.

《흙》, 《무정(無情)》, 《마의태자(麻衣太子)》, 《단종애사(端宗哀史)》, 《재생(再生)》, 《개척자(開拓者)》, 《이차돈(異次頓)의 죽음》, 이런 소설을 읽어 가면서 나는 인생을 배웠다. 민족을 위해서 내 목숨을 바쳐야겠다고 생각했다. 한국 민중의 심부름군이 되어야겠다고 결심했다.

내 자신이 큰 인물이 되어서 일본 사람 밑에서 고생하는 한국 동포를 건져야겠다고 생각했다. 착한 사람, 깨끗한 사람, 이상을 위해서 용감하게 살아가는 사람, 진리의 길을 따르는 사람, 십자가를 지고 살아가는 사람, 나는 이러한 정의의 사람이 되기를 결심했다.

나는 감격하기 잘하는 편이다. 우리는 감격의 가치를 높이 평가해야 한다.

사람은 젊은 시절에 맑고 커다란 감격을 마땅히 느껴야 한다. 그것이 우리의 생활과 성격에 큰 영향을 준다. 훌륭한 문학 작품처럼 우리의 가슴속에 큰 감격을 주는 것은 없다.

춘원의 소설은 나를 새 사람 새 인간으로 만들었다. 그의 시가집을 낭랑한 목소리로 읽을 때, 나의 어린 가슴속에는 감명과 기쁨과 꿈이 뭉게뭉게 피어올랐다. 밤을 새워 가며 소설을 읽었다. 《흙》을 읽다가 너무 감격하여 한 밤을 꼬박 새운 일이 있었다.

나의 정신적 성장의 가장 큰 밑거름이 된 것은 춘원의 글이었다. 젊은 시절에 정신을 뒤흔들도록 깊이 감격한다는 것은 대단히 좋은 일이다. 그런 감격이 우리의 마음을 크게 하고, 넓게 하고, 깊게 하고, 또 맑게 한다.

《무정(無情)》을 읽고 춘원 선생님에게 편지를 썼다. 며칠 후에 뜻하지 않았던 답장이 왔다. 기쁘고 행복해서 어쩌할 줄을 몰랐다. 큰 뜻을 품고 공부를 열심히 하여 우리 민족의 큰 인물이 되어 달라는 격려의 편지였다.

나는 그 편지를 읽고 또 읽었다. 수십 번 읽어서 그 내용을 그대로 외울 정도였다. 그 편지는 나의 가장 소중한 보물로서 수십 년 동안 간직해 오다가 6·25동란 때 그만 잃어버리고 말았다. 아깝기 짝이 없다.

나는 토오꾜오의 와세다 대학 철학과에 들어가서 철학을 공부하게 되었다.

春園 李光洙 선생님   51

 춘원도 와세다 대학에서 철학을 공부했다. 그 분과는 동문의 선후배가 된 셈이다.
 방학 때 평양으로 가는 길에 서울에 들러서 춘원 선생님을 찾아가곤 했다. 선생님은 언제나 반갑게 맞이해 주셨다.
 해방 후에 나는 서울에서 살게 되었다. 나는 어느 고등 학교에서 2년 동안 국어 선생을 한 일이 있다. 그 때 두 달이면 한번쯤 춘원 선생님을 찾아갔다. 그 때 춘원 선생님은 효자동 176번지의 기와집에 살고 계셨다.
 선생님은 언제나 다정(多情)하게 대해 주셨다. 내 손을 잡고는,
 "안 선생, 손이 차오. 윗병이 있는 것 아니오? 약을 좀 써 보시오."
하고 염려를 해 주셨다.
 춘원은 눈이 맑았다. 그리고 목소리가 참으로 부드러웠다. 언제나 무릎을 꿇고 반듯하게 앉았다.
 그의 얼굴에서는 환한 빛이 솟는 것 같았다. 그의 몸에서는 향기(香氣)가 풍기는 것 같았다. 그는 빙그레 웃기를 잘하였다. 큰 소리로 말하는 일이 없었다. 언제나 조용한 어조로 말씀하셨다. 그는 도(道)를 닦는 사람같이 보였다.
 춘원은 수도 생활에 늘 힘쓰고 있었다.
 어느날 나는 《신약성서》를 한 권 사가지고 선생님을 찾아갔다. 선생님의 사인을 받고 싶다고 하면서 책을 선생님 앞에 내밀었다.
 그는 책을 이리저리 뒤적거리다가 《누가 복음(福音)》에 나오는 예수의 말씀을 만년필로 적어 주셨다.
 "속이지 말라. 걱정하지 말라. 두려워하지 말라. 그리고 하늘 나라를 구하라"는 글이었다.
 우리가 인생을 살아갈 때에 가져야 할 마음의 자세(姿勢)를 나에게 적어 준 것이다. 우리는 속이는 생활을 해서는 안된다. 우

리는 밤낮 근심 걱정을 하는 생활을 해서는 안된다. 또 마음속에 불안과 공포가 있어서는 안된다.

그리고 하늘 나라를 구하라고 하였다. 하늘 나라란 어떤 나라일까. 거짓과 근심과 공포가 없는 나라다.

거짓과 걱정과 두려움이 없을 때 우리는 하늘 나라의 백성이 될 수 있다.

나는 지금도 춘원이 나에게 그 글을 써 준 성경을 서재에 가지고 있다. 1948년에 쓴 것이니까, 벌써 41년이 된다. 6·25 동란 때에도 나는 이 책만은 소중하게 간직했다.

이것은 나의 가장 소중한 보배다.

춘원 선생의 글씨가 들어 있기 때문이다.

나는 지금도 이 글씨를 볼 때마다 조용히 나를 바라보시던 선생님의 그 맑은 눈과 부드러운 음성이 생각난다.

그 후 춘원은 6·25 때 납북되어 생사불명이 되었다.

선생님은 북녘 땅 어느 곳에서 어느 날 어떤 모습으로 세상을 떠나셨을까.

그는 필시 공산당한테 불행하고 비참한 최후를 마쳤을 것이다.

"6·25 동란 때, 선생님은 왜 피난을 안 가셨을까. 살아 계시다면 지금도 좋은 글을 계속해서 쓰실 터인데, 나도 가끔 선생님을 찾아 뵙고 좋은 말씀을 들을 수 있을 터인데——."

생각할수록 아쉽기 한이 없다.

교육(敎育)은 인간의 정신(精神)과 정신의 깊은 만남이다. 선생과 제자가 진리와 지식을 놓고 서로 만나서 배우고 가르칠 때, 사제(師弟)간의 깊은 사랑과 존경이 생긴다.

나는 어린 소년 시절에 춘원 선생을 만난 것을 인생의 지극한 기쁨과 자랑으로 생각한다. 내가 이 세상에서 가장 영향을 많이 받은 분은 춘원이다. 내가 생각하는 방식·가치관(價値觀)·문장 등은 모두 춘원의 영향을 받았던 것이다.

내가 만일 춘원을 만나지 않았더라면 나의 인생은 보잘 것 없는 인생이 되었으리라고 생각한다. 그는 내 정신의 눈을 뜨게 했다. 정신의 눈을 뜨게 한다는 것처럼 세상에 중요한 일은 없다.

나의 양심의 눈을 뜨게 하고, 이상의 눈을 뜨게 하고, 민족의 눈을 뜨게 하고, 진리의 눈을 뜨게 한 것은 바로 춘원이다.

그런 점에서 나는 선생님에게 한없는 감사의 마음을 갖는다.

나는 지금까지 30권에 가까운 책을 썼다. 앞으로도 계속하여 책을 쓸 생각이다. 책을 쓰는 일은 내가 가장 보람을 느끼는 일이다.

나는 돈을 벌고 싶은 생각도 없고, 권력이나 지위를 탐내는 생각도 없다. 그런 것에 아무 흥미도 매력도 욕망도 안 느낀다.

다만 좋은 글을 쓰고 싶고, 훌륭한 책을 내고 싶다. 이것이 나의 인생의 간절한 소원(所願)이고 목표다.

어떤 이는 나의 글이 춘원 선생님과 비슷한 데가 있다고 한다. 아마 그럴 것이다. 어린 시절부터 춘원의 글을 그렇게 애독하고 좋아하였으니, 나도 모르는 사이에 춘원의 문장을 닮게 되었으리라고 생각한다. 나는 새 책을 낼 때마다 선생님이 계시다면 한 권 드릴 터인데 하는 서운한 마음을 항상 느낀다.

인생에서 존경할 만한 스승을 한 분도 갖지 못한다는 것은 지극히 불행한 일이다. 나는 춘원 이 광수 선생님이라는 고마우신 스승을 가지고 있는 것을 나의 운명(運命)의 신에 항상 감사한다.

南岡 李昇薰 선생님

　인물은 가도 사상은 남는다. 육체는 쓰러져도 정신은 죽지 않는다. 우리의 생명은 죽어서 한줌의 흙이 되어도 위대한 얼은 영원히 남아서 민족(民族)의 진로(進路)를 밝히는 역사의 등불이 된다.
　일제 시대는 나라의 희망의 별이 사라진 암흑의 시대였다. 생의 의미를 찾을 수 없는 부조리의 계절이었다. 죽음과 다름없는 암담한 생이었다.
　어린이 대공원에 가면 푸른 잔디 속에 남강 이 승훈(南岡 李昇薰) 선생의 동상이 서 있다.
　오른손으로 주먹을 힘껏 쥐고 젊은이들에게 희망과 신념과 용기의 말씀을 던지는 늠름한 모습이다.
　그 동상에는 다음과 같은 나의 글이 조각되어 있다.
　"동상 재건(銅像再建)에 붙이는 글.
　남강 선생은 우리 민족의 위대한 별이요, 나라의 밝은 등불이다. 그는 하느님을 믿고 섬긴 독실한 종교인(宗敎人)이요, 민족의 독립을 위하여 생애를 바친 뛰어난 애국자요, 젊은이를 가르치는데 온갖 정성을 다한 훌륭한 교육자요, 민중의 복지를 위하여 분투 노력한 사회 봉사자(社會奉仕者)였다.
　선생의 뛰어난 정신과 빛나는 인격은 우리 겨레의 거울이요, 자랑이다. 1929년 평안 북도(平安北道) 오산 학교(五山學校)에서 선생의 동상을 세웠으나 잔인무도한 일제는 1943년 이것을 강제로 철거하였다. 오직 나라 사랑의 일념으로 일관하신 선생님은 서기 1930년 5월 9일 67세를 일기로 세상을 떠나셨다.

이제 서울 보광동(普光洞)에 재건된 오산 학교의 동창들과 사회 유지들의 정성과 힘을 모아 선생의 동상을 원형대로 다시 세워 민족의 정신적 기념비(精神的 紀念碑)로 삼는다."

한국의 페스탈로치라고 할 수 있는 뛰어난 애국적 교육자 남강 선생의 67년의 일생은 우리에게 용기와 신념과 교훈을 주는 위대한 생애였다.

그는 민족의 빛나는 별이다. 우리는 이 별을 크게 기념해야 한다. 우리는 그의 애국 정신(愛國精神)을 오늘에 살려야 한다. 우리는 그의 기독교 봉사 정신을 마음의 등불로 삼아야 한다. 우리는 그의 교육 정신을 현대 한국 교육의 본보기로 삼아야 한다.

그의 악전 고투의 눈물겨운 생애를 다시 한번 되새겨 보자.

남강의 생애는 두 단계로 나누어진다. 43세까지의 그의 전반생은 적수 공권(赤手空拳)으로 자수 성가(自手成家)한 한 상인의 성실(誠實)과 근면(勤勉)과 노력의 역정(歷程)이었다.

그러나 그의 후반생은 참으로 놀랍고 빛나는 생애였다. 1907년 도산 안 창호(島山 安昌浩) 선생과의 뜻하지 않은 만남은 그의 생애에 일대 혁명을 가져왔다.

44세의 남강은 어느날 평양에서 도산의 뜨거운 애국 연설(愛國演說)을 듣고 큰 자각과 감명을 받고 일대 결단을 내렸다. 그 때 도산의 나이는 30세였다.

남강은 그가 피눈물과 피땀으로 모은 돈을 인재 양성(人材養成)과 교육 사업에 쓰기로 작정하였다. 그래서 자기 고향에 오산 학교(五山學校)를 세웠다. 도산(島山)과 남강(南岡)은 평생을 두고 변치않는 정신적 동지가 되었다. 도산의 말씀을 듣고 남강은 나라에 눈이 떴고, 교육에 눈이 떴고, 기독교의 신앙에 눈이 떴고, 민족에 눈이 떴고, 자기의 사명과 사업에 눈이 떴다. 그 후 남강은 독립 운동에 헌신하는 애국자가 되었고, 사회 봉사를 위해서 살아가는 종교인이 되었고, 청년지도에 심혈(心血)을 기울이는 훌륭한 구국의 교육자가 되었다. 낡은 사람이 새 사람이 된 것이다. 그 결정적 계기(決定的 契機)는 도산과의 깊은 정신적 만남이었다.

인생은 너와 나의 만남이다. 우리는 만남을 행복한 만남, 창조적인 만남, 보람있는 만남으로 부단히 심화(深化)시켜 나아가야 한다.

그 후 남강은 그리스도와의 만남을 통해서 더욱 정신적으로 성장하였다. 남강은 약 7년 동안 감옥살이를 하였다. 그의 생애의 10분의 1을 감옥에서 보냈다. 남강은 소위 백오인 사건(百五人事件)으로 10년 언도를 받고 대구에서 옥중 생활을 할 때 《신약성서(新約聖書)》를 1백번 읽었다. 감방에서 늘 기도하는 생활을 했다. 감옥의 변소 소제는 남강이 늘 맡아서 하였다.

그는 구국 일념(救國一念)으로 몸을 아끼지 않는 민족의 심부름꾼이었다.

"민족의 한구석을 깨끗이 쓰는 청소부가 되고 빗자루가 되자."
이것이 남강이 인생을 살아가는 확고한 신조였다.

남강은 사상가나 학자가 아니다. 그는 실천적 행동인(實踐的 行動人)이었다. 그의 말에 의하면 무식한 일꾼이었다. 말이나 이론으로 나라 일이 되는 것이 아니라 실력과 실천에 의해서 나라 일이 된다.

그는 조그만 가게에서 심부름을 하는 일개의 사환에서 몸을 일으키어 칠전팔기(七顚八起)의 분투 노력으로 자수 성가하여 마침내 민족의 지도자의 자리에까지 올라간 입지전(立志傳)의 인물이다.

그는 33인의 한 사람으로서 3·1 운동의 중추적 역할(中樞的 役割)을 담당했다. 도산과 더불어 신민회(新民會)를 조직하여 항일 운동(抗日運動)의 앞장을 섰다. 민족의 자력 갱생(自力更生)의 기초는 산업 진흥(産業振興)에 있다고 확신하고 마산동 자기

회사(馬山洞 磁器會社)를 위시하여 경제 부흥 운동에 많은 힘을 기울였다. 왜 독립 운동을 했느냐고 일본 경찰이 물었을 때 "하느님이 시켜서 독립 운동을 했다"고 그는 대답했다. 그는 실천적 신앙인(實踐的 信仰人)이었다.

"내가 세상을 떠나거든 내 유해는 땅에 묻지 말고 생리 표본을 만들어 학생들을 위하여 쓰게 하라. 그리고 스스로 돕고 낙심 말고 쉬임없이 전진(前進)하라."

이것이 남강이 우리 민족 앞에 던진 유훈(遺訓)이다. 그는 자기가 죽거들랑 시체를 땅에 묻지말고 생리 표본을 만들어 사랑하는 오산 학교 학생들의 과학 교육의 표본으로 써 달라고 유언을 남기었다. 그의 유언을 받들어 남강의 시체를 생리 표본으로 만들었으나 일제는 그것을 학교에서 쓰지 못하게 했다. 남강의 시체가 한국 청년의 애국심을 고취할까 두려웠던 것이다.

1929년 남강의 동상을 오산 학교에 세웠다. 그러나 일제는 소위 태평양 전쟁 때에 동상을 군수물자로 쓰겠다는 구실로 남강의 동상을 강제로 철거했었다. 이제 그 동상이 서울 한 복판에 재건되었다.

자기의 시체를 제자들의 교육 재료로 쓰라고 내놓은 남강에서 우리는 살신 성인(殺身成仁)의 위대한 애국 정신과 경천 애인(敬天愛人)하는 놀라운 교육 정신의 살아있는 본보기를 발견한다. 이것이 위대한 남강 정신(南岡精神)이다. 우리는 이 남강 정신을 오늘의 실천과 행동에서 살려야 한다. 그는 어둠 속에서 찬란하게 빛나는 커다란 별이었다. 그는 탁류(濁流)를 정화시키는 민족의 큰 샘이었다. 그는 우리가 언제나 우러러 보아야 할 역사(歷史)의 거봉(巨峰)이다.

그는 민족 정기(民族正氣)의 위대한 기념비다.

이 한 해에 또 친구들은 가고

나는 베에토오벤의 교향곡(交響曲) 《운명(運命)》의 제1악장 '바바바방'하는 소리를 들을 때마다 가슴이 서늘해지곤 한다. 그것은 운명의 손이 우리의 문을 갑자기 노크하는 소리를 음악적으로 표현한 것이라고 한다. 그러나 나는 그 소리를 들을 때 죽음이 우리의 문을 두드리는 소리같이 들리고 또 그렇게 해석하고 싶다. 언젠가는 죽음의 검고 냉엄한 손이 내 집의 문 밖에 와서 난데 없이 저렇게 두드릴 것이다. 그것이 언제일까.

한 해를 보내면서 죽음에 대한 사색에 잠긴다. 나는 금년 나이 쉰 다섯. 반백년하고 5년 더 산 셈이다. 이 해가 가고 새해가 찾아오면 헤는 나이로 56세가 된다. 어느 새 50여년을 살았느냐 하고 스스로 놀라게 된다. 앞으로 내 생명이 얼마나 남았을까. 친구들의 부고장(訃告狀)을 갑자기 받게 된다. 아는 친구들, 가깝던 친구들이 하나 둘 세상을 떠난다. 금년에도 극작가 오 영진(吳泳鎭)씨가 갔고 또 이 창열(李昌烈) 교수가 갔다. 나와 가까운 친구요, 또 정다운 선배였다. 친구들이 하나씩 둘씩 죽는 것을 바라보면서 나는 나의 죽음에 관해서 생각하지 않을 수 없다. 언제 어떤 모양으로 죽음이 나를 찾아올까. 갑자기 죽을는지도 모르고 또 오래 앓다가 죽을는지 모른다. 그것은 아무도 모르는 일이다. 죽음은 인간의 절대적이고 운명적인 한계 상황(限界狀況)의 하나다. 우리는 죽지 않을 수는 없다. 생명을 갖는다는 것은 언젠가 죽는다는 것이다. 인간은 죽음에서 도피할 수는 없다.

죽음은 예외 없이 또 예고 없이 우리를 찾아온다. 베에토오벤의 운명의 소리처럼 난데 없이 와서 나의 문을 사정없이 두드릴 것이다.

금년초의 어느 날밤 꿈을 꾸었다. "내가 잘 아는 김(金)박사가 나를 찾아와서 내 몸을 진찰하더니 이렇게 말한다. ──지금 당신의 등의 왼쪽에 조그만 혹 같은 것이 나와 있소. 이것이 당신의 생명을 빼앗게 되오. 당신은 59세가 되면 이 혹 때문에 죽습니다." 나는 꿈을 깨었다. 기분이 좋지가 않다. 꿈의 내용이 너무나 선명하고 구체적이다. 나는 아내에게 그 이야기를 했다. 아내도 그런 꿈을 꾼 것은 안 꾼것만 못하다는 표정이다. "그까짓 꿈, 다 잊어버리세요." 그 후에 나는 그 꿈을 잊어버리고 말았다. 붓을 들고 수상(隨想)하는 이제 그날 밤의 꿈이 다시 생생하게 되살아난다.

일생 일사(一生一死)는 생명의 철칙이다. 사람은 한번 나서 한번 죽는다. 우리는 두번 살 수 없고 두번 죽을 수 없다. 우리의 생명은 유일성(唯一性)을 갖고 우리의 생애는 일회성(一回性)을 갖는다. 오직 하나밖에 없고 오직 한번밖에 없는 생명이요, 생애이기 때문에 목숨은 한량없이 소중하다. 생명은 온 천하를 주고도 바꿀 수 없는 것이다. 천상천하에 우리의 생명처럼 존귀한 것이 없다. 죽음은 그 생명에 갑자기 종지부를 찍는다. 우리는 죽어 볼 수는 없다. 모든 것을 다 해 볼 수 있지만 죽음만은 경험해 볼 수가 없다. 죽음은 우리의 인식을 거부하고 경험을 허용하지 않는 세계다. 죽음이란 어떤 것일까. 죽음 저쪽에 다시 생명이 또 있는 것일까. 죽으면 나의 존재는 생존(生存)의 방식(方式)을 바꾸어 영혼이 되어 다시 저 세상에서 살 수 있는 것일까. 또는 완전한 허무(虛無)로 돌아가는 것일까.

인간은 죽을 준비를 해야 한다. 언제 죽더라도 태연 자약하게 죽을 수 있는 마음의 채비를 하고 살아야 한다. 사생관(死生觀)의 확립은 인생을 자신있게 살기 위하여 절대로 필요한 일이다.

죽음이 우리의 문을 두드릴 때 아무 공포와 미련이 없이 조용하게 나설 수 있는 마음 자리를 우리는 마련해야 한다. ──죽음아, 언제든지 오라. 태연히 네 앞에 나서마. 이러한 심경을 가지고 생을 살아야 한다. 늙어지면 왜 나무를 좋아하고 화초를 사랑하고 자연에 애착을 느끼게 되는가. 프로이트의 해석에 의하면 죽음의 준비라고 한다. 인간은 자연에서 나서 자연 속에서 살다가 자연으로 돌아간다. 자연의 흙은 우리가 묻혀야 할 무덤이요, 보금자리다. 늙어 갈수록 자연에 대하여 친근감을 느끼는 것은 자기가 가서 살아야 할 집에 점점 친숙감(親熟感)을 갖는 것이다. 이것이 프로이트의 해석이다. 그럴싸한 이야기다.

"오늘의 문제는 싸우는 것이요, 내일의 문제는 이기는 것이요, 모든 날의 문제는 죽는 것"이라고 프랑스의 문호 빅토르 위고는 갈파했다. 산다는 것은 죽음 앞에서 죽음을 피하면서 죽음과 대결하면서 사는 것이다. 우리는 죽음의 옆을 늘 지나다니면서 살아 간다. 죽음과 아슬아슬하게 길을 피하는 일이 얼마나 많은가. 중병에 걸리면 죽음의 신이 내 머리맡에 가까이 와서 나를 가만히 지켜보고 있다. 죽음은 우리의 옆에 오기도 하고 멀리서 우리를 바라보기도 한다. 생(生)은 사(死)와 언제나 맞서 있다.

소크라테스는 철학을 죽음의 준비라고 하였다. 언제 죽음의 검은 손이 내 생명의 문을 냉혹하게 두드릴지 모른다. 우리는 죽음과 친숙해지기를 힘써야 한다. 죽음의 신을 조용하게 맞이할 준비를 하면서 살아 가야 한다. 인간은 사형 선고(死刑宣告)를 받은 죄수와 같다. 언제 받느냐를 모르고 있을 따름이다. 우리는 죽음의 집행 유예(執行猶豫) 속에서 살아 가고 있을 뿐이다. 죽음의 각오가 항상 되어 있는 사람만이 생을 언제나 자신있게 살아 갈 수 있다. 제야(除夜)가 멀지 않았다. 우리는 새해를 맞는 준비와 동시에 죽음을 맞는 준비도 해야 한다.

저 하늘의 별을 노래하며

────故 金顯承 교수의 哀悼辭

산과 들이 푸른 빛으로 물들고 대학의 캠퍼스에 새봄의 향기가 짙어가는 아름다운 생명의 계절에 선생님은 그 생명을 등지시고 영원히 돌아오지 않는 죽음의 나라로 홀연(忽然)히 떠나가셨읍니다. 육체의 낡은 옷을 벗으시고 하느님의 영원한 품에 안기셨읍니다. 73년 고혈압(高血壓)으로 졸도하신 이후 선생님의 건강은 별로 좋아지지 않았읍니다. 선생님의 걸음걸이에는 힘이 없었고 선생님의 음성에는 밝은 빛이 사라졌읍니다. 그래도 날로 쇠약해 가는 목숨을 이끌고 학교에 나와서 학생들을 가르치고 또 시를 쓰시느라고 애썼읍니다.

선생님이 채풀에서 쓰러지시기 전날 저는 문과 대학 교수실에서 선생님과 건강에 관한 이야기를 나누고 문학에 관한 대화를 가졌읍니다. 선생님은 기운이 없는 얼굴로 "좀더 시를 쓰고 싶은데 오래 못살 것 같애요"라고 저에게 말씀하셨읍니다. 선생님은 자기의 생명(生命)의 종말(終末)을 예감하신 것 같습니다. 선생님의 병이 하루속히 완쾌되어 가르치는 일과 글쓰시는 일에 더욱 전심하시기를 저의 교수들과 모든 학생들은 간절히 바라고 또 바랬읍니다. 그러나 선생님의 몸이 날로 쇠약해 가는 것을 보고 저희들은 그저 안타깝기만 하였읍니다. 선생님은 결코 화려한 인생을 사시지는 않으셨읍니다.

돈과 명예와 지위는 선생님이 바라는 것은 아니었읍니다. 선생님은 시를 쓰시기 위해서 이 세상에 오신 것 같습니다. 선생님은 시집(詩集)의 서문에서 이렇게 말씀하셨읍니다.
 "나의 생애에서 시를 빼 버리면 나의 일상 생활은 빈껍질과 같은 것들이다. 시를 사랑하고 시를 괴로워하면서도 시에게서 위로(慰勞)를 받으면서 살아왔다."
 또 선생님은 《시인들은 무엇하러 있는가?》라는 시에서 이렇게 읊었읍니다.

 슬픔을 기쁨으로
 그들의 꿈으로서 바꾸기 위하여
 그 기쁨을 어린아이 보다
 더 기뻐하기 위하여
 그들은 가장 춥고
 그들은 가장 뜨겁게 있다.
 시인들은 무엇하러 있는가?
 그들은 땅속에 묻힌 황금잎 보다도
 그들은 저 하늘 위에 별을 찾으며
 무엇하러 있는가?
 그들은 소리로서 노래하지만
 그들은 말로서
 침울하고 듣기 위하여 있다.
 겨울에는 마지막 잎새로
 봄에는 또한 첫눈으로 터지면서.

 선생님은 땅속에 묻힌 황금을 찾기 위해서가 아니라 저 하늘 위의 별을 노래하기 위해서 63년의 생애를 사셨읍니다.
 우리는 선생님의 인생에서 세 개의 자랑스러운 탑(塔)을 발견합니다.
 첫째는 신앙의 탑입니다. 일찌기 목사의 아들로 태어나서 어려서부터 신앙의 집안에서 자랐고 또 숭대(崇大)에서 공부하고 가르치면서 선생님은 신앙(信仰)으로 자기 존재의 기초를 굳게 다져나갔읍니다.

둘째는 교육의 탑입니다. 선생님은 46년 교단에 첫발을 디딘 이후 오늘에 이르기까지 모교의 학생들을 가르치는 일에 한평생을 보내셨읍니다. 선생님의 문하생에서 많은 인재(人材)들이 나왔읍니다. 선생님은 숭전 대학교의 다시없는 자랑이요 빛나는 별이었읍니다.

셋째는 문학의 탑입니다. 하느님은 선생님에게 뛰어난 시인의 천분과 재능을 주셨읍니다. 1934년 숭실 학생 시절에 시를 천하에 발표한 이후 40년 동안 시를 써오셨읍니다. 고독(孤獨)을 인생의 벗으로 삼고 생명을 조각(彫刻)하는 신념으로 시를 쓰는 일에 온 정신과 정열을 기울였읍니다.

시단(詩壇)의 중진으로 몇차례 상도 받고 또 문단의 요직도 맡으셨지만 그런 일보다는 자기의 시의 완성을 위하여 심혈을 다하셨읍니다. 이제 선생님은 가셨읍니다만 시인 김 현승(金顯承)이가 남긴 깊고 아름다운 시는 값진 진주(眞珠)처럼 오래 빛날 것입니다. 선생님은 신앙과 교육과 문학의 세계의 훌륭한 탑을 정성스럽게 쌓아놓고 가셨읍니다. 이 땅의 우리에게 빛을 던지고 힘을 주고 용기의 원천(源泉)이 될 것입니다.

좀더 살아 계시면서 모교의 후진들을 가르치고 더 많은 시를 쓰셨으면 하는 안타까움과 아쉬움을 남긴 채 선생님은 갑자기 저승으로 가셨읍니다. 선생님의 이름 석자와 깊은 시와 인품(人品)의 향기(香氣)는 우리의 기억 속에 오래오래 남아있을 것입니다. 선생님, 이 세상에서 못다 쓰신 시를 저 세상에서 완성하십시오. 삼가 선생님의 명복을 빕니다.

碑　文

――― 作家 吳泳鎭 兄을 기리며

1916년 12월 9일 평양에서 민족 독립 운동(民族獨立運動)의 지도자인 해주(海州) 후인(後人) 오공 윤선(吳公胤善) 선생의 차남으로 태어나 청풍 김공 병선(淸風金公秉善)씨 장녀 김 주경(金周敬) 여사와 결혼하고 1938년 경성 대학 조선 문학과(京城大學 朝鮮文學科)를 졸업한 후 1974년 10월 29일 서울에서 58년의 고고(孤高)한 생애를 마칠 때까지 작가 우천 오 영진(又川 吳泳鎭)은 참대와 같이 강하고 새벽별처럼 순수하고 분수와 같이 정열이 넘치고 청천 백일처럼 맑은 혼을 가지고 살았다. 그는 진실 정신(眞實精神)과 민족 정기(正氣)와 자유혼(自由魂)과 인간애(人間愛)로 인생을 산 문학인이었다. 다재 다능하고 창조적 정열이 강한 그는 다방면의 놀라운 활동과 업적의 기념탑을 쌓았다. 그는 평양에서 우리 겨례의 지성인 고당 조 만식(古堂 曺晚植) 선생을 도우며 조선 민주당(朝鮮民主黨)의 창건과 운영에 참여하여 북한의 공산 독재 세력과 용감하게 싸우고 1947년 월남하여 계속 자유와 민주주의를 통해서 투쟁한 행동적 정치인, 한국 영화의 발전과 연극의 향상을 위하여 20대의 젊은 시절부터 영화 평론가와 시나리오 작가(作家)로서 국내외에 활약하고 연극 예술의 지도자로서 많은 공적을 쌓은 자랑스러운 예술인(藝術人), 우리 나라 연극 문학의 육성과 발전을 위하여 《배뱅이굿》, 《맹진사댁 경사(孟進士宅慶事)》, 《인생 차압(人生差押)》, 《십대의 반항》 등, 여러 편의 뛰어난 작품을 발표하고 독자적 문학 세계를 개척한 위대한 작가, 권세를 멀리하고 물욕을 초월하여 자기의 신념과 원칙대로 살며 아내와 친구에게는 다정하고 자기의 천직(天職)과 사명에는 성실하고 낭만과 이상주의(理想主義)의 정신으로 하느님과 민족과 예술을 한없이 사랑한 독실(篤實)한 인간 오 영진(吳泳鎭).

그의 이름에 영광(榮光)이 있고,
그의 존재(存在)에 축복(祝福)이 있고,
그의 영혼에 안식(安息)이 있어라.

죽음을 追放하는 生

"오늘의 문제는 싸우는 것이요, 내일의 문제는 이기는 것이요, 모든 날의 문제는 죽는 것이다."

문호(文豪) 빅토르 위고는 이렇게 말했다. 산다는 것은 죽음과의 부단한 대결이다.

생(生)은 사(死)에 도전하고, 사는 생에 도전한다.

사신(死神)은 우리의 생명을 언제 어디서나 노리고 있다. 아침에 활짝 웃는 얼굴로 집을 나간 젊은이가 자동차 사고로 저녁에 시체로 변한다. 병사(病死)도 있고 자연사(自然死)도 있고 사고사(事故死)도 있다. 천수(天壽)를 누리고 죽는 이도 있고 비명(非命)에 횡사(橫死)하는 이도 있다.

죽음의 신은 모든 사람을 예외 없이 찾아온다. 죽지 않는 생명은 하나도 없다. 이 세상에 태어날 때 우리는 이미 죽음의 운명을 짊어진다. 죽음은 아무 예고도 없이 우리를 찾아온다. 생의 어느 순간, 어느 길목에서 사신이 우리를 기다리고 있는지 모른다. 물건에 언제나 그림자가 따르듯이 사신은 우리의 생명을 항상 따라다닌다.

사(死)는 생의 종말이요, 부정이요, 원수요, 허무다. 사신의 얼굴은 무섭고 손발은 냉혹하고 속성은 비정(非情)하다.

인간은 결국 사신을 이길 수 없다. 죽음은 자연의 대법칙이요, 대질서다. 우리는 이 법칙에 따를 수밖에 없고 이 질서에 복종할 수밖에 없다. 사는 생의 한계 상황(限界狀況)의 으뜸가는 것이다. 죽음의 힘은 무섭다. 그러나 생의 힘은 더 무섭다. 죽음에 도전하는 인간의 생명의지(生命意志)는 한없이 강하고 끈질기다. 우리는 어떤 자세로 죽음과 대결해야 하는가. 사(死)라는 운명적 상황에 우리는 어떻게 맞서야 하는가.

나는 세 가지의 덕(德)을 강조하고 싶다. 첫째는 지혜다. 지혜롭게 사는 자는 사(死)의 도래(到來)를 지연시키고 생의 기간을 오래 연장시킬 수 있다.

건강한 생명에는 사신이 접근하지 않는다. 병약한 목숨이 사신의 제물이 된다. 우리는 우리의 생명을 지혜롭게 보존하고 관리해야 한다.

생명 관리는 인간 관리의 제1과에 속한다. 폭음 폭식(暴飮暴食)과 방탕과 무절제는 사신을 일찍 불러들인다. 하나밖에 없는 목숨이요, 한번밖에 없는 생이다. 우리는 우리의 목숨을 지혜와 절제로 소중하게 관리해야 한다. 건강과 장수는 생명의 요구요 덕이다. 우리는 생명의 지혜로운 관리자가 되어야 한다.

둘째는 사명감이다. "인생의 사명을 갖는 자는 그것을 실현할 때까지는 결코 죽지 않는다"고 아프리카 대륙의 탐험가 리빙스턴은 갈파했다. 내가 이것을 꼭 이루어 놓기 전에는 죽을 수가 없다는 강한 생명 의지를 가질 때 사신은 우리에게 침범하지 않는다.

사명감은 우리의 생명에 희망을 주고 신념을 주고 용기를 준다. 무위 도식(無爲徒食)의 생은 오래 살지 못한다. 목표도 의미도 없이 살아가는 생은 허약한 생으로 전락할 수 밖에 없다. 죽음을 추방하려거든 모름직이 높은 사명을 발견하여라.

어떤 악인이 공자(孔子)를 죽이려고 했다. 그때 공자는 이렇게 말했다. "하늘이 나를 이 세상에 보내었다. 내 뒤에는 하늘이 존재한다. 제가 감히 나를 어떻게 할 수 있단 말인가." 반석(盤石)과 같은 사명감을 갖는 사람은 죽음을 두려워하지 않는다. 사신(死神)은 그러한 인물을 좀처럼 건드리지 않는다.

세째는 사생관(死生觀)이다. 죽음을 두려워하지 않는 사생관을 확립하는 것이다.

"죽음아, 올 테면 언제든지 오라. 내 너를 두려워하지 않는다." 이렇듯 투철한 사생관을 가질 때 우리는 죽음에 대한 두려움을 극복할 수 있다. 일찌기 도산(島山)은 "나에게는 죽음의 공포가 없다"고 말했다. 이런 경지가 인간에게는 가능하다.

그러한 경지를 안심 입명(安心立命)이라고 일컫는다. 안심 입명의 인간은 죽음에 대하여 공포심을 갖지 않는다. 그것은 철학이 도달할 수 있는 정신의 극치요, 인간의 신념의 최고의 경지다. 그러나 누구든지 그런 경지에 도달할 수 있는 것은 아니다.

철인(哲人) 스피노자가 《에티카》의 말미에서 갈파한 것처럼 "무릇 모든 고귀한 것은 드물고 어렵다." 고귀한 경지는 쉽게 도달할 수 있는 것이 아니다. "생(生)은 기(寄)요, 사(死)는 귀(歸):(生者寄死者歸)"라고 중국의 옛 현인(賢人)은 말했다. 산다는 것은 잠시 이 세상에 머무는 것이요, 죽는다는 것은 제 본래의 자리로 돌아가는 것이라고 했다.

그것은 생과 사에 대한 깊은 달관(達觀)이요, 투철한 각오(覺悟)다. 이런 경지에 이르면 죽음을 두려워하지 않고 죽음과 친밀해질 수 있다.

그것은 도인(道人)이나 대인물(大人物)만이 도달할 수 있는 지고(至高)의 경지다.

밝은 지혜와 확고한 사명감과 투철한 사생관은 죽음을 추방하는 생의 슬기롭고 용감한 자세다.

제2장 힘은 맑은 江물처럼

- □ 創造의 힘／71
- □ 理想의 힘／75
- □ 精誠의 힘／78
- □ 意味의 힘／81
- □ 使命의 힘／84
- □ 靈感의 힘／88
- □ 鍊磨의 힘／91
- □ 信念의 힘／94
- □ 智慧의 힘／97
- □ 希望의 힘／100
- □ 사랑의 힘／103

創造의 힘

　인간의 힘 중에서 가장 위대한 것은 창조력(創造力)이다. 신(神)은 인간에게 창조력을 주었다. 인간은 이 창조력을 가지고 문명과 역사를 만든다.
　창조의 힘처럼 놀라운 것이 없다. 며칠 전에 TV에서 창조의 거인(巨人) 미켈란젤로를 그린 《고뇌(苦惱)와 영광(榮光)》이라는 영화를 보았다. 감독은 세계 십대(世界十大) 감독의 한 사람인 영국의 명장(名匠) 캐롤 리드였다. 캐롤 리드는 내가 무척 좋아하는 감독이다. 그의 명작 《제3의 사나이》와 《심야(深夜)의 도주(逃走)》의 감명은 지금도 내 기억에 생생하다.
　미켈란젤로를 담당한 주인공은 명우(名優) 찰즈 휴스턴이었다. 그의 연기력(演技力)에는 오직 감탄할 따름이다. 박진미(迫眞味)가 약동하고 깊이 있는 연기를 그는 언제나 우리에게 보여준다. 배우도 이쯤 되면 하나의 예술가의 경지에 도달한다.
　1962년은 나의 생애의 최고의 해였다.
　그해 여름, 나는 구라파의 10여개국을 한달 동안 여행하면서 인생의 가장 큰 감격과 다시 없는 희열(喜悅)을 느꼈다.
　3천 미터가 넘는 알프스의 높은 봉우리에 올라가서 백설(白雪)이 애애(皚皚)한 영봉(靈峰)들이 웅대와 장엄을 서로 다투는 그 숭고한 광경을 한 시간 동안 바라보면서, 나는 나의 존재를 잊어버렸다. 한문에 '아망오(我忘吾)'란 말이 있다. 내가 나를 잊어버린다는 뜻이다. 인간은 최고의 감격과 기쁨의 순간에는 자기가 자기를 잊어버리는 무아(無我)의 황홀경(恍惚境)에 도달한다.
 그때 나는 그러한 희열에 도취했었다. 그보다 더 황홀한 감격과 기쁨을 느낀 것은 르네상스의 위대한 발상지인 플로렌스에서 미켈란젤로의 《다윗》 앞에 선 순간이었다.
 "젊음을 보고 싶거들랑 미켈란젤로의 다윗을 보라"고 나는 말하고 싶다.
 하얀 대리석으로 조각한 다윗의 모습은 미켈란젤로의 걸작의 하나다. 젊은 다윗이 이스라엘의 적인 역장(力將) 고라아이아스를 넘어뜨리기 위하여 살기(殺氣) 등등한 분노의 눈초리로 손에 돌을 쥐고 적을 노려보고 있는 그 용기와 투지, 몸에 실오라기 하나 걸치지 않고 융륭(隆隆)한 근육과 기력이 팽배한 젊음을 유감없이 표현하고 있는 다윗은 창조적 천재 미켈란젤로의 신품(神品)이요 걸작이다.
 미켈란젤로는 르네상스의 가장 위대한 정신적 기념비(記念碑)다. 그는 87세의 고독과 빈곤의 생애를 살았다. 그는 일생 결혼하지 않았다.
 예술이 그의 애인(愛人)이었고, 창조가 그의 사명이었다 그는 조각가요, 건축가요, 화가요, 시인이었지만 특히 조각이 그의 본령(本領)이었다.
 "신은 나에게 창조력을 주었다"고 그는 말했다. 그는 일밖에 몰랐다. 그는 고집장이요, 오기(傲氣) 덩어리였다. 그래서 예술 때문에 교황(教皇)과 자주 다투었다. 그의 예술은 한 마디로 말해서 힘의 예술이다. 그의 작품은 숭고(崇高)와 격정(激情)의 교향곡이다. 세계 제I의 대작인 시스틴 챠플의 대천정화(大天井畫), 천지 창조의 웅대한 광경을 그린 이 거작(巨作)은 미켈란젤로만이 만들 수 있는 작품이다. 대제단화(大祭壇畫)인 《최후의 심판(審判)》,《모세》,《피에타》,《승리자(勝利者)》,《노예(奴隷)》, 그가 만든 여러 사원(寺院) 건축, 나는 구라파를 여행하면서 그의 작품을 많이 보았다.

한 마디로 그는 창조의 거인이다. 광기(狂氣)와 집념(執念)에 사로잡혀 일심불란(一心不亂)으로 작품 창조에 전력 투구(全力投球)한 미켈란젤로의 인간상과 생애는 우리에게 용기와 자극과 영감(靈感)을 주는 힘의 원천이다. 인간의 자랑과 영광은 창조에 있다. 많이 창조하는 사람이 참으로 위대한 사람이다. 놀라운 것을 창조하는 사람이 인간으로서 가장 뛰어난다. 창조는 인물 평가의 척도(尺度)다. 창조는 인간의 대소(大小)와 우열(優劣)을 결정하는 표준이다. 위대한 인물일수록 위대한 것을 창조한다. "천재는 창조"라고 칸트는 갈파했다. 천재의 천재다움은 창조에 있다. 창조하지 못하는 천재는 천재가 아니다. 한 폭의 그림을 그리는 것, 한 편의 시를 쓰는 것, 한 개의 조각을 만드는 것, 한 권의 책을 쓰는 것, 모두가 창조다. 새로운 아이디어의 창조에서 새로운 역사의 창조에 이르기까지 인간의 창조의 세계는 다채다양하다.

창조는 고뇌(苦惱)에서 시작하여 영광으로 끝난다. 창조에는 언제나 고뇌가 따른다. 한 편의 시(詩)를 쓰기 위해서 우리는 얼마나 살을 깎고 기름을 짜고 정신을 불살라야 하는가.

고뇌가 따르지 않는 창조는 있을 수 없다. '백련천마(百鍊千磨)'의 노력 끝에 하나의 회심작(會心作)을 완성할 때 천만금을 주고도 살 수 없는 감격과 영광이 있다.

작품을 만든다는 것은 자기의 뼈를 깎는 것이다. 창조는 고뇌와 영광으로 채색된 생의 최고 형태다. 그래서 보람이 있는 것이다. 그래서 가치가 있고 의미가 있는 것이다.

우리는 소유 충동(所有衝動)이나 향락 충동의 만족에서 인생의 행복을 찾아서는 안된다.

모름지기 창조 충동의 만족에서 삶의 보람과 기쁨을 찾아야 한다. 그러기 위해서 우리는 창조적 정신을 배우고 창조력을 길러야 한다.

창조, 이것처럼 보람있는 일이 없고, 이것처럼 위대한 것이 없다. 당신은 무엇을 창조하였읍니까. 우리는 늘 이 물음 앞에 서서 살아가야 한다.

理想의 힘

20세기는 두 정신적 거성(巨星)을 갖는다. 하나는 간디요, 하나는 쉬바이쩌다. 그들은 인류의 영원한 스승이요, 만대(萬代)의 귀감(龜鑑)이다. 모든 사람이 언제나 높이 우러러 보아야 할 슈퍼 스타다. 우리는 그들과 같은 세기에 태어난 것을 고맙게 생각해야 한다.

금년 (1975) 1월 14일은 쉬바이쩌 탄생 백주년(百周年)이 되는 날이요, 9월 4일은 그가 죽은지 10주기가 되는 날이다.

그의 지상(地上) 90년의 생애는 거인(巨人)의 발자취요, 위대한 정신적 기념탑(紀念塔)이다. 그는 목사의 아들로서 어렸을 때부터 유복하게 자랐다. 그는 동창생들의 가난과 불행을 보고 가슴이 아팠다. 자기의 행복과 타인의 불행, 이것을 인생의 당연한 사실로서 그는 받아들일 수가 없었다. 행복한 자기는 불행한 그들을 위하여 무엇인가 봉사(奉仕)해야 되겠다고 생각했다. 30세까지는 나 자신을 위해서 살자. 그러나, 30세 이후부터는 남을 위하여 살자. 이것이 쉬바이쩌가 21세 때에 품었던 인생의 이상이요, 목표였다. 그는 운명의 총아(寵兒)였다. 신(神)에게서 특별한 은총(恩寵)과 재능을 부여받은 선택된 창조적 소수(少數)였다. 30세에 이미 그는 목사로서, 신학자로서, 대학 교수로서, 또 음악가로서 명성을 떨쳤다. 남이 일생(一生)을 걸려도 얻을 수 없는 명예와 영광(榮光)과 성공을 이미 획득했다.

그러면 남을 위하여 무엇을 할 것이냐, 무슨 일로써 인류에게 봉사할 것이냐? 그는 어느날, 신문을 보고 그의 인생의 사명을 발견했다. 아프리카 콩고 지방에서 흑인(黑人)에게 의료 봉사(醫療奉仕)를 할 하느님의 일꾼을 구하고 있다는 내용이었다. "하느님은 지금 당신을 부르고 있읍니다. 이 부르심에 용감하게 응답(應答)하실 분은 안계십니까?" 이 귀절은 쉬바이쩌의 가슴에 굳게 박혔다. 그는 자기의 사명을 깨달았다.

그는 의사가 되어 흑인에게 봉사하기로 결심했다. 7년 동안의 의학 공부를 마친 다음, 부인을 동반하고 운명의 땅, 사명의 일터인 아프리카의 람바레네로 떠났다. 람바레네, 그 곳은 이름도 없는 콩고 지방의 조그만 마을이었다. 그러나 쉬바이쩌가 그 곳에 가서 진리의 사자(使者), 사랑의 봉사자로서 흑인에게 의료 사업을 시작하자, 람바레네는 20세기의 사랑의 예루살렘이 되었고, 휴우머니즘의 베나레스가 되었고, 정의(正義)와 인도(人道)의 메카가 되었다.

쉬바이쩌의 위대한 사랑의 정신과 뛰어난 봉사의 생애를 기념하기 위하여 금년은 세계 도처에서 기념 강연회가 열리고, 여러 가지의 행사와 전시회(展示會)가 열린다.

지난 1월 14일, 서울 YMCA에서 쉬바이쩌 탄신 백주년을 기념하는 강연회가 열렸다. 나는 그 강연회의 연사(演士)가 되어 그의 생명 외경(生命畏敬)의 철학을 논했다. 많은 청중들이 진지한 태도로 강연을 들었다. 특히 이 일선(李一善) 목사의 이야기는 여러 청중들에게 큰 감명(感銘)을 주었다. 그는 10대 후반기에 쉬바이쩌의 자서전(自敍傳)을 읽고, 큰 충격과 감동을 받았다. 자기도 쉬바이쩌처럼 살아보고 싶었다. 그래서 이 일선(李一善) 선생은 쉬바이쩌처럼 목사가 되었고, 또 의사가 되었다. 그는 특히 나병 환자(患者)를 많이 돌보았다. 10년 전에 그는 한국의 벽지인 울릉도로 들어가서 병원을 차리고, 또 목사로서 하느님의 말씀을 전도하기 시작했다. 그날 강연이 끝난 다음에 엔리카 앤더선이 만든 쉬바이쩌의 전기(傳記) 영화를 상영(上映)했다.

람바레네의 쉬바이쩌의 활동과 생활을 소개한 이 영화는 보는 이의 가슴에 큰 감격과 충격을 주었다.

백발(白髮)의 늙은 성자(聖者) 쉬바이쩌가 아프리카 원시림(原始林)에서 흑인과 같이 고생하면서 흑인의 병을 고쳐 주는 그 광경은 엄숙한 감동으로 우리의 가슴을 꽉 채웠다. 나는 나도 모르는 사이에 눈시울이 뜨거워졌다. 인간의 정신이 도달할 수 있는 최고의 경지를 쉬바이쩌는 우리에게 보여 주었다. 시골 사람과 같은 소박성(素朴性), 어린애와 같은 단순성, 조용한 걸음걸이, 더할 수 없는 겸손(謙遜), 굳은 의지력, 놀라운 봉사(奉仕)의 활동, 나는 깊은 감동 속에 이 영화를 보았다.

쉬바이쩌의 병원에는 세계 각국에서 모여든 의사와 간호원과 조수(助手)들이 있다. 흑인·백인(白人)·황인(黃人)·늙은이·젊은이·남자·여자, 그들은 모두 쉬바이쩌의 위대한 정신과 이상(理想)에 감동이 되어 아프리카의 벽지(僻地)인 이 람바레네에 와서 일생 동안, 또는 몇해 동안 쉬바이쩌를 도우면서 일하는 것이다. 무엇이 그들로 하여금 이 원시림에 모여들게 하였는가. 그것은 곧 이상(理想)의 힘이다. 이상이 그들의 마음을 사로 잡은 것이다. 쉬바이쩌의 그 위대한 인류애와 봉사의 정신이 그들의 가슴에 박힌 것이다. 높은 목적과 이념에 나의 생명을 바치고 나의 정열을 불사르려는 열렬한 이상주의의 정신이 그들로 하여금 람바레네를 찾아오게 한 것이다. 이상의 힘은 놀랍고 무섭다. 인간은 이상을 추구하고 이상에 헌신하는 존재(存在)다.

모든 존재 중에서 가장 위대한 것은 인간이요, 인간의 존재에서 가장 존엄한 것은 정신이요, 정신 중에서 가장 놀라운 것은 이상의 힘이다.

20세기의 거성(巨星) 쉬바이쩌는 인간의 이상의 힘이 얼마나 위대하고 놀라운가를 그의 인격과 생활을 통해서 우리에게 보여 주었다. 우리가 그와 같은 세기에 태어나서 그를 기억하고 그를 앙모(仰慕)할 수 있다는 것은 우리의 큰 기쁨이요, 자랑이다.

精誠의 힘

　정성(精誠)은 인간의 가장 위대한 덕(德)이다. 세상에 정성처럼 힘있고 아름답고 고귀한 것이 없다.
　인간은 정성에 감동하는 동물이다. 정성스러운 마음으로 대할 때 감동하지 않는 사람이 없다. 정성스러운 태도, 정성스러운 행동 앞에는 저절로 고개가 수그러진다. 정성스러운 인격은 인간이 가질 수 있는 가장 위대한 보배요 자본(資本)이다.
　정성이란 무엇이냐. 거짓이 없는 것이다. 참되고 순수하고 독실(篤實)한 것이다. 불실하거나 허망(虛妄)하지 않은 것이다. 어머니 앞에 서면 자연히 고개가 수그러진다. 왜 그럴까. 어머니의 정성의 힘 앞에 고개를 숙이는 것이다.
　어머니의 가슴은 정성의 아름다운 향기로 가득차 있다. 어머니의 마음속에는 정성의 맑은 기도가 샘물처럼 흐르고 있다.
　내 아들 딸이 늘 건강하도록, 항상 행복하도록, 이 다음에 훌륭한 인물(人物)이 되도록 어머니는 늘 간절한 기도를 드린다.
　어머니처럼 지극(至極)한 정성으로 나를 생각해 주는 분이 세상에 또 있을까? 그것을 생각하면 자연히 고개가 수그러진다.
　살인 강도도 어머니 앞에서는 어린 양처럼 순해진다. 잘난 사람이나 못난 사람도 어머니 앞에서는 착한 어린애가 된다.
　아마 인간의 정성 중에서 어머니의 정성을 능가(凌駕)하는 것은 없을 것이다.
　정성으로 쓴 작품이 사람을 감동시킨다. 정성을 다해서 그린 그림이 만고의 걸작이 될 수 있다. 정성을 다하여 쓴 시가 불멸의 작품으로 남는다. 정성을 기울여서 쓴 소설이 사람의 심금(心琴)을 울린다. 정성에서 나오는 말씀이 우리의 폐부를 찌르는 웅변이 될 수 있다. 정성은 위대한 가치 창조의 원천(源泉)이다. 니이체는 피로 쓴 글만이 생명이 있다고 하였다. 피로 쓴다는 것은 정성을 다해서 쓰는 것이다. 지극한 정성을 표현할 때 우리는 적성(赤誠)이라고 하고, 단성(丹誠)이라고 하고, 또 혈성(血誠)이라고 한다. 적(赤)이나 단(丹)은 다 피처럼 붉은 것이다.

한문(漢文)에서는 지성이면 감천(感天)이라고 한다. 지극한 정성이 사람을 감동시킨다는 것은 물론이려니와 하늘도 감동시킨다는 것이다.

내가 왜 남을 감동시키지 못하는가. 내 정성이 부족하기 때문이다. 내 지성이 모자라기 때문이다.

내가 쓰는 시, 내가 그리는 그림, 내가 집필(執筆)하는 소설에 내 지성이 부족하므로 남에게 감동을 주지 못한다.

걸작(傑作)을 쓰고 싶거들랑 네 정성을 다하여라. 안이한 마음으로 쓴 작품이 독자의 가슴에 생생한 감동을 줄 까닭이 없다.

내 살을 베고 내 뼈를 깎는 거와 같은 지성과 정열을 가지고 써야 사람의 마음에 감격과 생생한 공명을 불러 일으킬 수 있다.

글을 쓰는 자세가 너무 안일(安逸)하다. 붓을 잡은 정신에 각오(覺悟)가 너무 부족하다. 작품을 제작하는 태도에 지성(至誠)이 너무 모자란다. 그래서 좋은 글, 좋은 작품이 안 나오는 것이다.

프랑스의 실존주의(實存主義)의 작가요 철학자인 가브리엘 마르셀은 "성실이 있는 곳에 존재가 있다"고 말하였고, "성실의 정도가 존재의 정도를 결정한다"고 갈파했다.

참으로 명언이 아닐 수 없다. 우리가 불성실(不誠實)한 말을 하거나 불성실한 행동(行動)을 할 때 나의 존재는 빛이 없고 힘이 없고 진실성(眞實性)이 없다.

얼마큼 성실하냐에 따라서 나의 존재의 무게와 정도와 가치가 결정된다. 내가 성실하면 성실할수록 나는 힘 있는 존재, 확실한 존재가 된다. 내가 성실하지 못하면 성실하지 못할수록 나는 무력한 존재, 거짓된 존재로 전락한다. 성실성이 존재의 척도(尺度)가 된다.

성실성의 유무(有無)가 존재의 진위(眞僞)를 결정한다. 그러므로, 우리는 먼저 성실하기 공부(工夫)를 해야 한다. 인생에서 가장 중요한 공부는 성실공부다. 문학(文學)공부, 글 쓰는 공부에 앞서서 우리는 먼저 마음과 행동을 성실하게 하는 공부부터 해야 한다.

"성실과 소박(素朴)이 위대한 예술을 낳는 모태(母胎)"라고 음악가 카자르스는 갈파했다. 예술에 관한 지당한 명언이요, 작가에게는 경청해야 할 잠언(箴言)이다.

기교나 손재주나 재치만으로는 깊은 감동을 주는 명작을 쓸 수 없다. 혼(魂)이 있어야 한다. 정성이 배어 있어야 한다. 작가의 피와 눈물과 땀의 생명이 스며 있어야 한다. 만인에게 생생한 감동을 주는 말이나 글은 모두 작가의 뼈와 가슴속에서 나온 정성의 결정(結晶)이요, 표현이다.

성실이 부족할 때 좋은 작품은 결코 나오지 않는다. 도스토예프스키는 소설을 쓰면서 가끔 울었다고 한다. 베에토오벤도 작품활동을 할 때에는 혼자 낙루(落淚)하는 일이 많았다고 한다.

남을 감동시키려면 먼저 스스로가 감동해야 한다. 성실의 맑은 샘터에서 나오는 말과 글이 우리의 목을 생명과 기쁨과 감격으로 추켜줄 수 있다.

내 생명의 잔(盞)에 성실의 향기(香氣)가 넘쳐 있어야 한다. 내 말과 글에 정성의 맥박이 뛰어야 한다. 내 마음의 그릇에 성실의 생명수가 가득차야 한다. 그것이 역작(力作)을 낳는 원동력(原動力)이다. 성실은 인간의 위대한 힘이요, 덕(德)이요, 빛이다. 우리는 성실하기 공부를 먼저 해야 한다.

意味의 힘

내가 최근에 감명 깊게 읽은 책이 한 권 있다.

비엔나 대학의 신경과(神經科) 교수인 빅토르 E 프랑클 (Victor E. Frankle)이 쓴 《인간(人間)은 의미(意味)를 추구한다》라는 책이다.

그는 유대인이다. 그래서 세계 제2차 대전 당시 아우스비츠 포로 수용소에서 3년 동안 포로로서 온갖 고초를 다 겪었다. 굶주림·공포·추위·고독·질병·강제 노동·불안·좌절감·동상·압제·절망·배신 등, 인간으로서 겪을 수 있는 모든 고난을 겪었다. 포로 수용소는 문자 그대로 인간 지옥(人間地獄)이었다. 극한 상황의 도가니였다. 많은 포로들이 추위에 못견디어, 굶주림에 못견디어, 불안과 절망에 못견디어, 거의 다 죽었다. 이 지옥 속에서 어떻게 하면 살아남을 수 있는가. 생을 위한 3년간의 극한 투쟁에서 그는 패배하지 않고 승리했다.

어떻게 해서 승리했는가. 몸이 튼튼하다고 반드시 살아남는 것도 아니었다. 정신력이 승리의 열쇠였다. 나는 살아 남을 수 있다는 굳은 신념이 죽음을 이겨내었다. 나는 살아서 보람있는 일을 해야 한다는 희망과 사명감이 절망을 극복하는 원동력이 되었다. 프랑클 교수에 의하면 희망의 힘, 신념의 힘, 의지의 힘이 있는 한, 우리는 아무리 어려운 상황 속에서도 결코 죽지 않는다는 것이다.

최근에 상영된 《빠삐용》이라는 영화는 천신 만고(千辛萬苦)

끝에 감옥에서 탈출하여 자유를 획득하는 강인한 의지의 인간을 잘 그려 놓았다. 몇 해 동안 독방에 갇혀서 영양부족 때문에 시력이 어두워지고, 이빨이 빠지는 죽음 직전의 상황에서 주인공은 매일 아침 "나는 약해지지 않는다. 나는 약해지지 않는다"고 되풀이하며 감방 속에서 신체를 단련하고 원기를 불러 일으키는 광경을 나는 인상 깊게 보았다.

인간은 요컨대 의미를 추구하는 존재다. 이것이 프랑클의 인간관이다. 나는 그의 인간관에 많은 공명공감(共鳴共感)을 느낀다. 의미란 말을 보람이란 말로 바꾸면 더욱 좋을 것 같다. 인간은 보람을 추구하는 존재다. 우리는 모두 보람있게 살기를 원한다.

프랑클에 의하면 많은 현대인은 실존적 공백(實存的 空白) 상태에 빠졌다는 것이다. 나는 무엇을 할 것이냐. 내 인생의 목표가 무엇이냐를 잃어버렸다는 것이다. 현대인은 내가 정말 무엇을 해야 할 지를 모르고 있다.

그래서 남이 하는 대로 맹종(盲從)하는 타인지향(他人志向)의 인간으로 전락한다. 또 내가 정말 하고 싶은 것을 하는 것이 아니라, 남이 내게 바라는 것을 그대로 추종한다. 사람들은 자기가 정말 무엇을 바라고 있는지조차 모르고 살아간다. 요컨대, 내가 나를 잃어버린 것이다. 진정한 자아(自我)가 행방 불명(行方不明)이 된 것이다. 그래서 생의 무의미감(無意味感)과 공허감을 느낀다. 이것이 프랑클이 말하는 실존적 공백 상태다.

내가 나답게 살아가는 것, 본래의 자신이 되는 것, 진면목(眞面目)의 자아를 회복하는 것, 이것이 정말 사는 것이요, 이것이 정말 사는 것의 의미다.

많은 현대인이 자기의 행동이나 생활이나 존재에서 의미를 발견하지 못하고 살아간다. 그러니 권태와 무기력과 좌절감에 빠진다. 인간은 의미를 추구하는 존재요, 보람을 찾는 존재다.

나는 얼마만큼 의미 있는 생활을 하고 있는가. 나는 얼마만큼 생의 보람을 느끼고 있는가.

우리는 이 물음 앞에 엄숙히 서서 자기 스스로를 냉엄하게 진단해 보아야 한다.

나는 이제 여기서 죽고 만다고 생각하면 그는 죽을 수밖에 없다. 그러나 나는 무슨 일이 있어도 살아야겠다. 나는 꼭 살아 남을 수 있다는 희망과 신념을 가질 때 죽음을 이기는 용기가 솟구친다.

프랑클 교수는 3년간의 절망적인 포로 수용소 생활에서 죽지 않고 살아 남았다. 그는 수용소에서 보고 느끼고 체험한 것을 생생하게 기록하여 나중에 책으로 출판했다. 그것이 《인간은 의미를 추구한다》라는 유명한 책이다.

생명의 본질이 무엇이냐. 인간은 어떤 존재냐. 우리의 행동을 결정하는 요인이 무엇이냐. 정신 분석학의 창시자(創始者)인 프로이트는 쾌락의지(快樂意志 : will to pleasure)라고 보았다. 우리는 언제나 고통을 피하고 쾌락을 추구한다. 이것이 인간의 행동 원칙(行動原則)이라는 것이다. 철학자 니이체는 권력의지 (Wille zur Macht)라고 보았다. 우리는 부단히 자기 존재를 강화시키고 확대시키고 팽창시키려는 권력의지에 지배되어 행동한다는 것이다.

그러나, 프랑클 교수에 의하면 인간은 의미를 추구하는 존재다. 우리는 의미있는 말을 하고 의미있는 행동을 하고 의미있는 생활을 하려고 한다. 인간의 모든 행동은 언제나 어떤 의미를 추구한다는 것이다.

인간은 자기가 헌신할 이상을 찾고, 자기가 사랑할 사람을 찾고, 자기가 정열을 쏟을 사업이나 목표를 찾는다. 그러한 이상이나 사람이나 사업을 찾지 못할 때 우리는 무의미감에 빠져서 생이 병들고 시들어버린다는 것이다.

우리의 생사(生死), 우리의 존재에 가치를 부여하는 것이 무엇이냐. 그는 '의미'라고 대답한다.

使命의 힘

나는 젊은이들에게 인생의 근본 문제에 대하여 가끔 단도 직입적(單刀直入的)인 질문을 던져 본다.
"너는 무엇을 위해서 사느냐?"
확신을 갖고 분명한 대답을 하는 사람이 그렇게 많지 않다. 살기는 살되 과연 무엇을 위해서 사는지를 모르고 어름어름 살아가는 사람이 부지 기수다.
실존 철학(實存哲學)의 시조 키에르케고르는 22세의 대학 시절의 일기(日記)에서 다음과 같은 요지의 글을 썼다.
"온 세계가 다 무너지더라도 내가 꽉 붙들고 놓을 수 없는 진리, 내가 그것을 위해서 살고 그것을 위해서 죽을 수 있는 진리를 나는 발견해야 한다. 그것이 나의 진리요, 나의 주체적 자리요, 실존적 진리다."
그것을 위해서 살고 그것을 위해서 죽을 수 있는 진리를 찾는 것, 이것이 인생에서 가장 중요한 일이라고 그는 생각했다. 이러한 진지(眞摯)한 자세의 철학적(哲學的) 사색에서 그의 실존주의가 탄생했다.
내가 그것을 위해서 살고 그것을 위해서 죽을 수 있는 인생의 높은 목표나 이념이나 가치를 우리는 사명이라고 일컫는다. 인생에서 제일 중요한 일은 자기의 사명을 발견하는 일이다.
사명이란 심부름 받은 생명이란 뜻이다. 인간은 사명적 존재다. 사명감에서 위대한 힘이 생긴다. 사람은 자기의 사명을 바로 깨달을 때 눈동자가 달라지고 생(生)을 살아가는 자세가 달라진다. 인간은 무엇인가를 위해서 살아간다. 돈을 위해서 사는 사람, 사랑을 위해서 사는 사람, 부모를 위해서 사는 사람, 나라를 위해서 사는 사람, 예술을 위해서 사는 사람, 신앙을 위해서 사는 사람, 사업을 위해서 사는 사람, 향락을 위해서 사는 사람, 자식을 위해서 사는 사람, 학문을 위해서 사는 사람, 사람은 저마다 무엇인가를 위해서 산다.

너는 무엇 때문에 살아가느냐. 너는 무엇을 위해서 살아가느냐. 저마다 자기의 '때문에'가 있고, '위(爲)해서'가 있다. '때문에'와 '위해서'의 목표가 되는 것이 우리의 사명이다. 이것이 분명히 확립될 때 우리는 결코 생의 무의미감(無意味感)이나 허무감을 느끼지는 않는다. 그에게는 생의 뚜렷한 목표가 있기 때문이다. 그러나 '때문에'와 '위해서'가 분명히 서지 않을 때 우리의 생은 회의에 빠져서 비틀거리고 허무에 빠져서 무의미감을 느낀다.

영어의 live for와 die for란 말이 있다. '위해서 사는 것'이요, '위해서 죽는 것'이다. 인생에서 '위해서'란 말, for란 말처럼 중요한 말이 없다.

현대인의 불행과 비극이 어디에 있느냐. '위해서'의 목표를 잃어버린 것이다. 나는 무엇을 위해서 사는가, 또 무엇을 위해서 살아야 하는가 라는 인생의 근본적인 물음에 대하여 '이것이다'라는 확고한 대답을 갖지 못하는 것이다. 우리는 정열을 갖는다. 이 정열을 어디에 쏟을 것이냐. 우리는 충성심(忠誠心)을 갖는다. 이 충성을 무엇에 바칠 것이냐. 우리는 우리의 정열을 어디엔가 쏟고 싶고 우리의 충성을 무엇엔가 바치고 싶다. 그런데, 그 목표와 대상을 찾지 못하고 있다. 여기에 현대인의 고민이 있고, 방황이 있고, 생의 허탈감과 공허감이 있다. 옛날 사람들은 정열과 충성을 나라의 임금에게 바쳤다. 또는 하느님에게 바쳤다. 또는 부모님에게 바쳤다. 또는 혁명에 바쳤다. 그들은 그러한 생활이나 행위를 자명한 것이라고 확신했다. 그들은 결코 회의하지를 않았다. 그러나 햄릿의 후예(後裔)인 현대인들은 자기의 정열과 충성의 대상이나 목표에 대하여 회의를 품고 주저(躊躇)를 느낀다. 그 결과 인생의 사명감을 못 가지고 살아간다.

사명감이 우리를 성실하게 만들고 용감하게 만들고 부지런하게 만들고 위대하게 만든다. 사명은 인간의 위대한 힘의 원천이다. 인간은 무엇인가를 위해서 살고 무엇인가를 위해서 죽는다. 위해서 사는 삶을 위생(爲生)이라고 하자. 위해서 죽는 죽음을 위사(爲死)라고 하자. 사람은 무엇인가를 위해서 살 때, 위대한 생을 살 수 있고 무엇인가를 위해서 죽을 때 위대한 죽음을 죽을 수 있다.

위대한 삶을 위생(偉生)이라고 하고, 위대한 죽음을 위사(偉死)라고 해 두자. 위생(爲生)이라야 위생(偉生)이 될 수 있고, 위사(爲死)라야 위사(偉死)가 될 수 있다.

위대한 생을 원하느냐. 무엇인가를 위해서 살아야 한다. 위대한 사(死)를 원하느냐. 무엇인가를 위해서 죽어야 한다. 인간은 위해서 살고 위해서 죽는 존재다. 여기에 생의 의미가 있고 보람이 있고 충실미(充實美)가 있고 장엄미(壯嚴美)가 있다.

베에토오벤은 음악을 위해서 살고 음악을 위해서 죽었기 때문에 위대한 예술가가 되었다. 도스토예프스키는 문학을 위해서 살고 문학을 위해서 죽었기 때문에 대작가가 되었다.

로댕은 조각을 위해서 살고 조각을 위해서 죽었기 때문에 대조각가가 되었다. 손 문(孫文)은 혁명을 위해서 살고 혁명을 위해서 죽었기 때문에 대혁명가가 되었다.

우리는 인생의 높은 목표를 찾아야 한다. 생(生)의 커다란 사명을 발견해야 한다. 자기의 혼신(渾身)의 정열을 쏟을 수 있는 사업을 찾아야 한다. 나의 참된 충성을 기울일 수 있는 대상을 찾아야 한다. 그 대상이나 이념이나 사업이나 사명이 크면 클수록 높으면 높을수록 우리의 생(生)과 사(死)는 커지고 높아지는 것이다.
 무엇을 위하여 나의 생애를 바칠까. 무엇을 위해서 나의 정열을 쏟을까. 나는 과연 무엇을 위해서 살고, 무엇을 위해서 죽어야 하는가. 우리는 언제나 이 물음을 자기에게 던져야 한다.

靈感의 힘

위대한 작품은 영감의 산물(產物)이다. 깊은 종교나 탁월한 사상은 영감의 힘이 없이는 불가능하다.

영감이란 무엇이냐. 신(神)이나 하늘의 계시(啓示)를 받은 것 같은 느낌이다. 우리의 마음속에 일어나는 신비(神祕)하고 영묘(靈妙)한 생각이다. 그것은 내 마음속 깊은 곳에서 일어나는 생각이지만, 동시에 위에서 오는 천래(天來)의 소리요, 하느님의 음성(音聲)과 같은 것이다.

《성서(聖書)》는 영감(靈感)을 받고 쓴 글이라고 한다. 또 인도(印度)의 심오(深奧)한 철학과 사상을 기록한 《우파니샤드》를 산스크리스트 말로 슈류티(Sruti)라고 한다. 슈류티는 계시 문학(啓示文學), 또는 천계 문학(天啓文學)이란 뜻이다. 대우주(大宇宙)의 영묘(靈妙)한 계시, 하늘의 깊은 감응(感應)을 받고 쓴 책이라고 한다.

인간은 다차원적 존재(多次元的 存在)다. 우리는 돌멩이나 흙과 같은 물질의 존재인 동시에 풀이나 새와 같은 생명의 존재요, 동시에 인격과 정신(精神)을 갖는 영적 존재(靈的 存在)다.

신령(神靈)한 힘을 갖는 존재를 영물(靈物)이라고 한다. 인간은 영물 중에서는 가장 뛰어난다. 그래서 만물(萬物)의 영장이라고 일컫는다. 영혼(靈魂)이 과연 있느냐 없느냐. 동서 고금(東西古今)의 많은 철학자와 종교가들이 있다고도 했고, 또 없다고도 했다. 그것은 인간으로서는 알 수가 없는 불가지(不可知)의 영역이다. 그러나, 인간에게는 지성이나 머리만으로는 도저히 이해할 수 없는 신비하고 심오(深奧)하고 영묘(靈妙)한 세계가 있다. 영묘한 힘을 영력(靈力)이라고 한다. 영묘한 기운을 영기(靈氣)라고 한다. 그러한 성품이나 인격을 영성(靈性)이라고 한다.

신비하고 위대한 산을 영산(靈山), 또는 영봉(靈峰)이라고 한다. 인삼(人蔘)을 영약(靈藥)이라고 한다. 우리의 마음은 깊고 위대하고 신비하고 오묘하다. 그래서 사람의 마음을 자고(自古)로 영대(靈臺), 또는 영부(靈府)라고 한다. 영이 깃들이는 곳이라는 뜻이다. 영묘한 경지나 땅을 영역(靈域)이라고 한다. 직접 영감을 경험하는 것을 영험(靈驗)이라고 한다. 그것은 말이나 이론으로 설명하거나 인식하는 경지가 아니다. 스스로 체험하고 주체적으로 느끼는 세계다.

소크라테스는 어렸을 때부터 다이모니온의 소리를 들었다고 스스로 술회(述懷)하고 있다. 다이모니온은 가슴속 깊은 곳에서 들려 오는 신비스러운 내면(內面)의 소리요, 신(神)의 영묘한 음성이었다. 예수는 하느님의 음성을 들었다. 공자(孔子)는 천(天)의 소리를 들었다.

위대한 인물이 되려면 영감의 소리를 들어야 한다. 위대한 작품은 영감이 없이는 나오지 않는다.

니이체는 명작 《짜라투스트라는 이렇게 말했다》를 쓸 때 머리속에 샘물처럼 영감이 쉴새 없이 솟구쳤다고 한다. 그의 붓은 그의 영감을 따라 쓰기에 바빴다고 한다.

영감은 영어로 인스피레이션(inspiration)이라고 한다. 인스피레이션이란 말은 호흡(呼吸)한다는 뜻이요, 생기(生氣 : spirit)를 안(in)에 끌어들인다는 뜻이다. 대자연과 우주에 스며 있는 영묘한 기운을 내 존재 속에 흡수할 때 영감이 솟구친다는 것이다. "천재(天才)는 99%의 땀과 1%의 영감으로 구성된다고"고 발명왕 에디슨은 갈파했다.

아무 사람의 머리속에서나 영감의 샘이 솟구치는 것은 아니다.

게으른 자의 머리에서는 영감이 나오지 않는다. 이기심(利己心)이나 탐욕(貪慾)으로 가득한 마음에서는 결코 영감이 떠오르지 않는다. 어떤 머리속에서 영감이 생기는가.

두 가지의 마음이 필요하다. 하나는 청정심(淸淨心)이요, 또 하나는 집중심(集中心)이다. 마음이 맑아야 영감이 생긴다. 샘물처럼 영롱(玲瓏)하고 광풍 제월(光風霽月)처럼 정결한 심정에서 영감이 번갯불처럼 지나간다.

옛날 사람들이 왜 맑은 물을 떠놓고 정성을 다하여 백일(百日) 기도, 천일(千日) 기도를 드렸는가. 청정심(淸淨心)을 얻기 위해서요, 영감을 얻기 위해서요, 영통(靈通)의 경지에 도달하기 위해서였다. 우리는 먼저 마음을 깨끗하게 하는 공부부터 해야 한다. 인생의 공부 중에서 세심 정혼(洗心淨魂)의 공부처럼 중요한 것이 없다. 세심은 마음을 씻는 것이요, 정혼(淨魂)은 혼을 맑게 하는 것이다.

시신(詩神)은 아무에게나 영감을 주지는 않는다. 청정심(淸淨心)을 갖는 시인의 가슴속에 영감을 준다. 맑은 마음이 영감을 받을 수 있는 그릇이다.

둘째는 집중심(集中心)이다. 마음을 한 목표에 골똘하게 집중시켜야 한다. 이리저리 흩어진 혼란심(混亂心)에서는 영감이 생기지 않는다. 영감에는 정신 일도(精神一到)의 경지가 필요하다. 전심 전념(專心專念)의 자세가 필요하다. 오직 하나만을 생각하는 일심 불란(一心不亂)의 정신이 필요하다.

아이잭크 뉴우턴이 만유 인력(萬有引力)의 대진리를 발견했을 때, "어떻게 그런 위대한 우주의 대법칙을 알아내었느냐"라는 신문 기자의 질문을 받고 그는 간단히 이렇게 대답했다.

"나는 자나깨나 늘 그 문제만을 골똘히 생각하고 있었다."

청정심과 집중심은 영감(靈感)을 낳는 어머니다. 좋은 작품을 쓰고 싶거든, 위대한 사상을 낳고 싶거든, 먼저 마음을 맑게 하는 공부와 마음을 한 목표에 집중시키는 공부를 해야 한다.

鍊磨의 힘

　한문에 백련천마(百鍊千磨)란 말이 있다. 백번 연습하고 천(千)번 갈고 닦는다는 뜻이다. 나는 이 말을 나의 생활 좌표(生活座標)의 하나로 삼고 있다.
　이 세상의 모든 위대한 작품이나 뛰어난 경지(境地)나 훌륭한 인물은 모두 다 백련천마의 산물(産物)이다. 특히, 탁월한 문학 작품이나 예술품은 모두 다 백련천마에서 나왔다. 명작(名作)은 우연의 결과가 아니다. 신품(神品)은 요행의 산물이 아니다.
　옥불탁불성기(玉不琢不成器)란 말이 있다.
　구슬도 수없이 닦아야 아름다운 그릇이 된다. 무슨 일이나 공(功)을 들여야 한다. 피눈물과 피땀의 노력을 기울여야 한다. 조심 누골(彫心鏤骨)에서 걸작(傑作)이 나온다. 마음을 새기고 뼈를 깎는 노력이 없이는 명작이나 일품이 나올 수가 없다. 정성된 조탁(彫琢)을 거쳐야 후세(後世)에 남는 명작이 탄생할 수 있다. 안일(安逸)은 예술(藝術)의 적이다. 태만은 문학의 원수다.
　문학과 예술에 있어서만 그런 것이 아니라, 인생의 모든 영역에 해당하는 말이다. 특히 문학인, 예술인은 백련천마(百鍊千磨)의 정신을 가져야 한다. 인생을 안일하게 살려는 태도 자체가 잘못된 생각이다.
　나는 대성(大成)을 꿈꾸는 사람에게 먼저 백련천마의 수련을 강조하고 싶다. 발작은 세계 문학의 거장(巨匠)이다. 그는 양(量)과 질(質), 아울러 뛰어난 작가다. 그가 무명작가 시대에 쓴

미발표의 습작품이 자기 키 만큼이나 된다고 한다. 그만한 수업 (修業)과 정진(精進)을 쌓았기 때문에 대문호(大文豪) 발작크가 탄생한 것이다. 우리 나라의 신진 작가들은 너무 이름에 현혹(眩惑)되고 발표욕의 노예가 된다.

실력을 쌓는 공부를 게을리하고 빨리 문단에 나올 생각부터 한다. 조금 이름이 나면 상탈 궁리부터 하고 벼슬과 감투에 눈이 어두워진다. 작가는 작품을 남겨야 한다. 자리나 권력이나 명예에 급급하는 것은 속물(俗物) 근성이다.

죽은 다음에 남는 것은 오직 사람의 작품뿐이다. 작품 중에서도 백련천마(百鍊千磨)의 심혈을 기울인 것만이 남는다. 조 치훈(趙治勳)군이 아직 약관(弱冠)도 안 된 소년의 몸으로 일본의 거장(巨匠)을 격파한 기계(棋界)의 기린아(麒麟兒)가 된 것은 백련천마의 수업의 결과다. 6세의 어린 나이에 부모님 슬하를 떠나 일본에 가서 10여년의 악전 고투의 공부를 쌓았기 때문이다. 바둑판 앞에 숙연한 자세로 단좌(端坐)하여 일본의 맹장(猛將)들과 지(知)와, 기(技)와 술(術)을 겨루고 있는 정경(情景)은 사생 결단의 처절한 장면을 보는 듯한 비장미(悲壯美)마저 풍긴다.

백련천마가 그를 기계(棋界)의 명인으로 만든 것이다.

20세의 젊은 나이에 세계 음악계의 정상에 육박한 한국의 자랑스러운 딸 정 경화(鄭京和)양이 오늘의 영광을 차지한 것도 어린 시절부터 근 20년에 걸친 백련천마의 음악 수업을 쌓았기 때문이다.

전심 전령(全心全靈)을 다하여 연주에 열중하고 있는 정양의 표정은 입신 삼매경(入神三昧境)에 들어간 예술가의 극치를 표현한다.

일심 불란(一心不亂)처럼 아름다운 것이 없고 숙연한 것이 없다. 인간이 어떤 목표나 어떤 일에 전자아(全自我)를 몰입할 때 인간은 신에 가까와진다. 그것이 곧 입신(入神)의 경지요, 무아(無我)의 삼매경(三昧境)이요, 망아(忘我)의 황홀경(恍惚境)이다. 인간은 이런 경지에 도달할 때 정신이 심화(深化)되고 인격이 성장한다.

농구 선수의 백발 백중의 슛, 사격수의 신기(神技)에 가까운 명중, 웅변가의 심금을 울리는 말씀, 명배우의 박진미(迫眞味)가 있는 연기, 문호의 일자 천금(一字千金)의 표현력, 청중을 매혹시키는 명연주나 명창(名唱), 모두가 다년간에 걸친 피눈물 나는 백련천마의 산물이 아니고 무엇인가.

백련천마가 천재를 만들고, 명인(名人)을 만들고, 선수를 만들고, 위인을 만든다.

나는 파리에 갔을 때 로댕의 집을 찾아가 본 일이 있다. 그의 아트리에에 들어갔더니 수백 개의 손의 석고(石膏)가 즐비해 있다. 그는 인간의 손의 다양한 모습을 수백개를 손수 조각하고 제작했다. 주먹을 쥔 것도 있고, 넓게 편 것도 있고, 반쯤 구부린 것도 있다. 화가가 어떤 작품을 만들기 전에 수없이 뎃상을 하듯이 로댕은 수백의 손의 습작품을 만들었다. 로댕의 걸작의 배후에는 이러한 백련천마의 수업이 있었다. 그가 조각의 명장(名匠)이 된 것은 결코 우연한 일이 아니다.

하나의 작품을 만든다는 것은 작가가 자기의 안일(安逸)과 싸우고, 태만과 싸우고, 좌절감과 싸우고, 권태와 싸우는 각고 면려(刻苦勉勵)의 고된 싸움이요, 극기(克己)·분투(奮鬪)의 어려운 노력이다. 그래서 창작이나 창조가 값지고 위대하다.

해산에 무서운 진통이 따르듯이 창조에는 고된 백련천마가 수반한다.

백련천마의 정신과 백련천마의 수업(修業), 이것이 명작의 어머니다.

信念의 힘

신념은 기적(奇蹟)을 낳고 훈련(訓練)은 명인(名人)을 만든다고 한다. 세상에는 기적에 가까운 일들이 있다. 보통 사람으로서는 도저히 할 수 없는 초인적(超人的)인 일을 하는 사람이 있다. 어떻게 저런 일을 할 수 있을까 하고 경탄(驚嘆)과 찬미(讚美)를 금할 수 없다. 그 위대한 힘이 어디에서 나오는가. 그 초인적 능력의 원천이 무엇인가.

나는 바티칸 궁전(宮殿)에서 예술의 거장(巨匠) 미켈란젤로의 《천지 창조(天地創造)》와 인류의 심판의 대벽화와 천정화(天井畫)를 보고 한 인간의 힘으로 어떻게 저런 거창한 작품을 만들 수 있었을까 하고, 벌려진 입이 다물어지지 않았다.

그것은 대천재(大天才)의 대작품(大作品)이다. 놀라운 업적, 위대한 창조의 근저(根柢)에는 커다란 신념의 힘이 존재한다. 신념은 불가능을 가능으로 만드는 위대한 힘이다. 무(無)에서 유(有)를 창조하는 놀라운 힘이다.

신념은 곧 힘이다. 그러므로, 큰 일을 하려는 사람은 큰 신념을 길러야 한다. 대신념(大信念)에서 대력(大力)과 대업(大業)이 나온다.

나는 할 수 있다는 확신을 갖는 사람과 나는 할 수 없다는 생각을 갖는 사람은 사물을 보는 태도와 인생을 살아가는 자세와 일에 임(臨)하는 기백(氣魄)이 천양지차(天壤之差)가 있다. 인간의 정신력에서 가장 무서운 것은 신념이다. 그러므로, 정신력

개발의 핵심은 곧 신념의 개발이다.
 신념을 갖고 살아가는 사람, 신념을 갖고 일하는 사람, 신념을 갖고 말하는 사람, 신념을 갖고 글을 쓰는 사람은 신념을 갖지 않은 사람에 비해서 근본적으로 정신이 다르고 자세가 틀린다. 그러면, 신념의 핵심(核心)이 무엇이냐. 신념은 강한 자기 암시 (自己暗示)다. 나는 할 수 있다는 강한 자기 암시를 내가 나에게 계속해서 주면 신념이 생긴다. 계속적 자기 암시가 신념을 만든다.
 자기 암시는 무서운 힘을 갖는다. 하나의 예를 들기로 한다. 우리 나라의 한 청년이 스위스의 알프스 산중을 드라이브를 하고 있었다. 그는 심한 갈증을 느꼈다. 마침 맑은 폭포수를 발견했다. 그는 그 폭포의 물을 마셨다. 감로수(甘露水)와 같이 맛이 있었다. 그는 갈증을 끄고 앞을 보니 게시판이 있었다.
 독(毒)이라는 글자가 눈에 띠었다. POISON이란 낱말이 그 게시판에 있었다. 저 물에 독이 있는 것을 모르고 마셨구나 하고 생각하니, 구역질이 나오고 열이 오르고 얼굴이 창백해지기 시작한다. 큰일이 났다고 생각했다.
 그는 가까스로 차를 타고 어떤 마을의 의사를 찾아가서 진찰을 하였다. 아무데도 나쁜데가 없었다. 그런데 얼굴은 창백하여 구토 설사에 열이 자꾸 났다. 의사가 왜 그러냐고 그 청년에게 물었다. 폭포의 독이 있는 물을 마셨기 때문이라고 그는 대답했다. 그 때 의사는 그 청년에게 이렇게 말했다.
 "그 폭포의 물은 맑고 깨끗합니다. 독이 없읍니다. 사람들이 그 곳에서 낚시질을 자주 하기 때문에 프랑스 말로 낚시질을 하지 말라고 POISSON(낚시질)이란 말을 썼는데 당신이 그것을 POISON(毒)으로 잘못 본 것뿐입니다"하고 대답했다.
 그 청년은 그 말을 듣고 안심했다. 그 말을 듣자마자 창백한 얼굴은 건강한 화색(和色)으로 돌아갔고, 열과 구토 설사는 그 자리에서 멎어버렸다. 이것은 실지로 있었던 일이다.

이 실화는 자기 암시(自己暗示)가 얼마나 놀라운 작용을 하는 가를 우리에게 가르쳐 준다. 그 청년이 독을 마셨다고 생각하자 그의 몸은 곧 환자로 변했다. 그러나, 독이 아니라는 것을 안 순간 그는 곧 건강체로 돌아갔다.

자기 암시란 그렇게 무서운 것이다. 일체유심조(一切唯心造)라고 《화엄경(華嚴經)》은 갈파했다.

이 세상의 모든 것이 다 마음이 짓는 것이다. 마음 가짐 여하에 따라서 세상이 천국이 되기도 하고 지옥으로 변하기도 한다. 즐거운 정토(淨土)가 되기도 하고 괴로운 오토(汚土)가 되기도 한다.

유심소작(唯心所作)이라고 했다. 오직 마음 가짐에 달렸다는 것이다. 내가 나에게 어떤 암시를 주느냐에 따라서 이 세상의 모든 일이 다 달라진다. 푸른 빛깔의 안경을 쓰면 만물이 다 녹색으로 보인다. 회색의 안경을 쓰면 일체가 회색으로 보인다. 어떤 마음의 안경을 쓰느냐에 따라서 이 세계가 즐겁기도 하고 괴롭기도 하고 고맙기도 하고 원망스럽기도 하다.

마음이 만물의 주인이요, 존재의 근원이다. 물질의 힘은 크다. 그러나, 정신의 힘은 더욱 크다. 마음이 일체를 지배한다. 우리는 마음의 위대함을 알아야 한다.

신념은 정신력의 근본이다. 강한 정신력이란 강한 신념을 의미한다. 정신력이 약하다는 것은 신념이 약하다는 것이다. 신념이 정신력의 등뼈요, 근원이다.

정신력의 개발은 곧 신념의 개발을 의미한다.

신념(信念)은 기적을 낳는다. 신념은 불가능에 가까운 것을 가능으로 만드는 무서운 힘이다.

우리는 신념의 인간이 되어야 한다.

智慧의 힘

 지식과 지혜는 차원(次元)이 다르다. 지식은 낮고 지혜는 높다. 세상에 지식이 있는 사람은 많지만 지혜가 있는 사람은 드물다.
 지식이 많은 사람을 우리는 학자(學者)라고 일컫고 지혜가 많은 사람을 현인(賢人)이라고 한다. 학자는 세상에 부지 기수(不知其數)지만 현인은 새벽 하늘의 별처럼 드물다.
 지식이란 무엇이냐. 어떤 사물에 관해서 우리가 알고 있는 내용을 말한다. 지혜란 무엇이냐. 인생의 올바른 종합적 사리 판단력(綜合的 事理判斷力)이다. 세상의 모든 일에는 대소 경중(大小輕重)이 있고 선후본말(先後本末)이 있고, 선악정사(善惡正邪)가 있다. 그것을 바로 아는 통찰력(洞察力)이 곧 지혜다.
 지혜는 무엇이 중요하고 무엇이 중요하지 않은지를 바로 판단하는 인생지(人生知)요, 종합지(綜合知)다. 지혜는 일종의 조화(調和)의 감각(感覺)이다. 지혜는 인생의 목적과 수단에 관한 올바른 자각(自覺)이다. 그런 점에서 지혜는 잔재주나 꾀와 다르다. 그것은 깊은 슬기요, 올바른 통찰력이다.
 현대인은 지식 과잉(知識過剩)과 지혜 빈곤(智慧貧困)의 비극에 빠졌다. 우리의 머리속에는 잡다한 지식은 많지만 깊은 지혜는 드물다.
 지혜는 인생의 으뜸가는 덕(德)의 하나다. 그래서 플라톤은 인간의 네 가지 기본적 덕의 첫째로서 지혜를 들었다. 공자는 지·

인·용(智仁勇)을 인생의 삼덕(三德)으로 보았다. 불교에서는 딴 모든 덕보다도 지혜를 강조한다. 대승 불교(大乘佛敎)의 육바라밀(六波羅蜜)의 마지막의 가장 중요한 덕이 지혜다. 불교는 지혜를 반야(般若)라고 한다. 반야는 전체의 진리를 크게 파악하는 정신 작용이다.

지혜의 반대가 무명(無明)이요, 무명은 모든 악과 불행을 낳는 어두운씨다. 부처는 지혜와 자비(慈悲)의 덕이 높은 자다.

기독교에서는 특히 지혜 문학(智慧文學)을 강조하고, 하느님을 경외(敬畏)하는 것이 지혜의 시작이라고 했다. 인생의 지혜를 가장 사랑한 것은 희랍인이었다. 그들은 애지(愛智)의 민족이었다. 자기 자신을 아는 것이 지혜의 근본이라고 생각했다.

노자(老子)는 지(知)와 명(明)을 구별했다. 남을 아는 것이 지요(知人者知), 자기 자신을 아는 것이 명(自知者明)이다. 남을 알기는 쉽지만 자기 자신을 바로 알기는 힘들다. 고인(古人)들이 지혜를 강조한 것은 결코 우연한 일이 아니다. 우리는 지식이 많은 사람보다도 지혜가 많은 사람이 되기를 힘써야 한다. 현대의 교육은 지식을 가르치지만 지혜는 가르치지 않는다. 하나의 불행이요, 비극이다.

옛사람들은 지혜에 대해서 어떻게 생각하였는가. 지혜를 무엇에 비유하였는가.

그들은 지혜를 바다에 비유했다. 그래서 지혜의 바다라고 했다. 지혜는 바다처럼 넓고 깊은 것이다. 지혜를 등불에 비유했다. 그래서 지혜의 빛, 지혜의 등불이라고 했다. 등불은 어둠을 비쳐 준다.

희랍과 로마의 신화를 보면 지혜의 여신(女神) ──── 희랍 신화에서는 아테네(Athene)요, 로마 신화에서는 미네르바(Minerva)다 ──── 은 부엉새를 총애(寵愛)하고 언제나 부엉새를 어깨에 얹고 다녔다. 부엉새는 캄캄한 어둠 속에서도 사물을 바로 볼 수 있는 밤눈을 갖는다. 지혜란 무엇이냐. 암흑(暗黑) 속에 광명

(光明)을 투시(透視)하는 힘이다.

지혜의 여신이 부엉새를 항상 사랑하고 동반하였다는 것은 의미 심장하다. 또, 옛사람들은 지혜를 거울에 비유했다. 거울은 우리 스스로를 밝게 비쳐 준다. 지혜는 만물을 비치는 거울의 역할을 해야 한다.

또, 지혜를 칼에 비유하여 지혜의 칼, 또는 지혜의 이검(利劍)이라고 했다. 이검이란 예리한 칼이란 뜻이다. 칼은 물건을 벤다. 지혜는 예리한 칼처럼 우리의 번뇌(煩惱)를 일도 양단(一刀兩斷)으로 벨 줄 알아야 한다.

또, 지혜의 산이라고 했다. 지혜는 산처럼 크고 높은 것이다. 또, 지혜를 불에 비유했다. 불은 모든 것을 태운다. 지혜는 우리의 번뇌를 불살라 버리는 불의 역할을 해야 한다. 그래서 지화(智火)라고도 하고, 또 혜화(慧火)라고도 했다. 또, 옛사람들은 지혜를 화살에 비유하여 지혜의 화살이라고 했다. 화살은 빨리 날아간다. 지혜는 화살처럼 빨리 사리판단(事理判斷)을 한다는 것이다.

옛 사람들의 지혜에 관한 비유(比喩)를 몇 가지 들었다. 지혜는 무량력(無量力)과 무량덕(無量德)을 갖는다. 지혜는 이상의 올바른 방향 감각(方向感覺)이요, 종합적 사리판단력이요, 깊은 통찰력이요, 조화(調和)의 센스다. 인생을 바로 살고 행복하게 살려면 지혜가 필요하다. 우리는 애지(愛智)의 정신을 가져야 한다.

希望의 힘

　현대의 뛰어난 사상가(思想家)인 에리히 프롬은 인간을 호모 에스페란스(homo esperans)라고 정의(定義)했다. 에스페란스는 라틴 말로 희망이란 뜻이다.
　인간은 희망을 가지는 존재다. 인간은 희망을 먹고 산다. 희망은 정신의 가장 중요한 양식이다. 희망은 어둠을 비치는 등불이요, 약자(弱者)에게 용기를 주는 활력소요, 정신에 생명력을 부여하는 강장제다. 희망의 여신은 언제나 밝은 얼굴이다. 그녀는 낙심과 절망을 모른다. 그녀는 언제나 생기가 발랄하고, 걸음걸이는 경쾌하고, 표정은 명랑하고, 얼굴에는 미소가 항상 서리어 있다. 희망의 반대는 절망이다. 절망은 죽음에 이르는 병이요, 희망은 생명에 이르는 힘이다.
　희망이 넘치는 사람과 절망에 빠진 사람을 보라. 생명과 죽음처럼 큰 차이가 있다. 하늘과 땅처럼 다르다.
　루터는 희망을 정의하여 "강한 용기요, 새로운 의지"라고 했다. 희망은 우리에게 큰 용기를 주고 새로운 의지를 발동시킨다.
　희망은 각성(覺醒)한 자(者)의 꿈이라고 아리스토텔레스는 갈파했다. 희망은 잠자는 자의 꿈이 아니고, 깨어있는 자의 꿈이다. 인간에게는 꿈이 필요하다. 꿈은 희망과 동의어(同意語)다. 생명이 있는 곳에는 언제나 희망이 있다. 목숨이 있는 한 희망은 결코 사라지지 않는다. 희망은 인생의 유모(乳母)라고 어떤 시인은 노래했다. 우리는 유모의 젖을 먹고 자란다. 젖이 없으면 어린이는 살 수가 없다. 우리는 희망이라는 젖을 먹고 살아간다. 희망은 우리에게 젖을 주는 유모와 같다.

희망은 인생의 유방(乳房)이다. 인간에게는 절망과 희망이 있다. 생은 절망과 희망으로 엮어진 교향악(交響樂)이다. 이 교향악의 기조음(基調音)은 희망의 멜로디다. 인생의 어느 악장(樂章)을 들어보아도 희망의 밝은 멜로디가 깔려 있다. 절망의 어두운 가락 속에도 희망의 생명적 리듬이 흐르고 있다.

절망의 힘은 강하다. 그러나, 희망의 힘은 더욱 강하다. 그래서 희망은 절망을 초극(超克)한다. 절망은 약자의 결론이요, 어리석은 사람의 표정이다. 희망은 강자의 결론이요, 현명한 사람의 노래다. 사람은 언제나 희망을 먹고 산다. 병자는 나의 병이 나으리라는 희망이 있기 때문에 아픔과 고생을 참는다. 불행한 사람은 내일의 생활은 오늘보다 좋아지리라는 희망이 있기 때문에 그 불행을 참고 견딜 수 있다. 가난한 사람은 언젠가 잘 살 때가 올 것이라는 희망이 있기 때문에 가난을 인내 속에서 이겨낸다. 젊은이는 미래의 성공과 승리의 희망이 있기 때문에 분투노력을 부단히 계속할 수 있다. 실패의 고배(苦杯)를 마신 자는 재기(再起)와 신생(新生)의 희망이 있기 때문에 칠전팔기(七顚八起)의 용기로 새출발을 한다.

불행을 고치는 약은 희망밖에 없다. 문호(文豪) 셰익스피어는 말했다. 희망의 햇살이 비칠 때 불행의 어둠은 사라진다. 희망은 우리에게 새로운 힘과 용기를 준다. 희망은 가능성에 대한 신앙이요, 미래에 대한 꿈이다. 희망은 가능성과 현실성의 결합이다. 희망은 가능성이 있는 현실성이요, 현실성이 있는 가능성이다. 전연 가능성이 없을 때 희망은 생기지 않는다. 가능성이 없다고 판단할 때 절망이 생긴다. 절망과 희망은 서로 이웃에 산다. 절망의 바로 옆에 희망이 있고, 희망의 바로 옆에 절망이 있다. 희망은 때로는 거짓말이다. 이루어지리라는 기대가 여지없이 무너진다. 그러나 희망은 우리에게 계속적 전진(前進)의 구령(口令)

을 내린다. 우리는 희망의 힘에 끌려서 절망을 디디고 다시 전진한다.

희망은 인생의 종착역인 죽음에 도달할 때까지 우리를 계속해서 끌고 간다. 희망은 끈덕진 힘과 지구력(持久力)의 덕(德)을 지닌다. 우리는 희망을 태양에 비유한다. 그래서 희망의 태양이라고 한다. 태양이 비치면 만물이 밝고 따뜻해진다. 희망은 태양처럼 우리에게 빛과 힘을 준다. 우리는 또 희망을 등불에 비유한다. 그래서 희망의 등불이라고 한다. 등불은 어둠을 몰아내고 빛을 던진다. 우리의 가슴속에 희망의 등불이 켜질 때 우리는 용기와 기쁨을 가지고 살아갈 수 있다.

인간은 원래가 어둠의 아들이 아니고 빛의 아들이다. 암흑의 딸이 아니고 광명의 딸이다. 산다는 것은 곧 희망을 갖는 것이다. 희망의 무지개가 없이는 살아갈 수가 없다. 우리는 마음의 밭에 희망의 나무를 심고 가꾸어야 한다. 희망의 나무는 그 잎사귀는 푸르고 그 꽃은 붉고 그 향기는 훈훈하고 그 열매는 아름답고 그 뿌리는 끈질기다.

희망은 기쁨의 어머니요, 용기의 아버지다. 희망이 있는 곳에는 언제나 기쁨이 솟고 용기가 솟구친다. 희망은 생을 전진시키는 힘이다.

우리는 희망의 노래를 불러야 한다. 우리는 희망의 언어를 배워야 한다. 우리는 희망의 시를 써야 한다. 우리는 희망의 철학(哲學)을 지녀야 한다.

사랑의 힘

"하늘에 별이 있고 땅 위에 꽃이 있고 우리의 가슴속에 사랑이 있는 한 인간은 행복할 수 있다."

시인(詩人) 괴에테의 이 말을 나는 지극히 좋아한다. 그것은 우리에게 생의 희망과 용기를 주는 말이다.

사랑은 인간의 가장 위대한 덕(德)이요, 가장 신비로운 향기요, 가장 찬란한 빛이요, 가장 창조적(創造的)인 힘이다.

20세기의 사랑의 천재를 들라면 나는 철학자요, 목사요, 음악가요 또 신학자인 쉬바이쩌를 들겠다. 금년(1975)은 우리 시대의 정신적 거성(精神的 巨星)인 쉬바이쩌가 탄생한 지 꼭 백년이 되는 해요, 그가 세상을 떠난 지 10년이 되는 해다.

그래서 세계 도처에서 쉬바이쩌의 탄생을 축하하고 그의 서거(逝去)를 슬퍼하는 여러 가지의 모임과 행사가 벌어진다.

우리 나라에서는 쉬바이쩌 탄생 백주년의 기념 우표를 발행했다. 또 1월 14일에는 쉬바이쩌에 관한 강연회가 있었고 그의 기록 영화가 상영되었다.

나는 그날 쉬바이쩌 사상의 핵심인 생명 경외(生命敬畏)에 관한 강연을 하였다. 쉬바이쩌의 기록 영화는 관중들에게 깊은 감명을 주었다.

생명은 존엄(尊嚴)하고 신성(神聖)하다. 이것이 쉬바이쩌 사상의 근본이다. "무엇이 선(善)이냐. 생명을 유지하고 촉진하는 것이다. 무엇이 악(惡)이냐. 생명을 손상시키고 파괴하는 것이다.” 쉬바이쩌는 단적(端的)으로 이렇게 외쳤다. 온 천하를 주고도 바꿀 수 없는 것은 우리들 한 사람 한 사람의 생명이다. 물건은 값을 매길 수 있고 시장에서 매매할 수가 있다. 그러나 사람의 생명은 값을 매기기에는 너무나 소중하고 너무나 존귀하다. 천상 천하(天上天下)에 사람의 목숨처럼 값있고 귀한 것이 없다.

생명 경시(生命輕視)의 무서운 악이 현대를 휩쓸고 있다. 우리는 이 악과 싸워야 한다. 전쟁이 사람의 목숨을 죽이고, 폭력이 생명을 억압하고, 금력이 생명을 짓밟는다. 쉬바이쩌는 결코 인간의 생명만을 강조하는 것이 아니다. 한 포기의 풀, 한 마리의 새도 다 하느님의 눈에서 볼 때에는 소중한 목숨이다. 그는 일체의 생명을 존중해야 한다고 강조한다. “윤리(倫理)란 무엇이냐. 모든 생명에 대하여 무한한 책임을 느끼는 것이다.” 쉬바이쩌의 윤리는 인간 중심(人間中心)의 윤리가 아니고 이 세상의 모든 생명에 확대된 윤리다.

아프리카의 람바레네에 있는 그의 병원은 인류애(人類愛)의 보금자리요, 생명애(生命愛)의 안식처(安息處)다. 흑인·백인·황인, 세계 도처의 뜻있는 의사와 간호원들이 그의 병원에 와서 일생 동안 또는 몇해 동안 그를 헌신적으로 돕는다.

우리는 모두 다 사랑하는 형제들이요, 자매들이다. 이것이 쉬바이쩌의 병원의 분위기다. 쉬바이쩌가 숲속을 걸어가면 원숭이·개·닭·고양이·오리·사슴들이 그의 뒤를 줄줄 따라간다. 모두 정다운 친구들이다. 모두 같은 생명의 식구들이다.

쉬바이쩌의 책상 위에는 고양이 한 마리가 늘 살고 있다. 그가 편지를 쓸 때에는 고양이가 가까이 와서 방해를 한다. 쉬바이쩌는 조용히 고양이를 책상 밑에 내려놓는다. 얼마 후에 또 고양이가 원고지 위에 와 앉는다.

쉬바이쩌는 또 다시 고양이를 책상 옆에 옮겨 놓는다. 그가 글을 쓰는 동안 이런 광경이 여러번 되풀이 된다. 쉬바이쩌와 그 고양이는 가까운 친구지간이다. 그 고양이는 쉬바이쩌의 책상 위에서 낳아 책상 위에서 산다고 한다.
 쉬바이쩌는 세계를 그의 집으로 삼고 인류(人類)를 그의 가족으로 생각한다. 또한 사람만이 형제가 아니라 풀과 나무와 개와 사슴도 다같은 정다운 생명의 식구들이다. 같은 생명들이기 때문에 서로 존중하고 사랑하자는 것이다. 사랑한다는 것은 무엇인가. 쉬바이쩌에 의하면 모든 생명에 관심을 갖는 것이다.
 사랑한다는 것은 동정(同情)하는 것이다. 사랑하는 것은 기쁨을 같이 나누고 슬픔을 같이 나누고 고생을 같이 나누는 것이다. 사랑한다는 것은 용서하는 것이다. 사랑한다는 것은 친절을 베푸는 것이다.
 사랑한다는 것은 봉사(奉仕)하는 것이다. 사랑한다는 것은 서로 체험을 같이 나누는 것이다. 사랑한다는 것은 헌신(獻身)하는 것이다.
 휴우머니즘의 정신은 창조적 정신이라고 쉬바이쩌는 강조한다.
 사랑은 멘델스존의 바이올린 콘체르트의 멜로디처럼 감미롭고 감상적이고 낭만적인 나긋나긋한 정서가 아니다.
 사랑은 인간의 가장 창조적(創造的)인 활동(活動)이다.
 상대방의 슬픔과 고뇌와 기쁨에 동참하여 같이 슬퍼하고 같이 괴로와하고 같이 기뻐하는 것이다. 인생의 무거운 짐을 서로 나누어 지는 것이다.
 쉬바이쩌에 의하면 사랑의 최고의 표현은 헌신적 봉사(獻身的奉仕)의 행동이다. 남을 위하여 나를 바치는 것이다.
 그는 유복한 목사의 아들로 태어나서 한없이 행복한 소년 시절을 보냈다. 그는 같은 학교의 같은 반의 친구들이 가난 속에서 불행하게 사는 것을 보고 가슴이 아팠다. 왜 나만이 행복해야 하고, 왜 그들은 불행해야 하는가.
 나의 행복과 그들의 불행을 당연한 것으로 받아들일 권리가 나에게 있는가. 쉬바이쩌는 아니라고 생각했다.
 행복한 나는 불행한 그들을 위하여 무엇인가 봉사를 해야 한다고 생각했다. 그는 스무살난 젊은 시절에 일대 결심을 품었다.
"30세까지는 나의 학문과 예술을 위하여 살자. 그러나 30세 이후부터는 남을 위하여 봉사하면서 살자."
타인을 위한 봉사의 생애(生涯)를 살려는 결심이 그를 20세기의 성자(聖者)로 만들었고 사랑의 사도(使徒)로 만들었고 휴우머니즘의 용사로 만들었다.
돈이 있는 사람은 돈이 없는 사람을 위하여 무엇인가 봉사를 해야 한다.
권력이 있는 사람은 권력이 없는 사람을 위하여 무엇인가 헌신해야 한다.
지식이 있는 사람은 지식이 없는 사람을 위하여 무엇인가 도와야 한다.
능력이 있는 사람은 능력이 없는 사람을 위하여 무엇인가 주어야 한다.
봉사는 스스로 원하여 남을 위해서 나의 시간을 바치고 정성(精誠)을 쏟고 돈을 내고 힘을 기울이는 것이다. 그러므로 봉사는 사랑의 최고의 표현이다. 쉬바이쩌는 90년의 긴 생애를 봉사로 시작하여 봉사로 끝냈다. 그가 20세기의 성자라고 일컫는 소이(所以)가 바로 여기에 있다.
"나는 정신과 진리의 힘을 믿기 때문에 인류의 앞날에 대하여 절망하지 않는다"라고 그는 말했다.
하늘에 찬란한 별이 빛나고, 땅 위에 아름다운 꽃이 피고, 우리의 가슴속에 사랑의 태양이 꺼지지 않는 한 우리는 이 인생에 대해서 희망을 가질 수 있고 생의 용기(勇氣)를 가질 수 있다.
사랑은 인간의 위대한 힘이요 빛이요 덕이요 향기다. 우리는 저마다 사랑의 태양이 되어 이 힘과 빛과 덕(德)과 향기를 발해야 한다. 그것이 생(生)의 깊은 의미요 목적이다.

제3장 산다는 것의 意味

□ 濁流를 헤치고／109
□ 立　　志／118
□ 人間의 城은 어디에／120
□ 산다는 것은 길을 찾는 것／123
□ 孝／130
□ 絶望은 存在하지 않는다／133
□ 片 片 想／138
□ 奉仕에서 보람을／146
□ 人 物 難／149
□ 調和의 美／153
□ 慈母・賢母・勇母／157
□ 協同의 精神／164
□ 希望의 哲學／167
□ 네 일을 사랑하라／172
□ 敬天愛人 正心誠意／177

濁流를 헤치고

 인간 사회에는 불행히도 다섯 갈래의 탁류가 흐르고 있다. 첫째는 이기주의(利己主義)의 흐린 물이다. 나의 이익과 재산과 욕망만이 제일 중요하다. 남이야 못살건 불행해지건 나의 상관할 바가 아니다. 나의 이익만을 위하여 살자. 이러한 이기주의의 폐풍(弊風)이 많은 사람의 사고(思考)와 행동을 지배하려고 한다.
 둘째는 향락주의의 흐린 물이다. 인생은 감각적 향락밖에 없다. 정신의 가치니 양심(良心)의 권위니 다 허망한 얘기다. 될수록 인생을 향락하자. 이것이 우리의 행동 목표다. 이러한 퇴폐적 풍조가 사람들의 가슴을 병균처럼 침식해 들어가고 있다.
 세째는 유물주의(唯物主義)의 흐린 물이다. 현대의 자본주의 사회에서는 금력과 물욕밖에 없다. 돈만 있으면 못할 것이 없다. 무슨 수단과 방법으로든지 부(富)를 쌓아야 한다. 배금주의(拜金主義)와 물욕의지가 인간 정신을 사로잡으려고 한다.
 네째는 회의주의(懷疑主義)의 흐린 물이다. 무엇 때문에 살아가는지 인생의 방향과 목표를 상실하고 불안과 회의 속에 싸여 무기력·무사상(無思想) 속에 방황한다. 보람없는 생을 기계적으로 되풀이하는 많은 군상들이 있다. 그들은 회의주의의 노예가 된 것이다.
 끝으로 허무주의의 흐린 물이다. 사회의 패배자가 되어 어두운 좌절감 속에서 허무감을 되씹으면서 살아가는 사람들이 적지 않다. 그들은 삶의 의미를 잃어버리고 그날그날을 실의(失意) 속에서 허송세월한다.

　인간은 이러한 탁류 속에서 살아간다. 확고한 주체 의식과 제정신이 없는 사람은 이 탁류에 휩쓸려서 떠내려가기 쉽다. 자아를 잃어버리고 생의 보람을 상실한다. 자포 자기하여 타락의 구덩이 속에 빠지기 쉽다. 찰나적 향락의 포로가 되어 도박사처럼 인생을 살아가려고 한다. 폭력 충동의 노예가 되어 경거망동한 행동을 일삼는다. 선과 양심과 정의를 도외시하고 반사회적 반인간적 범죄를 저지른다. 허무의 어두운 방에 앉아 회의의 한숨만 쉬면서 향락의 술잔에 자기를 잃어버리기 쉽다. 공금의 횡령, 부조리의 발호(跋扈), 재산의 해외도피, 탈세와 밀수, 돈을 미끼로 한 엽색(獵色)행각, 모두가 현대인의 병리(病理)의 표현이요, 사회 탁류의 소산이다. 우리는 이러한 사회 탁류 속에 자아(自我)가 침몰되지 않아야 한다. 바위처럼 굳건히 서서 이 거센 탁류를 이겨내어야 한다.

　그러나 인간 사회에는 탁류만 흐르는 것이 아니다. 맑은 샘물이 구석구석에서 힘차게 솟구치고 있다. 혼탁을 정화시키는 깨끗한 강물이 유연히 흐르고 있다. 어둠을 비치는 밝은 빛들이 있다. 양심의 등불을 가슴속에 지니고 직장을 충실히 지키는 무명(無名)의 공무원들, 박봉에 시달리면서도 스승의 사명을 다하는 많은 교육자들, 쌀알 한톨, 종이 한장을 아끼면서 근검절약 속에 알뜰한 살림살이를 꾸려나아가는 많은 주부들, 춥고 험한 고지에서 애국심과 용기를 가지고 나라를 굳건히 지키는 무명의 많은 병사들, 성실한 마음과 자세로 땅을 갈고 생산에 힘쓰는 순박한 농민들, 내일의 한국의 소금과 역군이 되기 위하여 꾸준히 공부에 전심전력하고 있는 청년 학생들, 이런 사람들은 우리 사회의 희망이요, 우리 땅의 소금이요, 우리 나라의 뿌리요, 우리 민족의 등불이요, 우리 역사의 무명의 영웅들이다.

　우리는 새해를 맞으면서 희망의 설계도를 꾸며야 한다. 보람있게 살기 위한 건설 계획을 작성해야 한다.

 어떻게 이 해를 살아갈까. 어떤 신조로 행동하고 어떤 가치관을 가지고 생활할까. 보람있는 한 해를 창조하기 위하여 어떤 좌표를 세울까. 우리의 눈은 어디를 바라보아야 하는가. 우리의 발걸음을 어디로 향해야 하는가. 우리의 마음은 어떤 이상(理想)을 가져야 하는가. 여기에 나는 세 가지의 기본 좌표를 제시하고 싶다.

 첫째는 자타의 생명 존중이다. 이 세상에 무엇이 소중하다 소중하다 하여도 사람의 목숨처럼 소중한 것이 없다. 생명의 존중은 인간의 가치관의 알파요 오메가다. 나의 목숨이건 너의 목숨이건 그의 목숨이건, 무릇 인간의 목숨은 최고의 가치요 으뜸가는 값어치다.

 온천하를 주고도 바꿀 수 없는 것은 우리의 생명뿐이다. 우리는 이 세상의 모든 존재와 사물에 대하여 시장 가격을 매긴다. 모두 매매할 수 있다. 그러나 인간의 생명만은 값을 매길 수가 없다. 이 세상에서 매매할 수 없는 유일의 것은 오직 우리의 생명뿐이다. 사람의 생명은 가격을 매기기에는 너무나 소중하고 존귀하다.

 생명은 존엄하다. 존엄하기 때문에 존중해야 한다. 동서 고금의 모든 위대한 철학과 종교가 생명 존중의 사상과 윤리를 강조했다. 인간만이 유일한 목적 가치(目的 價値)요, 인간 이외의 모든 가치는 인간에게 봉사하기 위한 수단 가치에 불과하다.

 인간을 만물의 영장이라고 했다. 사람은 곧 하늘이라고 했다. 인간은 소우주라고 했다. 인격은 절대 가치라고 했다. 인간은 하나님의 아들이요, 불성(佛性)을 갖는 존재라 했다.

 이러한 생명 존중의 사상과 윤리는 아무리 강조해도 부족하다. 오늘날 인간 사회에는 인명 경시 사상이 날로 강하게 번져간다. 대중 사회·기술 사회·자본주의 사회는 사람의 목숨을 가볍게 생각하고 인간을 돈으로 매매하고, 인격을 수단이나 도구나 기계나 물건처럼 간주하려고 한다. 사람들이 자기를 상품처럼 시장에 내어 놓는다. 그리고 돈으로 사고 팔려고 한다. 사람들이 시장적 인간으로 전락한다. 모두 이해 타산의 원리로 움직이는 상인으로 전락하기 쉽다.

인간의 자유와 행복을 위해서 사회의 조직과 제도가 있고 정치와 경제가 존재한다. 인간을 위해서 돈이 있고 물건이 있다. 돈을 위해서 인간이 존재하는 것이 아니다. 사회의 조직이나 제도를 위하여 인간이 있는 것이 아니다.

인간은 목적이요, 돈과 물질은 인간을 위한 한낱 수단에 지나지 않는다. 이것이 당연한 질서다. 그러나 목적과 수단의 가치와 질서가 전도할 때 인간의 비극과 문명의 위기가 생긴다. 고인(古人)은 수처위주(隨處爲主)라고 했다. 인간은 언제 어디서나 주인이 되고 목적이 되고 주체적 존재가 되어야 한다. 이것은 명명백백한 논리다. 그러나 이 논리가 왕왕 도착(倒錯)된다. 인간이 도구나 물건이나 수단의 자리로 전락한다. 여기에 현대의 비극이 있다.

인간의 생명과 생명 사이에는 정의와 우애(友愛)의 윤리가 있어야 한다. 인(仁)과 화(和)의 질서가 있어야 한다. 인간 상호간에 부정과 불화가 있을 때 인간 관계는 붕괴된다. 정의는 인간 관계의 기본 질서요, 화목은 사람과 사람 사이의 근본 도덕이다.

이 질서와 도덕이 무너져서 너와 나의 윤리가 부정과 불화의 관계로 변할 때 공투 공멸(共鬪共滅)의 비극으로 전락한다.

모든 사람이 공존 공영하고 동고 동락(同苦同樂)해야 하는 사회다. 남이야 어떻든 나만 잘살겠다는 이기주의의 원리는 나도 못살고 너도 못사는 상호 파멸의 비극으로 끝난다.

우리는 더불어 사는 지혜를 배워야 한다. 서로 협동하는 기술을 익혀야 한다. 인간이 물건을 다루고 자연을 관리하는 데는 말할 수 없이 지혜롭고 창조적이지만 인간 관계를 다루는 데는 더할 수 없이 어리석고 파괴적이다.

부정과 불화는 자타의 생명과 인격을 파괴하는 행동이다. 부정과 불화 속에서는 인간이 인간답게 살아갈 수가 없다. 우리의 생명은 맑은 강물처럼 흘러야 한다.

무엇이 선이냐. 우리의 생명을 향상시키고 촉진시키는 것이다. 무엇이 악이냐. 우리의 생명을 파괴하고 저해하는 것이다. 생명에 이(利)와 복(福)이 되는 것이 선이요, 생명에 해와 화(禍)가 되는 것이 악이다. 우리는 무엇보다도 먼저 서로의 생명과 인격을 존중하는 것을 배워야 한다. 사람의 목숨을 하늘처럼 소중하게 생각하자. 인간의 인격을 온 천하보다도 존중하게 생각하자. 인간이 가치관의 근본이요, 핵심이 되어야 한다. 자타의 생명 존엄과 인격 존중이 우리 국민의 기본 신조가 되어야 한다. 둘째는 분수의 철학이다. 우리는 저마다 제 분수를 알고 제 분수를 지키고 분수(分數)에 맞게 살아야 한다.

우리는 역사의 탄탄대로를 자신있게 활보하고 있는 것이 아니다. 위기와 도전과 시련의 어려운 시기를 조심스럽게 헤쳐나가고 있다. 고난의 시대에는 인내와 극기(克己)와 검소의 덕이 요구된다. 어려운 때에는 어려운 때를 이겨내기 위한 지혜와 신념과 용기가 필요하다.

"소비가 미덕인 시대는 이제 영원히 사라졌다"고 하버드 대학의 페아뱅크 교수는 지적했다. 앞으로는 결핍과 부족의 시대가 도래한다. 우리 나라처럼 국토 협소·자원 부족·인구 과잉의 나라에서는 무엇보다도 근검(勤儉)과 절약과 분수의 철학이 요구된다.

쌀알 하나, 종이 한장, 쇠붙이 하나, 연필 한 개라도 아껴 써야 한다. 온 국민이 제 정도(程度)와 분수에 맞게 살아야 한다. 우리는 딴 나라에 빚을 준 채권 국가가 아니다. 외국의 부채를 많이 짊어진 채무 국가의 가난한 백성들이다. 수입 안에서 지출하고, 버는 범위에서 쓰고 생활력의 정도에 맞는 생활 수준과 소비 수준을 가져야 한다. 사치는 망국병이라고 이조의 거유(巨儒)

율곡 선생은 간파했다. "착실은 성공의 길이요, 부허(浮虛)는 패망의 근본"이라고 도산 안 창호 선생은 말했다. 우리 국민의 생활에는 외화 내허병(外華內虛病)이 있다. 겉은 화려하지만 속은 빈 것이 외화 내허다. 현실을 망각한 허례허식(虛禮虛飾)이 있다. 실천과 행동이 뒤따르지 않는 공리공론(空理空論)의 폐풍이 적지 않다. 쓸데없는 형식주의와 체면 사상이 심하다.

개인이건 나라건 존립과 번영의 근본은 자주 독립 사상이요 자력주의의 철학이요 자력 갱생의 실천이다. 내가 내 발로 서서 내 힘으로 살아야 한다. 뿌리깊은 나무는 바람에 흔들리지 않는다. 수원(水源)이 깊은 샘터는 물이 마르지 않는다. 실력과 실천이 자력 갱생의 근본이다. 부허(浮虛)를 떠나서 착실로 돌아가자. 공리공론을 버리고 실천 궁행(實踐躬行)을 힘쓰자. 우리 사회에는 유명 무실이 많다. 유명 무실이란 무엇이냐. 명(名)이 있고 실(實)이 없는 것이다. 이름만 있고 알맹이가 없는 것이다.

우리는 명(名)과 허(虛)의 생활을 버리고 실(實)과 행(行)의 생활을 힘써야 한다. 실과 행, 이것이 우리 국민의 기본 철학이요 실천 도덕이 되어야 한다.

무실 역행(務實力行)이 우리 국민의 행동 강령이 되어야 한다. 무실이란 무엇이냐? 실(實)을 힘쓰는 것이다. 실이란 무엇이냐? 실은 진실의 실이요, 실질의 실이요, 실력의 실이다. 거짓과 허명(虛名)과 형식을 버리고 진실과 실력이 있기를 힘쓰는 것이다.

역행(力行)이란 무엇이냐? 실천과 행동을 힘쓰는 것이다. 역행의 반대는 빈 말, 빈 소리요, 공리공론이요, 언행의 불일치요, 행동이 없는 탁상 공론이다. 행(行)이 없는 언(言), 실천이 없는 이론, 행동이 없는 철학, 거기에 무슨 의미와 가치가 있겠는가. 거기에 무슨 힘이 생기겠는가.

힘은 어디에서 생기는가? 실과 행에서 생긴다. 무실 역행이 힘의 원칙이다. 일찌기 율곡이 강조했고 도산이 역설한 무실 역행 사상은 우리 국민의 기본 철학이 되어야 한다.

개인에게는 개인의 분수가 있고, 민족에게는 민족의 분수가 있다. 분수란 무엇이냐. 자기의 실력이요, 정도(程度)요, 도리요, 제게 맞는 실정(實情)이다.

자기 분수를 모르고 자기의 분수에 지나치는 행동이나 생활을 하면 개인이건 단체건 민족이건 반드시 파멸하고 만다. 동서 고금의 역사가 이것을 증명한다.

서양의 선철(先哲)은 "너 자신을 알라"고 외쳤다. 너 자신을 알라는 것은 무엇이냐. 너 자신의 분수를 알고 자기의 분수에 맞게 살라는 뜻이다.

이 난국을 승리로 이끄는 요체(要諦)가 무엇이냐. 이 시련을 극복하는 지혜가 무엇이냐. 온 국민이 저마다 제 분수를 알고 제 분수에 맞게 사는 일이다.

세째로 보람의 원리를 강조하고 싶다.

우리는 살아야 한다. 이것이 우리의 첫째의 명제다. 그러나 생존만으로는 의미와 가치가 없다. 어떻게 사느냐가 중요하다. 생존은 인간이 제1차적으로 추구하는 인생의 기본적 가치다. 그러나 우리는 생존만으로는 도저히 만족할 수가 없다. 우리는 살되 보람있게 살아야 한다. 이것이 인간의 제2의 명제다. 생존의 명제보다도 보람의 명제가 더 중요하다.

백년을 살아도 아무 보람이 없이 산다면 생의 의미가 없다. 우리는 보람있게 살아야 한다. 인간은 보람을 추구하는 존재다. 사는 보람이 있어야 한다. 일하는 보람이 있어야 한다. 고생하는 보람이 있고 노력하는 보람이 있어야 한다. 우리의 생존에 아무 보람이 없다면 인생은 무의미의 연속이요, 무가치의 되풀이다.

인간은 생존이라는 형이하학적 욕구와 동시에 보람이라는 형이상학적 욕구가 충족되어야 한다. 이 2차적 욕구의 충족이 우리에게 행복을 안겨준다. 행복의 핵심은 보람이다. 행복한 생활이란 보람을 느끼는 생활이다. 아무 보람도 못 느끼는 생활은 결코 행복할 수가 없다.

　그러면 보람이란 무엇이냐. 어떤 의미가 있는 일, 어떤 가치가 있는 일, 어떤 좋은 일을 하였을 때 마음속에 느껴지는 흐뭇한 정신적 만족감이다. 흐뭇한 만족감이 보람의 본질이요 핵심이다. 보람은 비처럼 하늘에서 저절로 떨어지는 것이 아니다. 샘물처럼 땅에서 혼자 솟아나는 것이 아니다. 보람은 우리가 스스로 창조하는 것이다. 피와 눈물과 땀으로, 지혜와 정성과 노력으로 우리는 보람을 창조해야 한다. 생은 보람의 추구다.

　보람을 느끼려면 세가지 요소가 필요하다. 첫재는 목표의 확립이요, 둘째는 성취(成就)의 만족감이요, 세째는 사회적 인정의 원리다. 보람을 느끼려면 인생의 올바른 목표를 세워야 한다. 목표가 없는 인생은 보람을 느낄 수가 없다. 인생에서 가장 중요한 것은 먼저 옳은 목표를 세우는 것이다. 목표가 없는 인생은 죽은 인생이나 다름없다.

　둘째로 목표를 성취하면 흐뭇한 만족감이 따른다. 성취에는 언제나 기쁨이 있다. 나의 능력과 노력으로 무엇인가 이루어 놓았을 때 우리는 깊은 정신적 만족감을 느낀다.

　세째로 우리는 남의 인정을 받을 때 기쁨과 행복감을 느낀다. 인간은 사회적 동물이다. 그리고 나의 존재와 능력과 업적이 남한테서 인정을 받고 싶어한다. 남이 나의 수고와 노력을 알아줄 때 우리는 흐뭇한 기쁨을 느낀다. 목표와 성취의 기쁨과 사회적 인정(認定)의 세 가지 요소가 혼연 일체하여 보람이라는 인생의 높은 가치를 창조한다. 보람은 인생의 흐뭇한 만족이요, 비할 데 없는 가치다. 무위 도식(無爲徒食)의 무리에게는 보람이 없다. 허송세월하는 사람은 생의 보람을 느낄 수가 없다. 밥이나 먹고 잠이나 자는 생활은 권태와 무의미감밖에 없다.

　보람을 느끼려면 가치가 있는 일을 해야 한다. 창조의 땀을 흘려야 한다. 목표 달성의 수고를 아끼지 않아야 한다. 무엇인가 의미가 있는 일을 추구해야 한다. 게으른 자는 보람의 향연에 참여할 수 없다. 보람은 노력의 나무에 피는 향기로운 꽃이다. 보람은 정성과 땀으로 쌓아 올리는 인생의 공든 탑이다. 보람은 지혜와 끈기로 가꾸는 생활의 흐뭇한 열매다.

 우리는 어떻게 살아야 하는가. 살아가는 목적이 무엇이냐. 왜 동분 서주의 생활을 하는가. 보람을 추구하기 위해서다. 부와 권력을 아무리 쌓아도 보람을 못 느끼면 그 인생은 허망한 것이다. 명예와 지위를 아무리 가져도 보람을 못 느끼면 그 생은 무의미한 생이다. 우리는 인생을 보람있게 살아야 한다. 보람 속에 진정한 행복이 있다. 이것이 올바른 인생관이요, 깊은 생활 철학이다. 인생은 목적과 수단의 체계다. 인간의 목적이 무엇이냐. 보람있는 인생의 창조다. 어떻게 이 한해를 살아갈까. 우리의 활동의 목표를 어디에 둘까. 어떤 자세와 태도로 일하고 살아가야 하는가. 나는 세 가지의 좌표를 제시했다. 자타(自他)의 생명 존중과 분수에 맞는 생활과 보람된 생활의 창조다.

立 志

"첫 단추를 잘못 끼면 마지막 단추는 낄 구멍이 없어진다"고 시인 괴에테는 말했다.

"시작이 반"이라고 우리 나라의 속담은 가르친다.

모두 다 인생의 출발이 중요하고 시작이 중대함을 지적한 말이다.

단추 하나 끼는 데도 첫 단추부터 바로 끼어야 한다. 처음이 잘못 되면 종말과 결과가 실패로 끝난다. 인생은 첫 출발이 중요하다. 먼저 올바른 방향과 목표를 세워야 한다.

백두산(白頭山) 천지연(天池淵)의 물방울이 동으로 흐르느냐, 서로 흐르느냐에 따라서 동해에 도달하느냐, 서해로 도달하느냐가 좌우된다.

인생에서 가장 중요한 것은 먼저 뜻을 세우는 것이다. 목표를 설정하는 것이다. 나는 어디를 향하여 가겠다는 방향을 작정하는 것이다. 이것을 입지(立志)라고 한다. 입지란 뜻을 세우는 것이다. 우리는 먼저 뜻을 세워야 한다. 뜻이 없는 인생은 방향이 없는 여행과 같다.

"네 인생의 목표가 무엇이냐"라는 물음에 대하여 이것이다 하고 분명하게 대답할 수 있어야 한다.

명확한 인생의 목표가 없이 인생을 살아가는 사람이 너무나 많다. 인생의 성공과 실패는 목표를 바로 세우느냐 못 세우느냐에 의해서 결정된다.

인생의 목표의식(目標意識)과 방향 감각(方向感覺)처럼 중요한 것이 없다. 먼저 뜻을 세우자. 뜻을 세우되 큰 뜻을 세우자. 원대한 이상과 목표를 세워야 한다. 사람은 대지(大志)와 대망을 가져야 한다. 현대인은 뜻이 너무나 적은 것 같다.

"젊은이여, 대망(大望)을 가져라(Boys, be ambitious!)"라는 미국 교육자 클라크의 말은 현대인에게 던지는 인생의 계명(誡命)이 아닐 수 없다.

뜻을 세우되 우리는 옳은 뜻을 세워야 한다. 세상에는 그릇된 뜻을 세우는 사람이 있다. 옳은 뜻이라야 반드시 그것이 이루어진다.

옳은 사람이란 옳은 뜻을 가진 사람이요, 그릇된 사람이란 그릇된 뜻을 가진 사람이다. 뜻이 옳으냐 그르느냐에 따라서 사람이 옳고 그름이 좌우된다.

새해를 맞는다. 모두 새로운 마음으로 새로운 뜻을 세우자.

크고 옳은 뜻을 세우고 그 뜻을 이루기 위하여 성심 성의(誠心誠意)껏 분투 노력하자.

그런 생활이라야만 삶의 보람이 있고 생의 의미가 있다. 아무 뜻도 없이 살아가는 생활은 무의미·무가치(無價值)의 생존으로 전락한다. 시계(時計)의 바늘이 정확하게 돌 듯이 우리도 인생의 정확한 목표를 세우고 올바로 살아야 한다.

人間의 城은 어디에

 우리는 신(神)의 죽음보다도 인간의 죽음을 더욱 슬퍼한다. 현대는 인간이 죽어가고 있는 시대다.
 거대한 조직의 틈바구니 속에서, 세계를 휩쓰는 공해의 구름 속에서, 잔혹한 경쟁의 수레바퀴 속에서, 배금주의(拜金主義)가 군림하는 경제 기구 속에서, 세력 팽창에 눈이 어두운 집단적 이기주의 속에서, 기술 문명의 메카니즘의 비정(非情) 속에서, 또 자원과 식량의 심각한 위기 속에서, 현대인은 질식하고 방황하고 고민하고 절규(絶叫)한다.
 우리는 인간이기 때문에 인간답게 살아야 한다. 인간성(人間性)은 동물성이나 기계의 차원으로 전락할 수 없다. 우리는 인간을 옹호하고 인간성을 회복해야 한다.
 우리는 지구의 이방인(異邦人)이 아니다. 우리는 문명의 머슴이 아니다. 우리는 역사의 죄수가 아니다. 우리는 조직의 하수인이 아니다. 우리는 체제의 노예가 아니다. 우리는 사회의 허수아비가 아니다. 우리는 자연의 침략자가 아니다.
 인간은 자유의 싱싱한 영토가 필요하다. 인간은 창조의 활달한 광장이 필요하다. 인간은 보람의 즐거운 일터가 필요하다.
 인간은 권리의 떳떳한 발판이 필요하다. 인간은 행복의 흐뭇한 보금자리가 필요하다. 인간은 자아의 늠름한 성(城)이 필요하다. 인간은 사랑의 따뜻한 안식처가 필요하다. 인간은 대화(對話)의 넓은 터전이 필요하다.

인간은 질서(秩序)의 구김살 없는 지평(地平)이 필요하다. 인간은 믿음의 굳건한 유대가 필요하다. 인간은 개성의 널따란 들판이 필요하다.

이러한 환경과 조건이 마련되지 아니할 때 인간은 병들고 인간성은 위축된다.

인간의 생의 목적이 무엇이냐. 인간성 전체의 조화적 발전(調和的 發展)에 있다. 저마다 자기의 개성과 천분과 능력을 최고도로 발휘해야 한다.

저마다 제 소리가 있고, 제 노래가 있고, 제 향기가 있고, 제 빛깔이 있고, 제 말씀이 있고, 제 존재가 있다.

그것을 최고도로 발휘하여 아름다운 조화를 이루고 풍성한 창조의 개화 결실(開花結實)을 보아야 한다. 그것이 사는 의미요 목적이요 기쁨이요 보람이다.

산다는 것은 움직인다는 것이요, 움직인다는 것은 활동한다는 것이요, 활동한다는 것은 창조한다는 것이요, 창조한다는 것은 자기를 표현하는 것이요, 자아를 완성하는 것이다. 그것이 인간성의 소리요 요구요 바람이요 염원(念願)이다.

인간이 기계를 위하여 존재하는 것이 아니다. 기계가 인간을 위하여 존재한다. 인간이 조직을 위하여 존재하는 것이 아니다. 조직이 인간을 위하여 존재한다. 인간은 수단이 아니다. 도구가 아니다. 물건이 아니다. 상품이 아니다. 기계가 아니다. 노예가 아니다.

인간이란 무엇이냐.

인간은 바로 주인(主人)이다. 우리는 모든 것의 주인이 되어야 한다. 주인의 자리에서 손님이나 노예나 물건의 자리로 전락할 때 인간성 상실의 비극이 생기고 인간의 비인간화의 위기가 발생한다. 인간은 문명 속에서, 역사 속에서, 사회 속에서, 지구 속에서, 제 자리를 찾아야 한다.

인간은 잃어버린 영토를 다시 찾아야 한다. 인간은 잃어버린 권위를 다시 찾아야 한다. 인간은 잃어버린 긍지를 다시 찾아야 한다. 인간은 잃어버린 권리를 다시 찾아야 한다. 인간은 잃어버린 자유를 다시 찾아야 한다. 인간은 잃어버린 인격(人格)을 다시 찾아야 한다. 인간은 잃어버린 행복을 다시 찾아야 한다. 인간은 잃어버린 건강을 다시 찾아야 한다. 인간은 잃어버린 영광을 다시 찾아야 한다.

인간 상실의 비극을 인간 회복의 영광으로 회복시키는 것이 오늘의 인간이 안고 있는 최대의 사상적 과제(思想的 課題)다. 비본래적(非本來的) 자리로 전락한 인간을 본래적 자리의 인간으로 회복하는 것이 오늘의 인류가 지니는 최대의 문명적 과제다.

잃어버린 인간을 다시 찾자. 잃어버린 인간성을 다시 회복하자. 이것이 우리의 엄숙한 숙제(宿題)다.

산다는 것은 길을 찾는 것

행복은 창조에 있다

　인생은 문명과 노력의 교향악(交響樂)이다. 우리는 이 세상에 내어 던져진 존재다. 내가 원해서 이 세상에 태어난 것은 아니다. 나의 탄생은 나의 뜻이 아니다. 우리는 저마다 어떤 시대에 어떤 나라의 어떤 마을의 어떤 집안에 어떤 몸과 마음과 재능을 가지고 남자 또는 여자로서 이 세상에 태어났다. 우리의 생존에는 타의(他意)의 원리(原理)가 작용한다. 왜 그 시대에 태어나지 않고 이 시대에 태어났을까, 왜 그 나라에 태어나지 않고 이 나라에 태어 났을까, 왜 그 집안에 태어나지 않고 이 집안에 태어났을까, 왜 미인으로 태어나지 않고 추녀로 태어났을까, 왜 재주있는 사람으로 태어나지 않고 평범한 재능으로 태어났을까, 왜 남자로 태어나지 않고 여자로 태어났을까.
　생각하면 이상한 일이요, 알 수 없는 일이다. 나의 존재가 지금 여기에 태어나서 이렇게 생존하는 사실에 대하여 철학자나 종교가들은 여러 가지의 해석과 설명을 가하려고 했다.
　어떤 이는 우연에 불과하다고 했다. 어떤 이는 운명의 힘이라고 했다. 어떤 이는 사주 팔자의 원리로 설명했다. 어떤 이는 하느님의 뜻이요, 우주의 섭리라고 보았다. 어떤 이는 인과 업보(因果業報)의 산물이라고 했다. 어떤 이는 불가지(不可知)한 일이라고 보았다. 어느 견해가 옳은 견해일까. 어느 해석이 맞는 해석일까. 아무도 합리적인 설명을 할 수가 없다. 그런 의미에서 인생은 하나의 부조리(不條理)다. 부조리란 말은 합리적인 해석이나 설명을 할 수 없다는 뜻이다. 인생은 그러므로 부조리의 존재다.

우리의 존재에는 나의 뜻이 아닌 어떤 힘이 작용하고 있다. 내가 지금 여기에 이런 인간으로서 존재한다는 것은 하나의 타의(他意)요, 운명이요, 팔자요, 결정이요, 섭리요, 우연이다. 이 운명을 가지고 이 결정된 사실을 가지고 나는 살아야 한다. 나의 판단과 나의 결심과 나의 계획과 나의 책임하에 나는 나의 인생을 살아갈 수밖에 없다. 나의 운명을 저주해 보아도 별 수가 없다. 나의 팔자를 한탄해 보아도 별 도리가 없다.

이미 결정된 것은 결정된 것으로 순순히 받아들일 수밖에 없다. 어떻게 할 수 없는 것은 어떻게 할 수 없는 것으로 용감하게 긍정을 하자. 그것을 우리는 체념이라고 해도 좋다. 체념은 나쁜 의미로만 쓰여서는 안된다. 이미 결정된 것을 불평 불만하지 않고 순순히 받아들이는 것이다. 그것이 체념이다.

인생에는 어떤 체념이 필요하다. 갑자기 중병(重病)에 걸렸다고 하자. 갑자기 남편이 죽었다고 하자. 갑자기 사업에 실패를 했다고 하자. 아무리 그 슬픈 운명에 반항을 하고 저주를 하고 불평 불만을 해도 다시 돌이킬 수 없는 일이요, 어떻게 할 수 없는 일이다. 그런 일은 용감하게 체념(諦念)하는 수밖에 없다. 체념에는 용기가 필요하다. 그러나 우리는 운명의 노예가 되어서는 안된다. 팔자의 포로가 되어서는 안된다. 타의(他意)의 완전한 복종자(服從者)가 되어서는 안된다.

우리에게는 자유가 있다. 우리에게는 선택이 있고, 결단(決斷)이 있고, 창조(創造)가 있고, 도전(挑戰)이 있다. 내가 나의 환경을 개선하는 적극적 의지가 있다. 내가 나의 인생을 만들어 나아가는 주체적(主體的) 노력이 있다. 내가 나의 앞날을 개척해 나아가는 도전적(挑戰的) 용기가 있다.

나는 이 세상에 내어던져진 존재지만 동시에 나는 스스로를 내

어딘지는 자유와 가능성(可能性)을 갖는다.
　노라는 그의 운명의 집에서 용감하게 뛰쳐 나갔다. 프로메테우스는 신(神)의 명령에 저항하는 의지를 지니고 있었다. 인간은 자유의 주체(主體)요, 노력의 주인이요, 창조의 일꾼이요, 가능성의 존재다. 인간은 타의(他意)에 지배되면서도 스스로를 계획하고 만들어 나아가는 자의(自意)의 세계를 갖는다.
　돌멩이나 흙과 같은 무생명(無生命)의 존재는 다만 '있다'의 차원(次元)에서 살아간다. 돌멩이나 흙은 자유가 없다. 지금 있는 그 자리에 그저 있을 뿐이다. 풀이나 개와 같은 동식물의 존재는 '자란다'의 차원(次元)에서 살아간다. 나무는 크게 자라고 강아지는 큰 개로 자란다. 그러나 사람은 '있다'의 차원과 '자란다'의 차원에 속하면서도 '만든다'는 고차원(高次元)의 세계에서 살아간다. 우리는 물건을 만들고 문명을 만들고 자기 인생을 만든다. 인간이 돌과 같은 물질이나 개와 같은 생명과 엄연하게 구별되는 것은 만드는 자유가 있고 창조하는 의지가 있다는 점이다. 인간은 이성(理性)과 자유와 창조의 주체(主體)다. 여기에 인간의 고유한 특색이 있고 고차원(高次元)의 질서가 있다.
　인간이란 무엇이냐. 우리는 어떻게 살아야 하느냐. 어떻게 사는 것이 가장 보람있는 생(生)이냐. 나는 창조적 자기 표현(自己表現)의 원리로써 대답하고 싶다. 인생은 창조적 자기 표현이다. 산다는 것은 저마다 자기를 창조적으로 표현하는 것이다. 시인은 시(詩)를 쓴다. 시를 쓰는 것이 그의 창조적 자기 표현이다. 화가는 그림을 그린다. 그림이 화가의 창조적 자기 표현이다. 가수가 노래를 부른다. 노래하는 것이 가수의 창조적 자기 표현이다. 어린애들의 소꿉 장난은 그들의 창조적 자기 표현이다.
　여인이 화장을 한다. 거기에도 조그만 창조적 자기 표현이 있다. 꽃꽂이를 한다. 그것도 하나의 조그만 창조적 자기 표현이다. 창조적 자기 표현 속에 생의 보람이 있고, 사는 기쁨이 있다. 위대한 인물일수록 위대한 창조적 자기 표현을 한다. 베에토오벤을 보라. 피카소를 보라. 로댕을 보라. 그들은 참으로 위대한 창조적 자기 표현의 거장(巨匠)들이었다. 한 인간의 위대성의 척도는 얼마큼 창조적 자기 표현을 하였느냐에 의해서 결정된다.

인간에게는 창조 충동(創造衝動)과 소유 충동이 있다. 돈이나 물건을 많이 가지려는 것은 소유 충동의 표현이요, 작품이나 예술을 많이 창조하려는 것은 창조 충동의 표현이다. 인생의 진정한 행복은 어디에 있느냐. 창조 충동의 만족에 있느냐, 소유 충동의 만족에 있느냐. 창조 충동의 만족에 진정한 행복이 있다. 우리는 많이 소유하려고 애쓰지 말고 많이 창조하려고 힘써야 한다. 나는 그러한 인생관을 창조적 인생관이라고 부른다. 우리는 창조적 인생관을 가지고 살아가야 한다. 내 앞에 인생이라는 대리석이 주어져 있다. 이 대리석으로 나는 무엇을 어떻게 만들 것이냐. 어떤 사람은 정성과 용기와 끈기로 위대한 작품을 만든다. 어떤 사람은 나태와 무책임과 안일 속에 서투른 졸작(拙作)을 만든다. 인생은 연습이 없는 생활이요, 졸업이 없는 학교다. 우리는 저마다 하나밖에 없는 인생을 살아간다. 내가 내 운명의 주인이요, 내가 내 인생의 주인이다. 인생은 남이 대신 살아줄 수 없는 자기 책임(自己責任)의 행동 체계(行動體系)다.

옳은 길을 가련다

인생은 타의(他意)와 자의(自意)의 교향곡(交響曲)이요, 운명과 노력의 심포니요, 결정과 자유의 합주곡이다. 빈약한 대리석으로 좋은 작품을 만드는 이도 있고 좋은 대리석으로 빈약한 작품을 만드는 이도 있다. 우리는 성실한 창조적 자기 표현의 주인공(主人公)이 되어야 한다. 인간은 자유와 창조의 주체(主體)다. 나는 나의 판단과 계획과 책임하에 나의 인생을 내 의지(意志)대로 살아가야 한다. 나는 나의 길을 가고 너는 너의 길을 가야 한다.

인간은 지상(地上)의 나그네다. 우리는 이 땅에서 영원히 살

수는 없다. 원하건 원하지 않건 6·70년 살다가 갈 수밖에 없는 생명이다. 인생은 나그네와 같은 존재다. 나그네 앞에는 가야 할 길이 있다. 사람에게는 사람의 길이 있고 짐승에게는 짐승의 길이 있다. 사람이 가는 길과 짐승이 가는 길은 다르다. 아버지는 아버지의 길이 있고 어머니는 어머니의 길이 있다. 아들은 아들의 길이 있고 딸은 딸의 길이 있다. 스승은 스승의 길이 있고, 학생은 학생의 길이 있다. 사람이 산다는 것은 저마다 자기의 길을 가는 것이다. 자기가 마땅히 가야할 길을 옳게 걸어가는 것이 인생의 길이다.

옳은 길을 찾아가는 사람을 도인(道人)이라고 한다. 바른 길을 찾고자 하는 이를 구도자(求道者)라고 일컫는다. 인생의 길이 무엇인지를 바로 아는 것을 도통(道通)한다고 한다. 산다는 것은 옳은 일을 찾아가려는 부단(不斷)한 노력의 과정이다.

옳은 길을 정도(正道)라고 한다. 큰 길을 대도(大道)라고 한다. 인생의 옳은 길, 큰 길을 바로 걸어간 어른들을 우리는 인생의 스승이라고 일컫는다. 예수·석가·공자·소크라테스·간디·쉬바이쩌, 모두 다 만인이 걸어가야 할 인생의 대도와 정도를 힘있게 걸어간 위대한 스승들이다.

아침에 도를 깨달으면 저녁에 죽어도 한이 없다고 공자는 갈파했다. 조문도석사가(朝聞道夕死可)란 말은 공자가 얼마나 인생의 옳은 길을 갈구하였는가를 가장 잘 나타낸 말이다.

"나는 길이요, 진리요, 생명이다"라고 예수는 갈파했다. 예수는 우리가 가야할 인생의 대도와 정도를 분명히 보여 주신 분이다. 산다는 것은 무엇인가. 저마다 자기의 가야 할 옳은 길을 찾아가는 것이다. 우리는 어떤 마음으로 우리의 길을 가야 하는가.

우리는 인간이기 때문에 인간의 길을 가야 한다. 사람이면서 사람의 길을 가지 않고 동물이나 짐승의 길을 가는 사람이 있다. 살인을 하고 도둑질을 하고 남을 배신하고 불의의 간음을 하고 모두 다 사람의 길이 아니고 짐승의 길이다. 불교에서는 그것을 축생도(畜生道)라고 일컫는다. 축생은 짐승이란 뜻이다. 우리는 인생의 옳은 길을 걸어가야 한다. 우리 앞에는 행복의 길이 있고, 불행의 길이 있다. 성공의 길이 있고, 파멸의 길이 있다. 번영의 길이 있고, 쇠망의 길이 있다. 화락(和樂)의 길이 있고, 불화(不和)의 길이 있다. 사랑의 길이 있고, 미움의 길이 있다. 승리(勝利)에 도달하는 길이 있고, 패배에 이르는 길이 있다.

우리는 밝은 지혜와 굳은 의지를 가지고 인생의 옳은 길을 찾아가야 한다. 잘못된 길을 걸어가면 불행과 나쁜 길과 비극으로 떨어진다.

산에서 길을 잃은 등산객은 조난자가 되어 죽음을 만나게 된다. 인생길도 마찬가지다. 세상에는 잘못된 길로 전락하여 인생의 파멸자의 운명을 겪는 이가 얼마나 많은가. 우리는 길을 걷되 쉬지 않고 걸어가야 한다. 아무리 옳은 길을 찾았다고 하더라도 걷지 않으면 승리와 행복의 목표에 도달할 수가 없다.

쉬지 않고 걷는 자만이 앞으로 갈 수 있다. 쉬임 없이 흐르는 강물만이 넓은 바다에 도달할 수 있다. 작심 삼일(作心三日)로 몇 날 안 가서 도중하차하면 목적지에 도달할 수가 없다. 먼저 인생의 옳은 길을 지혜롭게 찾아야 한다. 그 다음에는 끈기와 노력을 가지고 꾸준히 쉬지 않고 가야 한다. 인생은 먼 여행 길을 떠나는 거와 같다. 힘든 때도 있고 편한 때도 있다. 싫을 때도 있고 좋을 때도 있다. 공자는 강변에 서서 쉬지 않고 흐르는 물을 바라보면서 이렇게 외쳤다. "아아, 가는 자 이와 같도다. 밤낮을 쉬지 않는구나."

행복의 항구에 도달하려면 길고 고달픈 여행을 각오해야 한다. 성공과 승리의 정상(頂上)에 오르려면 땀 흘리고 수고하는 많은 고난을 겪어야 한다.

우리는 인생의 옳은 길을 가되 기쁜 마음으로 가야 한다.

애인하고는 백리 길을 가도 피로를 느끼지 않는다. 원수와는 십리 길을 가도 피로를 느낀다. 무슨 일이나 기쁜 마음으로 하면 그 일이 결코 힘들지 않다. 그러나 불평 불만에 가득찬 마음으로 하면 지극히 쉬운 일도 힘들고 역겹게 느껴진다.

인생은 무거운 짐을 지고 먼 길을 가는 나그네와 같다. 우리는 한발자국 한발자국 착실하게 걸어가야 한다. 백리 길도 일보일보의 연속이다. 단숨에 천리 길을 뛸 수는 없는 일이다. 인생에는 지름길이 없다. 세상의 모든 일이 다 밟아야 할 순서가 있다. 목표도 중요하지만 목표에 도달하는 과정과 순서와 단계도 그와 못지 않게 중요하다.

밟아야 할 순서와 단계와 과정을 거치지 않고 단숨에 일기 가성(一氣呵成)으로 목표를 이루려고 할 때에 뜻하지 않은 실패와 불행을 겪게 된다. "학문에는 왕도가 없다"는 옛날의 선철(先哲)의 말은 인생의 명언이다. 임금님이라고 해서 학문의 지름길이 따로 있는 것이 아니다. 학문만이 왕도가 없는 것이 아니다. 인생의 모든 일에 왕도(王道)가 없고 지름길이 없다.

성공과 행복과 승리에 도달하는 길은 공(功)을 들여야 하고 정성을 기울여야 하고, 피땀을 흘려야 한다.

우리는 인생을 안일하게 살려는 생각부터 버려야 한다. 또 안일한 방법으로 성공하려는 망상을 깨어야 한다. 인생의 옳은 길을 쉬지 않고 기쁜 마음으로 착실하게 걸어가자.

그런 사람만이 승리의 정상에 도달하고 성공의 목표에 이르고 행복의 영광을 차지할 수 있다. 이것이 생활의 지혜(智慧)다.

孝

  피는 물보다도 짙다. 피는 인간의 3대 액체 중에서 가장 강하고 뜨겁고 힘차다. 이마에서 흐르는 구슬 땀, 눈에 고인 맑은 눈물, 다 아름답고 소중하다. 그러나 우리의 혈액을 흐르는 붉고 뜨거운 피는 땀이나 눈물보다도 생명력이 강하고 응집력(凝集力)이 짙다. 땀이나 눈물에는 빛깔이 없다. 그러나 피는 짙은 적색이다. 피는 정열의 상징이요, 생명의 상징이다.

  그러므로 피로 얽힌 인간 관계가 사랑이나 이해 관계(利害關係)나 사상으로 얽힌 관계보다 가장 강하다.

  일생의 사랑을 맹세한 남녀 관계의 사랑도 미움과 이별로 끝나는 수가 허다하다. 동고 동락(同苦同樂)를 약속했던 동지도 서로 배반하여 철천지원수가 되는 경우가 있다. 이해 관계가 일치할 때에는 그렇게 다정했던 친구도 서로 손해를 볼 때에는 남남으로 변한다.

  그러나 절대로 변할 수 없는 인간 관계는 부모와 자녀와의 관계다. 그것은 끊을래야 끊을 수 없는 사이다. 왜냐? 피로 얽혔기 때문이다. 아버지와 어머니의 피와 뼈와 살이 합하여 나라고 하는 존재가 되었다. 나는 부모의 뼈의 한 부분이요, 살의 한 부분이요, 피의 한 부분이다. 자녀는 부모의 분신이다. 부모가 아무리 못나도 나의 부모요, 자녀가 아무리 못나도 나의 자녀다. 피로 얽힌 부모와 자식의 관계는 인륜(人倫)의 근본이다. 그것은 인간의 천륜(天倫)이다. 하늘이 맺어준 인간 관계다. 부모는 자

너를 낳고 키우고 교육하기 위하여 온갖 정열을 쏟고 모든 희생을 아끼지 않는다.

어머니는 맛있는 음식을 보면 먼저 애들 생각부터 난다. 혼자 먹으려면 목에 걸려서 넘어가지 않는다. 자녀가 밤에 늦게 돌아와도 부모의 마음은 걱정이 태산같다. 교통 사고나 생기지 않았는지, 폭력배에게 붙들리지나 않았는지, 잠시도 마음이 놓이지 않는다. 아들의 성공이 곧 나의 성공이요, 딸의 행복이 곧 부모의 행복이다. 자녀의 슬픔이 곧 부모의 슬픔이요, 자녀의 기쁨이 곧 부모의 기쁨이다. 그것은 정신적 일체감(一體感)의 세계다. 몸은 서로 떨어져 있지만 마음은 언제나 하나다. 이 세상에 이러한 인간 관계가 또 있을까.

부모가 살인범이 되고 자녀가 흉악범이 되어도 부모와 자녀의 관계는 끊어지는 것이 아니다. 병신 아들에 사랑이 더 가는 것이 부모의 심정이다. 인간에는 정이 있고 휴우머니티가 있다. 한문(漢文)에서는 인(仁)은 곧 인(人)이라고 한다. 인(仁)은 사랑이요 휴우머니티다. 사람 둘이 모이면 거기에 당연히 또 자연히 있게 되는 감정이 인이다. 그래서 인(仁)자의 구조를 보면 人과 二가 합한 글자다. 사람이 둘 있으면 거기에 마땅히 인의 감정이 있어야 한다. 인간의 인간다움은 인의 마음을 갖는 데 있다. 인의 마음이 곧 인간의 근본이다. 그래서 유교는 인(仁)은 인(人)이라고 했다. 인은 인간의 근본 원리다. 그 인의 마음이 자연스럽게 표현되는 것이 효(孝)와 제(悌)다. 효는 자녀가 부모에 대해서 갖는 휴우머니티의 감정이요, 제(悌)는 핏줄기를 같이 나눈 형제 자매·동기지간에 갖는 휴우머니티다.

그래서 효(孝)와 제(悌)가 인(仁)의 근본이라고 유교는 갈파했다. 효성은 휴우머니티의 자연스런 발로다. 그것은 고갈될 수 없다. 나를 정성껏 도와준 이에게 우리는 감사하는 마음을 가진다. 부모는 우리를 낳아서 정성스럽게 키우고 사랑으로써 가르치신 분이다. 그런 분에 대해서 고마운 마음을 느끼고 고마운 행동의 표시를 하는 것은 인간으로서 자연스럽고 또 당연한 일이다. 그것은 효(孝)다. 효는 인간의 감사심(感謝心)의 표현이다. 인간의 고마와하는 마음의 자연스러운 발로다. 유교는 그러한 휴우머니티에 근본을 두고 있다. 아무리 시대가 바뀌고 사회가 달라져도 인간과 인간 사이에 오고 가는 사랑과 정성의 감정은 달라질 수도 없고 또 없어질 수도 없다.

絶望은 存在하지 않는다

　인간의 생활에는 순경(順境)과 역경(逆境)이 있다. 모든 일이 탄탄대로를 달리는 것처럼 쉽게 이루어지는 것이 순경이요, 비바람이 몰아치면서 어려운 시련(試鍊)과 고난(苦難)이 밀어닥치는 것이 역경이다.
　순경에는 순경에 처하는 마음의 자세(姿勢)가 있고, 역경에는 역경을 이겨 내기 위한 정신의 준비가 필요하다.
　한 사회의 역사에는 평상시(平常時)와 비상시(非常時)가 있다. 평상시에는 사회의 모든 일이 순조롭게 전개된다. 그러나 비상시는 어려운 상황(狀況)과 사태가 발생하여 여러 가지 일이 위기(危機)와 난관(難關)에 부닥친다.
　평상시에는 평상시의 마음 가짐이 있고, 비상시에는 비상시를 극복(克服)하기 위한 정신(精神)의 무장(武裝)이 필요하다.
　지혜있는 인간은 아무리 어려운 상황에서도 슬기롭게 대처(對處)해 나아간다. 그는 용기와 신념으로 그것을 극복한다.
　하늘이 무너져도 솟아날 구멍이 있다고 했다. 범에 물려가도 정신만 차리면 살아날 수 있다고 했다.
　인간에게 위기는 없다. 우리에게 절망(絶望)은 없다. 언제나 위기와 절망을 뚫고 나갈 희망과 가능(可能)의 길이 있을 뿐이다.
　"오늘의 문제는 싸우는 것이요, 내일의 문제는 이기는 것"이라고 프랑스의 문호(文豪) 빅토르 위고는 갈파했다.

산다는 것은 싸우는 것이다. 여름에는 더위와 싸우고 겨울에는 추위와 싸운다. 우리의 생명은 온갖 병균(病菌)과 부단히 싸워야 한다. 또 우리는 모든 악(惡)과 싸워야 하고 온갖 적(敵)과 싸워야 한다.

우리는 싸우면 반드시 이겨야 한다. 우리는 인생의 승리자(勝利者)가 되어야 하고 또 민족의 승리자가 되어야 하고 또 역사의 승리자가 되어야 한다.

가장 비참한 것은 패배자(敗北者)의 운명이다.

승리는 결코 우연(偶然)의 산물이 아니다. 절대로 요행(僥倖)의 결과가 아니다. 승리는 지혜의 산물이요, 용기의 산물이요, 신념의 산물이요, 인내력(忍耐力)의 산물이요, 단결의 산물이요, 투지력의 산물이다.

게으른 자, 어리석은 자, 나약한 자, 비겁한 자, 분열과 파쟁만 일삼는 자, 우유 부단(優柔不斷)한 자, 신념과 용기가 없는 자는 결코 승리(勝利)의 영광(榮光)에 참여할 수 없다.

인간의 삶에는 언제나 위기(危機)가 있다. 위기란 말은 위험(危險)과 기회(機會)가 합한 말이다. 위기에는 우리의 삶을 위협(威脅)하는 위험이 분명히 존재한다. 그러나 위기에는 그것을 극복할 수 있는 기회가 또한 엄연히 존재한다.

위기는 우리의 생(生)을 위협하는 상황이다. 그러나 그것은 돌파구(突破口)가 없는 절망(絶望)의 상황이 아니다. 극복의 가능성이 없는 암흑(暗黑)의 절벽(絶壁)이 아니다. 위기는 극복의 기회가 있고 해결의 방법이 있다. 위기는 절망과 희망의 만남이요, 부정(否定)과 긍정(肯定)의 대결(對決)이요, 죽음과 생의 싸움이다.

인간은 결코 위기에 패배하지 않는다. 인간에게 절망은 없다. 오직 희망과 전진(前進)이 있을 뿐이다.

우리는 개인적으로나 단체적으로나 또 민족적으로나 여러 가지의 위기와 난관에 부닥쳐 왔지만 지혜(智慧)와 용기로써 언제나 그것을 극복해 왔다. 우리는 시련(試鍊)의 극복 속에서 살아왔다. 우리는 고난(苦難)의 승리 속에서 살아왔다.

위기가 두려운 것이 아니다. 위기에 도전(挑戰)하고 극복하려는 결심과 용기가 없는 것이 두려운 것이다.

역사의 한 실례를 생각해 보자. 1940년 영국은 나치스의 침략 앞에 풍전 등화(風前燈火)와 같은 나라의 위기에 직면했다. 그때 난국 극복(難局克服)의 역사적 대임(歷史的 大任)을 맡은 처어칠 수상(首相)은 이렇게 말했다.

"나는 피와 노고(勞苦)와 눈물과 땀밖에 바칠 것이 없다."

그는 비장(悲壯)한 각오와 결심으로 영국의 위기를 마침내 승리로 이끌었다.

위기를 극복하는 힘이 무엇이냐. 피와 눈물과 땀이다.

피는 용기의 상징이요, 눈물은 정성(精誠)의 심벌이요, 땀은 노력의 상징이다. 피와 눈물과 땀, 인생의 이 삼대 액체(三大液體)가 위기를 승리로 이끄는 동력이다.

뜻이 있는 곳에는 반드시 길이 있다. 정신일도 하사불성(精神一到何事不成)이라고 말했다. 필승(必勝)의 신념은 승리의 영광을 가져온다.

위기는 무섭다. 그러나 위기를 극복하려는 인간의 정신력은 더욱 무섭다. 그러면 위기를 이기는 비결(祕訣)이 무엇이냐. 나는 네 가지의 덕(德)을 강조하고 싶다.

첫째는 냉철한 지혜(智慧)다.

위기는 우연이 생긴 것이 아니다. 이유와 까닭이 있어서 발생한 것이다. 이 위기는 왜 생겼는가. 그 원인과 이유가 무엇인가. 또 그것을 극복하는 방법은 무엇인가. 우리는 냉철하게 분석하고 진단하여 위기의 해결 방안을 강구해 내어야 한다.

지혜는 올바른 사리 판단력(事理判斷力)이요, 종합적 통찰력(綜合的 洞察力)이다. 지혜는 우리에게 방향을 가르쳐 주고 방법을 제시한다.

위기에 직면하였을 때 우리는 놀라움과 당황과 불안 때문에 냉철한 이성과 총명한 지혜를 잃어버리기 쉽다. 위기 앞에는 침착(沈着)이 필요하고 냉정(冷靜)이 필요하다. 냉철한 지혜가 없는 사람은 위기를 돌파할 수 있는 방법과 수단을 찾아내지 못한다.

지혜는 위기를 승리로 이끄는 첫째의 길잡이다.

둘째는 필승(必勝)의 신념이다. 우리는 이 위기를 극복할 수 있다는 확신을 가져야 한다. 신념은 위대한 힘의 원천(源泉)이다. 신념은 불가능을 가능(可能)으로 만드는 놀라운 힘이요, 무(無)에서 유(有)를 창조하는 힘이다.

무슨 일을 하든지 우리는 먼저 자신(自信)을 가져야 한다. 자신은 성공의 첫째 요소다. 자기가 하는 일에 전혀 자신이 없을 때 그는 반드시 패배자가 된다.

나는 할 수 있다고 믿으면 할 수 있고, 할 수 없다고 생각하면 할 수 없는 것이다. 세상에 신념처럼 무서운 것이 없다.

실패의 대부분은 신념의 부족에서 온다. 세상에 대업(大業)을 이룬 사람을 보라. 모두 요지부동한 신념의 소유자다. 위기에 처했을 때 우리는 무엇보다도 필승의 신념을 가져야 한다.

세째는 위기에 도전(挑戰)하는 용기다. 우리는 필승의 신념을 가지고 위기를 극복하기 위해서 온갖 도전을 시도(試圖)해야 한다. 힘을 한데 집중하고 용기를 힘껏 가다듬어 위기라는 고지(高地)에 집중적 공격을 계속해야 한다.

승리는 도전자가 차지하는 영광이다. 비겁한 자 앞에는 패배(敗北)의 고배가 기다리고 있다. 위기는 용기 앞에 굴복하고야 만다.

세상에 도전적 용기처럼 무서운 것이 없다. 위기를 극복하는 비결은 도전적 용기를 갖느냐 못 갖느냐에 있다. 승리는 언제나 용기의 산물(産物)이다.

끝으로 극기(克己)와 인내력(忍耐力)을 갖는 것이다.

위기는 비상한 상황이요, 커다란 난국(難局)이다. 위기에는 참고 견디고 근검절약(勤儉節約)하고, 자기 분수(分數)에 맞게 사는 지혜가 필요하다. 특히 내가 나를 이기는 극기심(克己心)이 필요하다. 인간 최대의 승리는 자기가 자기를 이기는 것이다. 우리가 싸워서 이겨야 할 적은 외부에만 있는 것이 아니라, 나의 내부에도 있다.

나의 마음속에 게으름·비겁·무책임·무사안일(無事安逸)·허영·이기심·탐욕(貪慾)이 도사리고 있다. 이러한 내적(內敵)이 나의 내부에 존재하는 한 우리는 절대로 위기를 극복할 수 없다.

나의 안의 적을 이긴 사람만이 위기라는 밖의 적을 이길 수 있다. 내적 승리자(內的 勝利者)가 외적(外的) 승리자가 될 수 있다.

지혜와 신념과 용기와 인내력의 네 가지 힘으로 마음의 무장을 할 때 우리가 극복하지 못할 위기는 하나도 없는 것이다.

절망과 불가능은 존재하지 않는다. 오직 희망과 가능만이 존재한다. 인간은 결코 위기에 지지 않는다.

片片想

───敬天・爲國・愛人

　우리는 어떤 인간이 되어야 하는가. 이상적 인간상(理想的 人間像)은 어떤 덕과 속성을 갖추어야 하는가. 나는 경천(敬天)과 위국(爲國)과 애인(愛人)의 3대 원리를 강조하고 싶다.

　경천은 하늘을 공경하는 마음이다. 한국인 또는 동양인의 경우에 하늘은 영원자(永遠者), 절대자(絕對者)를 의미한다. 천 대신에 신이라고 해도 좋고 불(佛)이라고 해도 좋다. 이름이 문제가 아니다. 알맹이가 문제다. 순천자(順天者)는 흥하고 역천자(逆天者)는 망한다고 했다. 천심(天心)이 인심(人心)이라고 했다. 하늘이 무섭지 않느냐고 말한다. 또 하늘을 두고 맹세한다고 한다. 그 때의 하늘은 신이나 불(佛)과 같은 것이다. 우리의 마음 중심에 하늘을 공경하는 정신이 있어야 한다. 경천(敬天)하는 인간이 되자. 둘째는 위국(爲國)이다. 위국은 나라를 위하는 마음이다. 우리가 살고 있는 나라를 나라다운 나라로 만들려면 나라를 위하여 정성을 다할 수 있는 심정을 가져야 한다. 세계의 존경을 받는 나라, 인류의 신뢰를 받는 나라, 외국인들이 흠모하는 나라를 만들어야 한다. 우리가 큰 신념과 이상을 가지고 수십년 동안 민족적(民族的) 훈련을 쌓는다면 그러한 높은 경지에 점점 접근할 수 있다. 좀더 제 나라를 아끼고 위하고 소중히 여길줄 알아야 한다. 나라를 나라답게 만들자.

　세째는 애인이다. 사람을 사랑하는 것이다. 한 사회에 사랑과 화목(和睦)의 덕이 메말라 버릴 때, 그 사회는 사막과 같은 냉랭한 사회로 전락해 버리고 만다. 사랑의 훈훈한 바람이 부는 사회 그것이 인간다운 사회다.

최소한도 마음과 불신이 없는 사회를 만들어야 한다.

"비폭력(非暴力)은 인간의 법칙이요, 폭력은 동물의 법칙"이라고 간디는 외쳤다.

서로 믿을 수 있고, 서로 미워하지 않는 사회를 건설해야 한다. 그래야 살아가는 기쁨과 보람이 있다. 경천하고 위국하고 애인하는 정신과 덕성(德性)을 갖는 것, 종교와 교육의 근본 목표를 우리는 여기에 두어야 한다.

── **學生의 마음**

나는 학생이라는 말을 가장 좋아한다. 학생이란 무엇이냐. 배우는 인생, 배우는 생명, 배우는 생활이란 뜻이다.

우리는 죽는 날까지 학생의 마음으로 살아야 한다. 배운다는 것은 얼마나 기쁘고 보람있고 희망에 가득찬 일인가.

인간의 행동 중에서 배운다는 행동처럼 생산적(生產的)이고 미래적인 것이 없다.

공자(孔子)는 셋이 같이 가면 반드시 그 중에 자기가 배울 만한 스승이 있다고 하였다. 얼마나 겸손한 태도요 의욕적인 자세인가.

배운다는 것은 다음 세 가지 요소를 내포한다. 첫째는 겸손(謙遜)한 것이다. 교만한 자는 배우려고 하지 않는다. 겸손한 사람만이 배우려고 한다.

자기 스스로의 부족과 미비함을 느끼는 사람만이 배우려고 한다. 배운다는 것은 진리 앞에 겸손한 마음으로 고개를 숙이는 것이다.

가장 유능한 자는 부단히 배우는 자다. 우리는 식욕이 왕성한 건강인(健康人)처럼 풍성한 탐구정신(探求精神)을 가지고 부단히 배워야 한다.

둘째는 성장과 향상의 의지다. 배운다는 것은 높은 데로 향상하고 부단히 성장하려는 것이다. 게으른 자, 의욕이 없는 자, 희망이 없는 자는 배우려고 하지 않는다. 의욕과 근면과 희망을 간직하는 자가 부단히 배운다.

배우는 민족이라야 향상할 수 있다. 공부하는 백성이라야 잘 살 수 있다. 배운다는 것은 희망을 갖는 것이다. 우리의 마음속에 희망의 등불을 켜 놓고 배움과 공부에 정진해야 한다.

세째는 미래 지향(未來指向)의 자세다. 배우는 자는 앞을 보고 미래에 도전한다. 이상을 추구하고 가치를 창조하고 목표를 달성하려는 사람만이 쉬지 않고 배우고 공부한다. 부단히 배우는 자만이 미래의 창조적 주인공(創造的 主人公)이 될 수 있다.

우리는 언제나 학생(學生)의 정신으로 살아야 한다. 항상 배우는 자가 행복의 열쇠를 손에 쥘 수 있고, 창조의 향연(饗宴)에 참여할 수 있다.

―― **性格建設**

사고(思考)가 행동을 결정하고 행동이 습관을 만들고 습관이 성격(性格)을 형성하고 성격은 인간의 운명을 지배한다. 햄릿의 성격이 햄릿의 운명을 결정하였고 돈키호테의 성격이 돈키호테의 운명을 좌우했다.

인간에게서 가장 중요한 것은 성격이다. 성격 건설은 인간의 건설 중에서 가장 기본적인 건설이다. 성격은 일정한 행동형이다. 성실한 성격은 큰 일이건 작은 일이건 언제나 성실한 행동을 한다. 부지런한 성격의 소유자는 대소사(大小事)를 막론하고 한결같이 부지런한 행동을 한다. 성격은 믿을 수가 있다. 성격은 변덕스럽지 않다. 성격은 시종 여일(始終如一)하고 전후 일관한 것이다. 어떤 상황에서 어떤 자극을 받더라도 언제나 한결같은 반응을 하는 것이 성격이다.

이상적 성격 건설, 이것이 인간의 가장 중요한 일이요, 교육의 기본 목표도 종교의 구극 목표도 결국 바람직한 성격 건설에 있다. 인간의 자본은 여러 가지다. 체력(體力)·지력(知力)·기능(技能)·재산, 모두 다 인간의 자본에 속한다. 인간의 가장 중요한 자본이 무엇이냐? 성격이다. 성격 건설(性格建設)이 없이 행복한 생활은 불가능하다. 한 민족이 높은 수준에 도달하려면 훌륭한 성격을 건설해야 한다.

국력(國力)은 결국 국민 성격의 표현이요 총화다.

성격은 일조 일석에 형성되지 않는다. 오랜 시간에 걸친 꾸준한 수련(修鍊)의 산물이다.

개인은 개인으로서 건실한 개인 성격을 건설하고, 민족은 민족으로서 훌륭한 민족 성격을 건설해야 한다.

자주적 성격(自主的 性格), 협동적(協同的) 성격, 생산적(生產的) 성격, 이러한 성격이 만들어질 때, 개인이건 민족이건 번영과 행복의 경지에 도달하지 아니할 수가 없다. 그와 반대로 의존적 성격, 배타적 성격, 낭비적 성격, 거짓된 성격이 만들어질 때, 개인이건 민족이건, 불행과 쇠퇴의 길로 전락할 수밖에 없다.

성격이 인간의 운명을 지배한다. 한 인간의 운명은 그 사람의 성격의 표현이다. 인간의 근본 중의 근본되는 사업은 바람직한 성격 건설이다.

───── **謙遜한 마음**

인간이 물욕이나 권력욕이나 재물욕을 버리기는 쉽지만 명예욕과 자만심을 버리기는 참으로 어렵다. 인간의 지난사(至難事) 중에서 '내가 누군데'하는 자만심을 버리기가 가장 어려운 일이다. 명예욕과 허영심은 그림자처럼 우리를 따라 다닌다.

스스로 뽐내는 마음, 남의 박수 갈채를 받고 싶은 마음, 자기를 과시하고 싶은 욕심은 원죄(原罪)처럼 인간의 마음에서 떠나지 않는다.
 성자(聖者)들도 인간 수업(人間修業)의 가장 어려운 고비로서 자만심(自慢心)의 극복을 들고 있다.
 겸손한 마음, 스스로를 낮추는 마음을 갖기는 정말 어려운 일이다. 《역경(易經)》은 겸손의 덕을 인간의 가장 높은 덕으로서 찬양했다. "노겸 군자 유종 길(勞謙 君子 有終 吉)"이라고 했다.
 애써 수고하고 일하되 겸손하여 그것을 자랑하지 않는다. 그것이 군자(君子)의 덕이요, 오래도록 지위를 차지하여 유종의 미를 거두고 행복할 수 있다.
 수고하되 겸양하라고 《역경(易經)》은 우리에게 가르쳤다. 그리스도는 "온유(溫柔)한 자 복이 있나니 그는 이 땅을 이어받을 것이다"라고 갈파했다. 온유한 마음과 겸허(謙虛)한 마음은 다같은 뜻이다.
 겸손은 인간의 미덕 중의 미덕이다. 그러나 세상에는 가짜 겸손이 얼마나 많은가. 겸손한 것이 아니라 겸손한 척 하는 것이다. 마음속은 교만과 명예욕과 허영심으로 가득차 있으면서 겉으로 겸손의 옷을 입을 뿐이다. 그래서 겸손은 위선이 되기 쉽다. 진짜 겸손만이 위선이 아니다. 그러나 진짜 겸손이란 참으로 드물고 또 드문 것이다.
 진짜 겸손의 경지에 도달한다는 것은 오랜 수양 끝에 비로소 가능한 일이다. 파스칼같은 위대한 사상가도 《팡세》를 쓰는 동기 중의 하나에 허영심(虛榮心)과 명예욕이 작용하고 있다는 것을 스스로 고백하고 있다.
 겸손은 종교가 추구하는 인간의 이상적인 덕의 하나다. 겸손한 인간이 되어라. 이것이 종교의 가르침이다. 겸손은 인간의 지난사요 최고덕(最高德)의 하나다.

—— 自省心
 인간의 마음 가짐에서 가장 중요한 것은 부단한 자성심(自省

心)이다. 스스로를 반성하고 스스로를 돌이켜 보는 것이다. 항상 양심의 거울 앞에 자기 자신을 비쳐보는 것이요, 천지 신명(天地神明) 앞에 스스로 준엄하게 서는 것이다.

우리는 남을 공격하기에 바쁘고 자기 스스로를 꾸짖는 데 게으르다. 남의 잘못에 대해서는 엄격하고 가차가 없으나 자기의 잘못에 대해서는 너그럽고 태만하다. 우리는 모름지기 그 반대의 자세가 되어야 한다. 자기 자신에 대해서는 준엄하고 남에 대해서는 관용해야만 한다.

한문에 "추상지기 춘풍접인(秋霜持己 春風接人)"이란 말이 있다. 가을의 서릿발과 같은 준엄하고 매서운 태도로 나 자신을 돌보고 반성해야 한다. 그러나 남에 대해서는 봄바람과 같이 훈훈하고 화창한 마음으로 대해야 한다. 이것이 대자접인(對自接人)의 올바른 태도다.

그리스도의 말씀은 우리를 숙연하게 만든다. 간통한 여인을 돌로 때려 죽이려는 분노한 군중들에게 이렇게 말했다. "너희들 중에서 죄없는 사람이 먼저 저 여인에게 돌을 던져라."

아무도 돌을 던지지 못하고 그 자리에서 흩어졌다. 자기의 죄는 덮어두고 남의 죄만 책망하려는 우리의 도덕적 맹점(道德的盲點)과 약점을 지적한 명언이다.

"반성이 없는 생활은 살 가치가 없는 생활"이라고 소크라테스는 갈파했다. 공자(孔子)는 일일삼성(一日三省)을 우리에게 가르쳤다. 적어도 하루에 세번 자기 자신을 살핀다는 것이다.

부단한 반성에서 새로운 자각이 생기고 자각에서 새로운 결심과 분발심(奮發心)이 생긴다.

눈을 남에게 돌리기 전에 나 자신에게 돌려야 한다. 나의 마음자리를 살피고 인생을 살아가는 자세를 반성하고 인간으로서의 사명과 책임을 다하고 있는지를 성찰하고 검토해야 한다.

자아 성찰(自我省察)이 인간 성장(人間成長)·인간 심화(人間深化)의 계기가 된다.

양심의 맑은 거울 앞에 서라.

공명 정대(公明正大)한 정신으로 천지 신명앞에 서자. 역사의 준엄한 심판대 앞에 나서자. 그것이 생을 거짓없이 사는 길이다.

── 義　氣

소돔과 고모라성은 의인(義人) 열명이 없어서 망했다고 한다. 너희들의 의가 바리새인의 의만도 못하다면 하늘 나라에 들어갈 수 없다고 그리스도는 외쳤다.

의는 사람의 길이다. 의인지로(義人之路)라고 맹자는 가르쳤다. 또 의는 사람의 대본(義者人之大本)이라고 회남자(淮南子)는 갈파했다.

의는 인간의 정신의 등뼈요 사회의 기강(紀綱)의 근본이다. 한 나라에 의의 기둥이 무너질 때 그 나라는 오래 갈 수 없다. 한 인간이 의의 길에서 전락하여 부정과 불의의 노예가 될 때, 그는 멸망할 수밖에 없다.

우리는 의로운 사람이 되기를 힘써야 한다. 우리는 의의 반석(盤石) 위에 나라를 세워야 한다.

하늘에 태양이 없어지면 온 세상이 암흑으로 변한다. 사회에 의의 태양이 꺼질 때, 그 사회는 쇠망의 나라로 전락한다.

인간에게서 의기처럼 중요한 것이 없다. 의기란 무엇인가. 의로운 기운이요, 의롭게 살아가려는 힘찬 의지요, 정의감(正義感)에서 솟구치는 썩썩한 기상이다. 인간의 마음에서 의기가 사라질 때 인간은 짐승이나 악마의 차원으로 전락하고 만다. 양심(良心)의 감각이 마비되고 염치심(廉恥心)이 없어질 때, 사람은 무슨 짓이라도 서슴지 않고 감행하는 악인이 되고 만다.

우리 국민의 의기는 건재한가. 우리의 양심은 행방 불명(行方不明)이 되지는 않았는가. 사리(私利)와 물욕(物慾)과 향락욕 때문에 우리의 의기는 마비되어 비틀거리지 않는가.

오늘의 세태 인심(世態人心)은 의기의 붕괴와 양심의 마비를 드러내고 있지는 않는지 반성해 볼 필요가 있지 않을까?

현명한 국민은 역사에서 지혜를 배운다. 소돔과 고모라의 고사(故事)는 우리 국민에게 던지는 일대 경고요, 역사의 대교훈(大教訓)이다.

의기있는 백성이 되자. 의의 태양이 빛나는 나라를 만들자. 그것이 하느님과 역사의 축복을 받는 길이다.

奉仕에서 보람을

　보수(報酬)를 바라지 않고 기쁜 마음으로 남을 돕는 것을 봉사라고 한다. 봉사는 인간이 타인에게 대해서 가질 수 있는 태도 중에서 가장 높고 가장 아름답고 가장 훌륭한 태도다.
　인생에는 주고 받는 원리(原理)가 있다. 기브 앤드 태이크 (give and take)의 법칙이 존재한다. 한문으로 표현하면 '수수 (授受)의 원리'다. 수(授)는 주는 것이요, 수(受)는 받는 것이다. 우리는 주고 받는 관계 속에서 살아 간다.
　주기만 하고 받지 못하거나 받기만 하고 주지 못할 때 우리는 괴롭고 섭섭하다. 주는 만큼 받아야 하고 받는 만큼 주어야 한다. 주고 받는 것이 서로 균형(均衡)을 얻을 때 인간 관계는 원만하고 화목할 수 있다.
　주고 받는데 네 가지의 경우를 생각할 수 있다.
　첫재는 받기만 하고 주지 않는 경우요,
　둘재는 받지도 않고 주지도 않는 경우요,
　세째는 서로 주고 받는 경우요,
　네째는 받을 생각은 아니하고 주고 또 주는 것이다.
　봉사는 네째번의 경우다.
　봉사는 스스로 원해서 기쁜 마음으로 내가 갖고 있는 시간이나 정성(精誠)이나 노력이나 물질이나 친절(親切)을 남에게 베푸는 것이다.
　봉사는 보수를 바라지 않고 주는 것이다. 인간은 남에게 무엇인가 줄 때에는 으레 보수를 바란다. 준만큼 내게 돌아오기를 기대한다. 그 기대가 이루어지지 않을 때에는 섭섭한 마음과 불평 불만(不平不滿)의 감정을 느끼기 쉽다. 그러나 봉사는 바라는 마음과 보수를 기대하지 않고 그저 주는 것이다.

여기에 봉사의 높은 차원(次元)이 있다. 그것은 넓은 마음의 표현이요, 순수한 심정(心情)의 산물이다. 봉사에 있어서는 봉사 그 자체(自體)가 하나의 보수다. 남을 도울 때 우리는 마음속에 기쁨과 만족감(滿足感)을 느낀다. 이 기쁨과 만족감이 곧 봉사의 보수다.

강요당해서 남에게 주는 것은 봉사가 아니다. 봉사는 스스로 원해서 해야 한다. 반드시 자원(自願), 또는 자발성(自發性)의 원리가 있어야 한다.

봉사를 영어에서는 서어비스라고 한다. 불교에서는 보시(布施)라고 일컫는다. 보시나 봉사는 인간의 뛰어난 덕(德)의 하나다. 위대한 인물이란 남을 위해서 봉사하는 사람이다. 봉사 정신이 많으면 많을수록 그 인간은 훌륭하다. 인물(人物)의 크고 작음을 판단하는 척도(尺度)의 하나는 얼마나 봉사정신(奉仕精神)이 많으냐에 달려 있다. 그리스도는 봉사의 천재였다. 그는 남의 섬김을 받으려고 이 세상에 온 것이 아니라, 남을 섬기기 위해서 왔다고 하였다. 이것은 봉사의 핵심(核心)을 찌른 말이다.

공자는 살신 성인(殺身成仁)의 정신을 강조했다. 내 몸을 희생하여 훌륭한 일을 하는 것이 살신 성인이다. 살신 성인은 봉사의 근본이다.

석가는 대자 대비(大慈大悲)의 보시(布施)를 역설했다. 우리는 될수록 남에게 주면서 살아야 한다고 말했다. 태양이 만물에 빛과 열과 에네르기를 주듯이 우리는 될수록 남에게 주면서 살아가는 철학을 배워야 한다.

돈이 있는 자는 돈이 없는 자에게 주어야 한다. 지식이 있는 자는 지식이 없는 자에게 주어야 한다. 능력이 있는 자는 능력이 없는 자에게 주어야 한다.
 주는 손은 복이 있는 손이다. 주는 자는 축복(祝福) 받은 자다. 남에게 무엇인가 줄 수 있다는 것은 얼마나 즐겁고 고마운 일이냐.
 거지는 주고 싶어도 못 준다. 가난한 자는 줄 것이 없다. 힘이 없는 자는 줄 만한 재료가 없다. 우리는 남에게 주기 위해서 줄 수 있는 것을 준비하고 저장해야 한다. 오늘은 누구에게 무엇을 줄까 하는 봉사의 정신으로 하루의 생활을 시작하는 사람은 행복한 사람이다.
 누구나 봉사적 인생(奉仕的 人生)으로 살아갈 수 있다. 남에게 따뜻한 말을 보내고, 부드러운 미소(微笑)를 던지고 아름다운 정성을 쏟을 때 우리의 생활은 기쁨과 만족의 축복을 받을 수 있다.

人 物 難

　사회 발전의 결정적 요소는 인물에 있다. 뭐니뭐니 해도 가장 중요한 것은 사람이다. 사람을 잘 만나야 일이 된다. 그 자리에 있으나 마나한 사람은 많은데 그 자리에 없어서는 안될 사람, 그 자리에 꼭 있어야 할 사람은 드물다.

　한국 사람은 아시아의 여러 국민 중에 가장 천분과 소질이 뛰어난다고 한다. 한 사람 한 사람을 보면 동양에서 제일 우수한 국민이다. 그런데 왜 사람이 없다, 인재가 부족하다, 인물난이다 하는 소리를 듣게 되는가?

　도산(島山)은 일찌기 이렇게 말했다.

　"우리 중에 인물이 없는 것은 인물이 되려고 마음먹고 힘쓰는 사람이 없기 때문이다. 인물이 없다고 한탄하는 그 사람 자신이 왜 인물 공부를 아니하는가."

　인물되기 공부처럼 세상에 중요한 것이 없다. 인생 벽두에 우리가 먼저 세워야 할 목표는 바로 인재가 한번 되어 보겠다는 자각과 결심을 하는 것이다.

　왜 인물이 부족한가. 왜 인재난의 소리가 높은가? 인물이 되겠다는 큰 뜻을 세우는 사람이 적기 때문이요, 인물이 되려고 정성껏 애쓰고 노력하고 수련하는 사람이 적기 때문이다.

　구슬도 닦아야 빛난다. 재능도 연마해야 빛난다. 인물은 저절로 되는 것이 아니다. 지극한 수양의 산물(產物)이다. 정성된 노력의 결과다.

백련천마(百鍊千磨)의 정신으로 갈고 닦고 수련을 쌓아야 일당 십(一當十), 일당 백의 인재가 될 수 있다.

지도력은 개발해야 한다. 로마는 하루 아침에 이루어진 것이 아니다. 고고(孤高)한 거목(巨木)은 일조 일석에 되는 것이 아니다. 수 십년 동안 비바람을 맞으면서 꿋꿋이 견뎌내야 한다.

신념은 기적을 낳고 훈련은 천재를 만든다. 모든 위대한 것은 피눈물 나는 정성과 노력의 산물이다.

한문에서 "고절십년(苦節十年)"이란 말이 있다. 무슨 일에나 10년 고생을 해야 사람다운 사람이 된다는 것이다.

먼저 인물이 되겠다는 큰 포부를 가지자. 그리고 칠전팔기(七顚八起)의 정신으로 꾸준한 수련을 쌓자. 쓸만한 인재가 되어 보겠다는 뜻도 세우지 않고 노력도 하지 않는다면 결코 인물이 될 수기 없다.

입지(立志)와 수련이 없이는 결코 인물이 될 수가 없다. 그러면 우리는 어떤 인물이 되기를 힘써야 할까. 우리 사회는 어떤 속성과 자격을 갖춘 인물을 바라고 있는가.

나는 세 가지 요소를 강조하고 싶다. 첫째는 확고한 사명감이요, 둘째는 두터운 책임감이요, 세째는 강한 공신력(公信力)이다.

왜 이 세 요소를 구비한 인물이 특히 필요할까?

오늘날 우리 사회에는 무사안일 속에 살아가는 사람이 적지 않다. 우리는 투철한 사명감을 갖는 사람을 요구한다.

먼저 확고한 인생 목표를 세우고 그 목표를 달성하기 위하여 열과 성을 다하여 전력투구를 꾸준히 해 나가는 인물을 요구한다.

작심 삼일(作心三日) 속에서는 아무 것도 이루어지는 것이 없다. 한번 목표를 세운 다음에는 박력과 지구력(持久力)을 갖고 그 목표를 실현할 때까지 꾸준히 노력하는 사명감있는 인간을 우리는 원한다.

사명감이란 무엇이냐. 내 생명을 무엇을 위하여 어떻게 쓸 것인가를 바로 알고 자기 목표에 스스로를 바치는 것이다. 사명감(使命感)처럼 인생의 무서운 힘이 없다.

사람은 자기의 사명을 자각할 때 사는 보람을 느끼고 생의 의미를 발견한다. 그는 자기의 설 땅을 찾은 사람이요, 자기의 나아갈 목표를 세운 사람이요, 자기가 해야할 역할을 깨달은 사람이요, 자기의 죽을 자리를 찾은 사람이다.

사명감이 우리를 성실하게 만든다. 사명감이 우리를 부지런하게 만든다. 사명감이 우리를 위대하게 만든다. 위대한 인물은 모두 자기의 사명을 위해서 산 사람들이다. 먼저 사명감을 갖는 인간이 되어야 한다.

둘째로 책임감이 강한 사람이 되어야 한다. 왜 책임감이 중요하냐. 오늘날 우리 사회에는 무책임한 사람들이 더러 있다. 사람들이 책임의식이 너무나 희박해졌다.

인격의 척도는 책임감에 있다. 한 인간이 훌륭한 인간이냐 아니냐를 결정하는 표준의 하나는 그 사람의 책임감(責任感)이 얼마나 강하냐, 약하냐에 달려 있다.

사회가 간절히 요구하는 인물, 직장이 무엇보다도 바라는 인물은 책임의식을 늘 갖는 사람이다.

책임감이란 무엇이냐. 자기가 맡은 일을 성심성의를 다하여 완수하는 것이다. 자기가 한 말에 대해서 철석같은 약속을 지키는 것이다. 인간 보증수표로서 언행(言行)이 일치하는 것이다.

사람은 맡고 맡기고의 관계 속에서 살아간다. 사회는 위탁과 책임의 원리로 구성된다. 우리는 경관에게 치안을 맡기고, 군인에게 국방을 맡기고, 선생에게 교육을 맡기고, 정치가에게 나라 살림살이를 맡기고, 샐러리 맨에게 회사 일을 맡기고, 주부에게 가사를 맡긴다.

자기가 맡은 일을 실수없이 성실하게 자기의 능력껏 하는 것이 책임감이다. 국민들의 책임감이 희박할 때 사회는 후퇴한다.

"네가 하는 일에 성실(誠實)을 다하여라."
이것이 책임감의 핵심원리다. 우리는 큰 일이건 작은 일이건 자기가 맡은 일을 성심성의껏 수행해야 한다.

세상에 무책임처럼 나쁜 것이 없고 책임처럼 소중한 것이 없다. 우리는 책임감이 투철한 사람이 되어야 한다.

끝으로 공신력이 강한 사람이 되어야 한다. 왜 공신력이 중요한가. 오늘날 인간 사회는 불신의 악이 가득히 차 있다.

세상에 서로 믿지 못하는 것처럼 불행한 일은 없다. 신의(信義)는 인간 관계의 기본 질서요, 공동 생활의 제일 원리다.

불신은 인간 관계의 기본 질서의 붕괴다. 사회는 무엇보다도 믿을 수 있는 사람을 요구한다. 성실과 신의의 덕을 가진 사람을 바란다. 지식과 기술과 능력도 양심이 없으면 남을 속이는 지식과 기술로 전락하고 만다. 돈을 안심하고 맡길 수 있고, 나라 일을 마음놓고 맡길 수 있는 사람.

오늘날 우리 사회는 그런 인물을 얼마나 고대하고 있는가. 다소 무능해도 좋다. 양심과 신의를 가진 사람이 필요하다. 다소 일이 서툴러도 좋다. 끝까지 그 인격과 마음을 믿을 수 있는 사람이 필요하다.

공신력이 왕성한 사람, 양심의 등불이 꺼지지 않는 사람, 성실한 성격을 가진 사람, 마음놓고 모든 일을 맡길 수 있는 사람, 우리는 그런 인물을 원한다.

사명감의 허리띠에 책임감의 구두를 신고 공신력의 면류관을 쓴 사람, 오늘날 우리 사회가 간절히 바라는 인물은 그런 인물이다.

그런 인물이 되기를 스스로 마음속에 작정하고 인물되기 공부를 꾸준히 힘쓴다면 누구나 그런 인재가 될 수 있다. 인물되기 공부처럼 인생에서 중요한 공부가 없다. 모두 양심과 능력을 겸비한 인재(人材)가 되기를 힘쓰자.

調和의 美

　신(神)의 창조물 중에서 젊은 여인은 으뜸가는 아름다움이다. 균형이 잡힌 몸매는 우리를 황홀하게 한다. 잘 생긴 얼굴은 우리를 도취(陶醉)케 한다.
　옛날에는 미인을 평할 때 섬섬 옥수(纖纖玉手)에 단순 호치(丹脣皓齒)라고 하였다.
　섬섬 옥수란 가느다랗게 생긴 옥과 같은 고운 손이요, 단순 호치는 붉은 입술에 하얀 이빨이라는 뜻이다.
　잘 생긴 몸, 잘 생긴 얼굴은 지상(地上)에서 뛰어난 아름다움에 속한다.
　고운 살결, 탄력있는 피부, 시원한 눈, 맑은 눈동자, 붉그레한 입술, 백옥같은 이, 윤기가 넘치는 머리카락, 이것을 본 남성들이 황홀해지는 것도 결코 무리가 아니다.
　지상에서 여성의 미가 없어진다고 상상해 보자. 풀 한 포기 없는 사막처럼 인생은 메마르고 황량(荒凉)해질 것이다.
　미는 인생의 다시 없는 축복(祝福)이요, 한없는 희열(喜悅)이다.
　"미는 영원(永遠)한 기쁨"이라고 읊은 시인의 말은 결코 빈말이 아니다.
　그래서 여성은 자기의 얼굴이나 몸을 아름답게 가꾸기 위하여 온갖 정성(精誠)을 쏟고 많은 시간을 기울인다. 그것은 여자로서 자연스럽고 또 당연한 일이다.

피부를 아름답게 하기 위하여, 눈매의 주름살을 펴기 위하여, 코를 높게 하고 눈의 쌍꺼풀을 만들기 위하여 얼마나 애를 쓰고 노력을 기울이는가.

자기의 얼굴을 돋보이게 하기 위하여 진한 화장을 하고 부자연(不自然)한 수술까지 한다.

그러나 우리는 또한 분명히 알아야 한다. 여성의 외형미(外形美)에 인품미(人品美)가 뒤따르지 않으면 외형미는 금방 물리고 만다는 것을.

잘 생긴 몸, 잘 생긴 얼굴도 중요하지만 잘 생긴 마음, 잘 생긴 성격은 더욱 중요하다.

미(美)는 자연(自然)스러워야 한다. 자연스러운 미가 생명이 길다. 인공적(人工的)인 미는 얼른 보기에 아름답지만 그 생명이 짧다.

진한 화장으로 장식한 인공미가 조화(造花)라고 하면 엷은 화장으로 단장(端裝)한 자연스러운 미는 생화(生花)와 같다. 조화는 죽은 꽃이요, 생화는 살아있는 꽃이다.

일찌기 노자(老子)는 "진리(眞理)는 자연을 본받는다(道法自然)"고 했다.

우리는 잘 생긴 얼굴과 몸을 바라는 것 이상으로 우리의 마음이 잘 생기고 성격이 잘 생기기를 힘써야 한다.

조화는 물리기 쉽지만 생화는 좀처럼 물리지 않는다. 왜냐하면 하나는 생명이 없고 하나는 생명이 있기 때문이다.

자기 개성(個性)에 맞는 옷, 자기 '분수(分數)'에 어울리는 몸가짐, 교양(敎養)이 넘치는 대화(對話), 세련(洗鍊)된 활동, 발랄한 표정(表情), 아름다운 마음씨, 자연스러운 태도, 지성(知性)의 향기가 풍기는 성격, 단정한 외형미, 이러한 요소가 아름다운 조화(調和)와 균형(均衡)을 이룰 때 그 미가 돋보이고 생명이 길고 매력이 풍성하다.

희랍의 세 여신(女神)이 휘황 찬란한 옷차림에 화려한 화장을 하고 저마다 미를 겨룬 일이 있다. 그 미의 경쟁에서 으뜸을 차지한 것은 사랑과 미의 여신 아프로디트(로마 신화에서 비너스)였다. 아프로디트는 딴 여신들이 못 가진 것을 하나 갖고 있었다. 그것은 부끄러움의 허리띠였다. 비너스는 수치(羞恥)의 벨트를 허리에 띠고 있었다. 그래서 미의 승리자가 되었다고 한다. 여성미(女性美)의 본질은 수치 감정(羞恥感情)에 있다. 여자는 부끄러워할 때 아름답다. 여성이 부끄러움의 감정을 완전히 상실할 때 여성의 아름다움은 스러지고 만다.

처녀가 기혼녀보다 아름다와 보이는 까닭은 수치의 베일과 부끄러움의 향기(香氣)를 몸에서 풍기기 때문이다. 물론 현대는 옛날과 달라서 여성도 개성(個性)의 표현을 강하게 하는 시대다. 개성의 자기 표현(自己表現)이 없을 때 미는 반감(半減)한다. 그러나 개성을 표현하되 여성은 어디까지나 여성다와야 한다. 여성답다는 것은 수치의 베일을 쓰는 것이요, 부끄러움을 잃지 않는 것이다.

그 수치의 베일을 나는 정신미(精神美)라는 말로 바꾸어 보고 싶다. 여성은 정신미의 베일을 쓸 때 그 아름다움이 훨씬 돋보이고 생명이 길다.

얼굴만 예쁘다고 정말 아름다운 것이 아니다. 그 사람의 존재(存在) 전체, 인간 전체, 몸 전체가 아름다와야 한다.

옛날부터 동양에서는 여성의 네 가지 씨가 아름다와야 한다고 강조했다. 첫째 맵씨가 아름다와야 하고, 둘째는 솜씨가 아름다와야 하고, 세째는 말씨가 아름다와야 하고, 네째는 마음씨가 아름다와야 한다.

네 개의 씨가 모두 아름다와서 하나의 생명적 조화(生命的 調和)를 이룰 때, 여성미는 그 극치(極致)에 도달한다.

여성미는 심포니와 같다. 교향악(交響樂)은 여러 가지의 악기가 저마다 제 소리를 내되 그 여러 소리가 전체로서 하나의 조화(調和)를 이루어 음악의 미(美)와 가치(價値)를 창조한다.

여성의 아름다움도 그렇다. 몸매며 몸이며 얼굴이며 말씨며 마음씨며 성격(性格)이며, 여러 가지의 요소가 혼연 일체(渾然一體)로 어울리고 균형이 잡힐 때, 비로소 싱싱한 아름다움을 풍긴다. 미는 자연(自然)스러워야 하는 동시에 조화(調和)를 이루어야 한다.

여성이 아름답기를 참으로 원한다면, 얼굴의 화장(化粧)만을 힘쓸 것이 아니라 자기의 말을 아름답게 하고 마음을 아름답게 하고 활동을 아름답게 하고 생활을 아름답게 하기를 힘써야 한다. 진정한 여성미는 종합적 화장(綜合的 化粧)의 산물이다.

밖을 아름답게 하는 동시에 안을 아름답게 해야 한다. 얼굴의 화장과 동시에 마음의 화장을 힘써야 한다. 외형미(外形美)를 추구(追求)하는 동시에 정신미(精神美)를 추구해야 한다. 이 양자가 균형적 조화(均衡的 調和)를 이룰 때, 진정한 여성미가 표현된다.

慈母・賢母・勇母

　우리가 이 세상에서 제일 처음으로 만나는 사람이 어머니요, 처음으로 만나는 스승이 어머니요, 가장 큰 영향을 주는 이도 어머니다.
　하나의 어린 생명이 이 세상에 태어나서 눈을 뜬다. 그의 눈에 처음으로 비치는 사람은 그를 낳은 어머니다. 그는 어머니의 젖을 먹고 어머니의 품에 안겨서 말을 배운다. 그는 어머니의 눈동자를 바라보며 인생을 배우고, 어머니의 손길에서 사랑을 배운다. 또 어머니의 등에 업히어 생활을 배우고, 어머니의 꾸지람을 들으며 도덕을 배우고, 어머니의 무릎에 앉아서 인생의 꿈을 키운다.
　인간의 주성분은 사랑이다. 우리는 사랑을 먹고 자란다. 우리에게 한없는 사랑을 공급해 주는 이가 어머니다. 어머니는 어린이에게는 태양과 같은 존재며, 하늘과 땅과도 같다.
　한 인간의 성격 형성의 기초는 어머니의 품에 안겨서 성장하는 어린 시기에 이루어진다고 한다. 4, 5세까지에 사람의 성격이 그 기틀을 이룬다고 한다. 누가 그 기틀을 만들어 주는가? 주로 그 어머니다. 어머니의 힘은 크고 놀랍다고 아니할 수 없다.
　우리를 낳아서 기르고 가르치는 어머니는 우리의 성격 형성과 운명 결정에 커다란 영향을 준다. 누구나 어머니로부터 결정적인 영향을 받는다. 그러나 어머니 자신들이 과연 그러한 점에서 자각과 책임을 느끼면서 어린이들을 기르고 가르치는 것일까? 나는 한 생명의 사고(思考)와 행동, 성격과 운명, 인생관과 가치관에 큰 영향을 주는 중대한 교육자라는 생각과 사명감을 가지고 자녀들을 양육하고 있는지 묻고 싶다.

어떤 어머니가 가장 훌륭한 어머니인가? 훌륭한 어머니가 되려면 어떤 자격과 지성을 갖추어야 하는가? 어떻게 자녀들을 가르치고 키우는 이가 정말 위대한 어머니인가? 이상적인 모성상(母性像)은 어떤 것일까?

이상적인 어머니는 세 가지 요소를 갖추어야 한다. 첫째로 자모(慈母)라야 한다. 둘째는 현모(賢母)라야 한다. 세째는 용모(勇母)라야 한다. 인자한 어머니가 되기 위해서는 인(仁)의 덕(德)이 필요하다. 현명한 어머니가 되기 위해서는 지(智)의 덕이 필요하다. 용기있는 어머니가 되기 위해서는 용(勇)의 덕이 필요하다. 지·인·용의 삼덕(三德)을 갖춘 어머니가 가장 훌륭하고 이상적인 모성이다.

총명하고 인자하고 용기가 있을때 어머니는 최고의 경지에 도달할 수가 있다. 세계적으로 이름난 어머니들, 역사적으로 어머니들의 거울이요 귀감(龜鑑)이라고 칭송을 받는 모성은 모두 이 세 가지의 덕을 갖추고 있었다. 율곡(栗谷)을 키운 신사임당(申師任堂), 맹자(孟子)를 키운 맹모(孟母), 나폴레옹을 키운 루티찌아, 로마의 위대한 두 인물인 그라카스 형제를 양육한 코네리아부인 등, 모두 다 지혜와 사랑과 용기를 겸비한 어머니였다. 그들은 지·인·용(智仁勇)의 3덕을 갖춘 현모요, 자모요, 용모다.

먼저 자모(慈母)에 관하여 생각해 보자. 대부분의 어머니는 자모의 속성(屬性)을 갖는다. 인간의 최대의 고통은 해산의 고통이라고 한다. 어머니는 자식을 낳을 때 죽음을 각오한다. 해산하다가 죽은 어머니도 적지 않다. 어린 아이는 어머니의 분신이다. 어린 아이의 살은 어머니의 살의 한 부분이고, 뼈는 어머니의 뼈의 한 부분이다. 너는 나의 뼈요 살인 것이다. 어머니는 어린 아이에게 그런 생각과 심정을 갖는다. 그러므로 사랑하지 않을 수 없다. 어머니는 자기 자식에 대하여 헌신적인 애정을 쏟는다. 몰아적(沒我的)인 사랑을 퍼붓는다. 어머니는 어린 아이에게 무조건적인 애정을 갖는다. 남녀간의 애정은 상대방이 아름답고 매력이 있기 때문에 성립한다.

그러나 어머니의 사랑은 그렇지 않다. 못난 병신 자식일수록 더욱 측은한 애정을 느낀다. 어머니는 어린 아이에게 사랑을 주고 또 주고 아낌없이 준다. 받으려고 주는 것이 아니다. 태양이 만물에게 한없는 빛을 던지듯이 어머니는 어린 아이에게 끝없는 사랑을 던진다. 어머니의 가슴은 사랑의 샘터요, 애정의 무진장한 창고다. 어머니의 사랑은 이해 타산을 초월한 사랑이다. 그것은 대자 대비(大慈大悲)에 가까운 사랑이다. 하느님의 사랑에 비할 만하다. 우리는 그 사랑을 먹고 자랐다. 이러한 어머니의 사랑을 받지 못할 때 어린이의 생리적 정신적 생명은 시들어지고 만다.

사랑은 우리의 생명에 활력소를 준다. 어머니의 사랑을 못받는 어린이는 햇빛을 못받는 화초와 같다. 범죄를 저지르는 젊은이, 반사회적인 행동을 하는 청소년들의 대부분이 어렸을 때 어머니의 따뜻한 애정을 받지 못하고 자란 것이 주원인이 되고 있다. 인간은 애정을 먹고 사는 동물이다. 어린이는 어머니의 사랑을 먹지 못할 때 마음과 성격에 큰 병이 생긴다.

그러나 또한 우리는 알아야 한다. 모성애는 어머니의 자식에 대한 본능적인 사랑이다. 하등 동물에서도 놀라운 모성애를 발견한다. 어미 참새가 어린 참새를 보호하기 위한 행동이나 어미개가 강아지를 양육하는 모성애를 보면 인간의 모성애와 별로 다를 바 없다.

사랑은 위대하다. 그러나 결코 만능은 아니다. 사랑은 지혜가 없을 때 맹목적인 집착이 되기 쉽고, 이기적인 애정이 되기 쉽다. 이것을 우리는 익애(溺愛)라고 한다. 사랑에 빠지는 것이다.

위대한 사랑이 되려면 지혜와 총명이 필요하다. 세상에 자식을 사랑하지 않는 어머니는 없을 것이다. 그러나 올바르게 사랑하는 어머니는 그리 흔하지 않을 것이다. 그래서 자모(慈母)는 현모(賢母)가 될 때 위대한 어머니가 된다.

다음으로 현모(賢母)에 대하여 생각해 보기로 하자. 인자한 어머니가 되기는 쉽지만 현명한 어머니가 되기는 힘들다. 사랑하되 사랑에 빠지지 않는다는 것은 어려운 일이다. 현모는 지혜와 총명(聰明)과 슬기를 가져야 한다.

그런데 이것이 참으로 어려운 일이다. 현모는 아집이나 독선이나 독단이나 억견(臆見)에 빠지지 않아야 한다. 내 자식을 공평하게 보는 슬기의 눈을 가져야 한다. 사랑할 때는 사랑하고 꾸짖을 때는 꾸짖어야 한다. 현모는 일에 올바른 사리 판단을 하여야 한다.

내가 낳아서 금이야 옥이야 하고 키운 내 아들이니까 내가 내 마음대로 해도 괜찮다는 생각은 진정한 사랑이 아니다. 그것은 자식을 자기의 소유물처럼 생각하는 이기주의적인 애정이요, 자기 중심적인 사랑이다.

진정한 사랑은 자기 중심이 아니고 상대방 중심이다. 사랑하는 것은 상대방의 인격을 존중하고, 자유를 존중하고, 개성을 존중하고, 권리를 존중하는 것이다. 세상에는 자기의 허영심이나 명예욕을 만족시키기 위하여 자기 자식을 사랑이라는 이름 아래 억압하고 지배하는 어머니가 얼마나 많은지 모른다. 그 어머니는 자식을 사랑한다고 믿고 있지만 사실은 자기를 사랑하고 있는 것이며 자식을 억압하고 있는 것이다. 어머니의 극성과 무지와 허영심 때문에 위축되고 희생되는 자녀가 얼마나 많은지 모른다.

어린이는 어머니의 도구가 아니다. 소유물이 아니다. 귀여운 장난감이 아니다. 어린이는 어린이대로의 개성이 있고, 인격이 있고, 자아(自我)가 있고, 자기가 가야 할 길이 있다. 어머니는 그것을 존중해 주고 키워주어야 한다. 사랑하기는 쉽지만 바로 사랑하고 지혜롭게 사랑하기는 힘들다.
　나는 어떤 어머니 한분을 알고 있다. 그녀는 일제 시대에 여학교에서 일제식 교육을 받았다. 그녀는 자기 아들을 무척 사랑했다. 그러나 사랑하는 방식이 잘못되어 있었다. 너는 이 세상에 가장 훌륭한 사람이 되어야 한다고 늘 강조하면서 아들에게 밤낮 잔소리를 하고 꾸짖으며 때리기도 했다.
　성적이 조금만 떨어져도 야단을 쳤고 조금만 실수를 해도 가만 두지 않았다. 그 아들에게는 가정이 행복한 기쁨의 장소가 아니고 공포와 괴로움의 장소였다. 그는 어려서부터 욕만 먹고 간섭만 받으면서 자랐다. 그 결과 열등감의 노예가 되었고 자신과 용기와 희망을 잃었다. 그는 위축과 불안과 자학 속에서 자랐다.
　그가 성년이 되었지만 시든 화초처럼 인생의 패배자로 전락하고 말았다. 그 어머니는 나중에야 자기의 잘못을 깨달았다. "나는 내 아들의 교육에 실패했다. 나 때문에 나의 아들이 병신처럼 되고 말았다"고 때늦은 뉘우침과 한탄을 했다.
　지나친 간섭 교육은 자녀의 정신과 인격을 병들게 하고 만다. 우리는 어린 자녀들에게 희망을 주고, 칭찬을 주고, 자신을 주고, 용기를 주어야 한다. 어린이는 자유 발랄한 분위기 속에서 생기(生氣)있게 약동하는 생활을 해야 한다.
　세상에는 앞에서 말한 이야기처럼 실패한 어머니가 얼마나 많은지 모른다. 사랑하기는 쉽지만 지혜롭게 사랑한다는 것이란 정말 힘들다. 애정은 갖기는 쉽지만 맹목적인 애정에 빠지지 않고 현명한 애정을 갖기는 어려운 일이다. 본능(本能)의 어머니가 되기는 쉽지만 지혜(知慧)의 어머니가 되기는 어렵다.
　끝으로 용모(勇母)에 대해서 생각해 보자. 인자한 어머니가 되기는 쉽다. 그러나 현명한 어머니가 되기는 어렵다. 가장 어려운 것은 용감한 어머니가 되는 것이다.
　온실에서 자란 화초는 생명력이 약하고 생기도 적지만, 벌판에서 비바람을 맞으며 자란 화초는 생명력이 강하다. 그 향기도 한

결 짙다.

사람의 생명도 마찬가지다. 과잉 보호·과잉 애정은 어린이를 약하게 만들기 쉽다. 사랑을 너무 지나치게 받으면 자립심이 부족하고 고난과 시련을 참고 견디는 인내력과 지구력이 약해져서 건전한 인격이 되기 어렵다. 그는 사회 적응력이 없는 인생의 패배자로 전락하기 쉽다. 중국의 유명한 역사가 사마 천(司馬遷)은 그의 명저《사기(史記)》에서 "자모(慈母)에 패자(敗子)가 있다"는 명언을 말했다. 너무 인자한 어머니 밑에서 자란 어린이는 나중에 독립심과 자주력(自主力)이 없는 인생의 패자가 되기 쉽다는 것이다. 우리는 어린이를 씩씩하게 키워야 한다. 그러려면 어머니 자신이 용기의 덕(德)을 가져야 한다. 용감한 어머니가 용감한 어린이를 키운다.

맹모(孟母)는 맹자를 훌륭한 인간으로 만들기 위하여 세번이나 이사하여 좋은 교육 환경을 만들어 주었다. 그런 행동에는 총명과 동시에 용기가 필요하다.

남성은 용기를 상징하고 여성은 사랑을 상징한다. 남자가 용기가 있는 것은 자연스럽고 쉬운 일이다.

여성이 용기가 있다는 것은 여성의 본능상 그리 쉬운 일이 아니다. 그러므로 용감한 어머니가 된다는 것은 여성에게 있어서 어려운 일이다.

자모(慈母)가 되기는 제일 쉽고, 현모가 되기는 어렵고, 가장 어려운 일이 용모(勇母)가 되는 것이다. 아무리 좋은 일도 용기가 없으면 실천하지 못한다. 용기는 어려움을 이기는 힘이요, 역경을 극복하는 강한 의지요, 자기의 신념대로 살아가는 적극적인 자세다.

어머니는 자식을 키울 때 씩씩하고 용감하게 키워야 한다. 자기의 미래와 운명을 자기의 힘과 의지로 힘차게 개척해 나아가는 자력주의(自力主義)의 인생관을 갖는 자주 독립의 인간으로 자녀를 교육해야 한다.

또 선과 악, 옳은 것과 그른 것, 정의와 부정을 바로 판단하고 옳은 편에 서서 선과 정의의 인생을 살아갈 수 있는 강한 정의감의 성격으로 자식을 키워야 한다. 앞으로의 사회는 변화와 도전이 많은 사회다. 어떤 변화와 도전을 받더라도 꿋꿋하게 살아갈 수 있는 적응력과 창조력을 갖는 자녀로 키워야 한다. 나약한 어머니는 강건한 자녀를 만들 수 없다. 용감한 어머니가 용감한 자녀를 키울 수 있다.

　어머니는 한 인간의 교육자가 되어야 한다. 교육자 중에도 가장 중요한 교육자다. 한 인간의 성격과 운명을 결정짓는 중책을 맡은 인생의 스승이다.

　훌륭한 교육자는 올바른 인생관과 가치관을 가져야 한다. 스스로 좋은 본보기를 보여야 한다. 여기에 교육의 어려움이 있다.

　어머니는 한 생명을 낳아서 기르고 가르친다. 낳는 일과 기르는 일과 가르치는 일, 이 세가지 중에서 어느 것이 가장 어려운 것인가? 가르치는 일이 가장 어렵다. 낳고 기르는 일은 본능에 속하는 일이지만, 가르치는 일은 고도의 지혜와 방법과 기술이 필요하다. 그래서 교육이 어려운 것이다. 세상에 자모(慈母)보다도 현모가 훨씬 적은 까닭은 현모는 옳게 교육할 줄 알아야 하기 때문이다.

　가장 이상적인 어머니, 가장 훌륭한 어머니는 인애(仁愛)와 지혜와 용기를 한몸에 모두 겸비한 어머니다. 인(仁)의 덕과 지(智)의 덕과 용(勇)의 덕을 갖출 때 비로소 이상적인 어머니가 될 수 있다.

協同의 精神

　모든 위대한 것은 협동(協同)의 산물(産物)이다. 협동은 커다란 힘의 원천이다. 협동을 잘하는 가정이 행복하고 협동을 잘하는 사회가 번영하고, 협동을 잘하는 민족이 부강해진다.
　협동없이 인생의 큰 일이 성취된 적이 없다.
　남자와 여자가 협동할 때 행복한 가정을 건설한다.
　미장이와 목수가 서로 협동할 때, 새로운 집을 지을 수 있다. 기업가와 학자가 서로 협동할 때 하나의 학원을 만들 수 있다.
　스승과 제자가 협동하여 배우고 연구할 때 새로운 진리를 발견할 수 있다.
　소프라노와 테너가 서로 협동할 때 음악의 조화를 창조한다.
　협동에서 위대한 사업이 이루어진다. 모래알은 바람에 나부끼는 미물(微物)이다.
　시멘트는 힘이 없는 미약한 존재다. 그러나 모래알과 시멘트가 합하여 물로 반죽될 때 쇠덩어리와 같은 콘크리트를 만들어 낸다. 협동은 곧 힘이다.
　협동없이는 결코 큰 일을 할 수가 없다.
　개인적으로 볼 때, 한국인(韓國人)은 아시아에서 가장 뛰어난 국민이다.
　우리는 한 사람 한 사람을 놓고 보면 세계 어느 민족한테 뒤지지 않는 우수한 소질과 능력을 갖는다.
　예일 대학의 오스굿 교수가 《한국인과 그의 문화》라는 글에서

"동양에서 제일 가는 체격(體格)과 지혜와 능력을 가진 한국 민족은 어려움과 절망 속에서 희망을 찾아서 일어서야 할 때가 지금이다"라고 갈파했다.

우리는 정신적으로나 육체적으로나 제일류급의 민족이다.

그러나 우리는 서로 협동하는 일에는 서투르다.

몇 해 전에 주한 대사(駐韓大使)를 역임한 김 산(金山)씨의 말은 우리에게 큰 경종(警鐘)을 울린다. "그는 일본 사람이 모든 한국 사람과 1대 1로 대하면 일본인은 모두 패배한다. 그러나 세 사람의 일본 사람과 세 사람의 한국 사람이 맞설 때 상황은 달라진다"고 하였다.

상황이 달라진다는 말은 일본인이 이긴다는 얘기다.

일찌기 도산 안 창호(島山 安昌浩) 선생은 우리 국민에게 민족(民族)의 이대 훈련(二大訓練)을 강조했다.

첫째는 각자가 덕·체·지(德體智)를 갖춘 건전한 인격을 만드는 훈련이요,

둘째는 서로 굳게 뭉치는 협동 훈련(協同訓練), 단결 훈련에 힘쓰는 일이다.

협동하는 열 사람은 협동 아니하는 백 사람을 이길 수 있다. 단결력이 강한 백명의 사원은 단결력이 결여된 천명의 사원보다 힘이 더 강하다.

그러므로 우리는 협동하는 훈련을 해야 한다.

이 훈련을 잘하고 못하고가 우리 민족의 흥망성쇠를 좌우한다.

개인적으로 우수한 한국 국민이 일본인이나 독일 사람과 같은 협동력과 단결력(團結力)을 갖춘다면 우리는 세계에서 가장 뛰어난 민족이 될 수 있고, 가장 번영하는 나라를 만들 수 있다.

우리 국민의 가장 큰 교육적 과제(敎育的 課題)는 바로 협동력의 개발이요, 단결력의 훈련이다. 뭉치면 살고 흩어지면 죽는다는 말은 예나 지금이나 명백한 진리다.

우리에게 가장 필요하면서 가장 결여된 것이 협동의 정신이다.

협동처럼 위대한 덕이 없고, 협동처럼 무서운 힘이 없고, 협동처럼 뛰어난 정신이 없다.

저마다 협동하기 공부, 협동하기 훈련에 힘쓰자. 인생(人生)의 대업(大業), 사회의 홍도(鴻圖)는 모두 협동의 산물이다.

希望의 哲學

――― 成功과 勝利와 幸福은 積極性의 産物이다

　인생에는 성공이 있고 실패가 있다. 승리가 있고 패배가 있다. 행복이 있고 불행이 있다. 모든 사람이 인생의 성공자가 되기를 원하고, 사회의 승리자가 되기를 바라고, 세상의 행복자(幸福者)가 되기를 원한다.

　천하에 그것을 원치 않는 사람은 아무도 없다. 그러나 성공하는 사람보다도 실패하는 사람이 더 많고 승리자 보다도 패배자가 월등히 많고 행복한 인간보다도 불행한 인간이 훨씬 더 많다.

　왜 그럴까. 모두 성공과 승리와 행복의 영광과 기쁨을 원하는데 왜 실패와 패배와 불행의 어두운 구덩이 속으로 전락하고 말까.

　성공에는 성공의 철학이 있고, 승리에는 승리의 비결이 있고, 행복에는 행복의 지혜가 있다. 그것이 무엇일까. 성공은 절대로 우연(偶然)의 산물(産物)이 아니다. 승리는 결코 요행의 결과가 아니다. 행복은 저절로 찾아오는 것이 아니다.

　성공과 승리와 행복은 그만한 노력과 지혜와 열성(熱誠)의 자본(資本)을 투하하기 때문에 얻을 수 있다.

　밥 안먹는데 배부르지 않는다. 사람은 저마다 자기가 심는 것을 거둔다. 원인의 씨가 없이 결과의 열매를 거둘 수 없다. 무에서 유는 생기지 않는다. 인생만사(人生萬事)에 인과업보(因果業報)의 법칙이 작용한다. 그러면 성공의 철학이 무엇일까. 승리의 비결이 무엇일까. 행복의 지혜가 무엇일까. 그것을 생각해 보기로 한다.

성공과 승리와 행복의 비결의 제1장은 적극적 정신(積極的 精神)을 가지는 것이다.

세상에 소극적 정신의 소유자가 입신 출세한 일이 없고 자수성가한 사람이 없고 사회의 성공자가 된 일이 없고 인생의 승리자가 된 예가 없다.

적극적 정신의 소유자가 세상에 이름을 떨치고 부를 축적하고 인생의 대업을 이루고 사회의 존경을 받는 인물이 된다. 적극적 정신에서 진취적 기상(進取的 氣像)이 생기고 도전적 용기가 생기고 개척자(開拓者)의 박력이 나오고 능동적 태도가 생기고 전진적 자세가 발동하고 칠전팔기(七顚八起)의 투지력(鬪志力)이 생긴다.

우리는 적극적 정신으로 인생을 살아야 한다. 우리는 적극적 태도로 일을 해야 한다.

우리는 적극적 자세로 공부하고 활동해야 한다. 적극적 정신이란 무엇이냐. 할까말까 하고 주저 방황할 때에 할까의 길을 취하는 것이다. 나아갈까 물러설까의 갈림길에서 나 자신의 태도를 취하는 것이다. 된다 안된다의 회의에 빠질 때 된다는 확신을 갖는 것이다. 적극적 정신의 소유자는 남이 자기를 찾아 오기를 기다리지 않고 자기가 먼저 남을 찾아 간다. 실패하면 어떻게 될까 하는 불안보다도 성공했을 때의 기쁨을 먼저 생각한다. 안된다는 절망보다도 된다는 소신을 갖는다. 한두번의 실패로 맥없이 물러서지 않고 성공할 때까지 꾸준히 도전(挑戰)한다. 적극적 정신의 소유자는 뒤를 보지 않고 앞을 본다. 그는 힘있는 걸음걸이로 걸어간다. 그는 어깨를 펴고 씩씩한 자세로 나아간다. 그의 눈동자는 맑은 광채가 있다. 그의 입술은 굳은 의지로 다물어져 있다. 그의 손에는 활동의 박력(迫力)이 있다. 그의 발에는 백리길을 주파(走破)하려는 의욕이 넘친다. 그의 심장은 약동하고 그의 동맥은 힘차다. 그의 머리는 새로운 구상으로 가득차 있다. 그의 가슴은 부푼 희망과 의욕으로 충만하다.

 그는 보기만 해도 믿음직스럽다. 그의 옆에 가면 용기가 솟는다. 그는 무슨 일에나 흥미가 있다. 그는 자기가 하는 일에 열성을 갖는다. 그는 우울한 표정을 짓지 않는다. 그는 낙망의 한숨을 쉬지 않으며 권태의 하품을 하지 않는다. 그는 힘없는 걸음걸이로 걷는 일이 없다. 그의 얼굴에는 언제나 생기가 넘친다. 해보자는 것이 그의 강령이요, 하면 된다는 것이 그의 신념이요, 앞으로 나아가는 것이 그의 철학이요, 뒤로 물러서지 않는다는 것이 그의 원칙이다. 그는 일하는 것 자체를 좋아한다. 성취욕(成就慾)이 그의 가장 큰 행동동기다. 그는 시간을 아껴 쓰고 많은 사람과 만나고 여러 가지 일을 계획한다. 그는 늘 새로운 것을 추구한다.

 새 아이디어와 새 방법과 새 상품과 새 시장과 새 질서를 개척한다. 그가 가장 좋아하는 것은 일하는 것이요, 그가 가장 싫어하는 것은 노는 것이다. 활동이 그의 친구요, 나태가 그의 적이다. 그는 불사조(不死鳥)처럼 일한다. 그는 상록수(常綠樹)처럼 젊다. 그는 샘물처럼 힘이 넘친다.

 그에게는 절망과 불가능이 없다. 오직 희망과 가능이 있을 따름이다. 이러한 사람이 적극적인 사람이다. 육당 최 남선 선생은 민족을 두 종류로 나누었다. 하나는 살아지니까 사는 소극적 민족이요, 또 하나는 살려는 의욕을 갖는 적극적 민족이다.

 우리의 과거의 역사는 전자에 속했는지도 모른다. 우리는 살아지니까 사는 소극적 민족(消極的 民族)이었다. 외국 사람들은 한국을 은둔자(隱遁者)의 나라(hermit Kingdom)라고 불렀다. 우리를 은둔자의 백성이라고 했다. 장죽(長竹)을 물고 소나무 밑에 앉아서 온종일 장기를 두거나 한담을 일삼는 사람을 그리고 이것이 한국인이라고 하였다. 우리는 그런 이미지를 없애야 한다. 우리는 그런 패배적 한국인상을 물리쳐야 한다. 과거의 한국인은 혹시 그랬는지도 모른다. 그러나 적어도 오늘의 한국인은 그렇지가 않다. 또 그래서는 안된다.

우리는 적극적 한국인상(積極的 韓國人像)을 형성해야 한다.

일찌기 도산 안 창호 선생은 일제 시대에 평양 교회에서 강연을 하였을 때, 주먹을 불끈 쥐고 많은 청중들에게 "나아가자, 나아가자, 나아가자"하고 세번 힘차게 외쳤다. 앞으로 나아가는 정신, 이것이 적극적 정신이다. 이것이 새로운 한국인상이다. 적극적 정신과 진취적 기상과 개척자적 용기(開拓者的 勇氣)를 가지고 앞으로 힘차게 나아가는 한국인, 이것이 오늘의 우리의 모습이요 내일의 우리의 상(像)이다.

적극적 정신을 가지자. 적극적 태도를 가지자. 적극적 인간이 되고 적극적 국민이 되자. 우리의 교육은 적극적 한국인을 만들어야 한다. 우리의 정치도 그렇고 경제도 그렇다. 이 조그만 한반도만이 우리의 생활 무대가 아니다. 삼천리 강토만이 우리의 행동 영역이 아니다. 우리는 전세계를 무대로 살아야 한다.

우리는 지구의 모든 구석구석에 침투하고 웅비(雄飛)해야 한다. 웅비의 정신을 가지자. 독수리처럼 높이 날자. 호랑이처럼 힘차게 달리자. 기러기처럼 멀리 날아가자. 황소처럼 끈기있게 달리자. 나는 오늘의 젊은이에서 적극적 한국인을 발견한다.

18세의 소년으로 일본 기계(棋界)의 맹장들을 꺾은 조 치훈(趙治勳)군의 패기, 적빈(赤貧)속에서 칠전팔기의 정신으로 세계 챔피언의 영광을 차지한 유 제두(柳濟斗)군의 의지, 20대의 젊은 나이에 세계 7대 음악인의 한 사람이 된 정 경화(鄭京和)양의 영광, 그들은 현대 한국 젊은이의 적극적 정신의 상징이요, 본보기다. "attitude는 aptitude 보다 중요하다"는 말이 있다. attitude는 태도요, aptitude는 재능이다. 태도는 재능보다 중요하다. 우리는 어떤 태도로 일하고 공부하고 살아가야 하느냐. 그것이 가장 중요하다. 재능이 뛰어났다고 반드시 인생의 승리자나 성공자나 행복자가 되는 것이 아니다. 적극적 태도를 갖는 사람이 반드시 인생 무대에서 승리하고 성공하고 행복자가 된다.

　인생의 태도 중에서 가장 중요한 것은 적극적 태도다. 우리는 모든 일에 대해서 적극적 정신·적극적 태도를 가져야 한다.

　희망의 철학, 성공의 비결, 행복의 지혜의 제1장은 적극적 정신(積極的 精神)을 가지는 것이다.

　적극적 정신 속에 승리의 열쇠가 있고 성공의 열쇠가 있고 행복의 열쇠가 있다.

네 일을 사랑하라

 자고로 남자는 사업(事業)에 살고, 여자는 애정(愛情)에 산다. 직업없는 여성은 생각할 수 있지만 직업없는 남성은 생각할 수 없다. 직업과 남성은 밀접 불가분의 관계를 갖는다. 직업은 인생에서 중요한 의미를 지닌다.
 첫째로 직업은 생계 유지(生計維持)의 기본 수단이다. 직업이 없는 사람은 사회의 기생충적 존재로 전락한다. 사람은 자력으로 일하고 자력으로 살아가는 자활인(自活人)이 되어야 한다.
 둘째로 직업은 인간의 사회적 역할(社會的 役割 : Social role)이다. 배우가 무대에서 연극을 할 때에 저마다 자기가 담당하는 역할이 있다. 직업은 사회라는 무대에서 우리가 각자 담당하는 역할이다. 사람은 자기가 맡은 역할을 성실하고 책임있게 감당해야 한다.
 끝으로 직업은 인생의 사명(使命)이요, 천직이다. 하늘이 우리에게 맡긴 심부름이요, 직분(職分)이다. 영어에서 천직을 Calling이라고 하고 전문적 직업을 Proffession이라고 한다. Calling은 하느님이 나를 불러서 나에게 맡긴 사명이란 말이다. 하느님이 나에게 맡긴 일을 우리는 되는 대로 아무렇게나 할 수가 없다. 나의 성심 성의(誠心誠意)를 다해서 사명을 수행해야 한다. Proffession의 어원은 맹세한다는 뜻이다. 나는 내 직업을 성실하게 감당하겠다고 천지 신명(天地神明) 앞에 엄숙한 맹세를 하는 것, 이것이 직업의 깊은 의미다.

우리는 먼저 자기의 직업을 사랑해야 한다. 자기의 직업에 대하여 자랑과 긍지를 느껴야 한다. 우리는 일에 살고 일에 죽는 활동주의적 인생관(活動主義的 人生觀)을 가져야 한다. 자기의 직업을 천지 신명이 나에게 맡긴 사명이라고 생각하고 자기가 하는 일에 정성과 정열을 기울이는 천직적 직업관・사명적 직업관을 가져야 한다. 자기의 직업을 사랑하지 않는 것은 하나의 죄악이다. 왜냐, 하느님이 맡긴 일을 사랑하지 않는 것이기 때문이다. 한 개인이 행복한 인생을 살아가려면 먼저 자기의 직업을 사랑하고 자기가 하는 일에 자랑과 긍지를 느껴야 한다. 나는 내 일을 자랑스럽게 한다. 이러한 자세로 자기가 맡은 일을 성실하게 수행해야 한다. 자기의 직업에 대하여 애정을 가지자! 자기의 직업에 대하여 긍지를 가지자! 자기의 직업에 대하여 정성을 다하자!

우리는 이러한 정신을 가지고 자기 직업에 충성을 다해야 한다. 자기 직업을 사랑하지 않는 사람, 자기 직업에 긍지를 못느끼는 사람, 자기 직업에 정성을 쏟지 않는 사람, 그는 지극히 불행한 인간이요, 또 회사나 사회가 바라지 않는 사람이다. 네 직업을 사랑하라. 현대 산업 사회의 직업인이 가져야 할 제1의 계명(誡命)이요, 기본적 윤리(基本的 倫理)다. 우리는 자기가 맡은 일에 있어서 타의 추종(追從)을 불허(不許)하는 제일인자(第一人者)가 되어야 한다. 우리는 유능한 직업인이 되어야 한다. 자기 방면에 있어서는 명인(名人)이 되고 선수가 되어야 한다. 현대의 기업 사회・기능 사회(機能社會)는 능률을 숭상하고 기능을 존중한다. 유능한 사람이 존경을 받고 무능한 사람은 천대를 받는다. 우리는 저마다 우수한 능력의 소유자가 되어야 한다. 사회는 유능한 인재를 기다린다. 우리는 유능한 인재가 되기 위하여 부단히 자기의 능력을 개발해야 한다. 어떻게 하면 사회가 필요로 하는 유능한 인물이 될 수 있는가?

먼저 자신을 가져야 한다. 긍정적 자아관(肯定的 自我觀)・적극적 자아관(積極的 自我觀)을 가져야 한다. 자신(自信)은 성공의 원동력이요, 승리의 비결이요, 위대한 사업을 성취하는 근본이다. 자신에서 용기가 생기고 그 투지력(鬪志力)이 생기고 박력이 생긴다. 할 수 있다고 믿으면 되는 것이요, 할 수 없다고 생각하면 안되는 것이다. 신념은 위대한 힘의 근원이다.

다음에는 자기의 능력을 부지런히 개발해야 한다. 인간은 위대한 가능성의 존재요, 풍부한 잠재력(潛在力)의 존재다. 저마다 놀라운 가능성과 잠재력을 갖는다. 그것을 개발하는 자가 유능한 인물이 되고 개발하지 않은 사람은 무능한 인간으로 전락한다. 구슬도 닦아야 빛이 난다. 천재도 안일(安逸)과 무위(無爲) 속에서는 썩고 만다. 가장 유능한 자는 부단히 배우는 자다. 사람은 죽는 날까지 배우고 공부해야 한다. 이것이 평생 교육의 사상이다. 평생 교육을 힘써야 한다. 자기 개발(自己開發 : self-development)은 우리의 행동 목표다. 우리는 여러 가지의 능력을 다원적으로 개발해야 한다. 지도력(指導力)·협동력(協同力)·창의력(創意力)·표현력(表現力)·분석력(分析力)·적응력(適應力) 등을 꾸준히 갈고 닦고 기르고 키워야 한다. 신념이 기적을 낳고, 훈련이 천재를 만든다. 칠전팔기(七顚八起)의 의지력을 가지고 정신일도 하사불성(精神一到何事不成)의 기백을 지니고 자기의 모든 능력을 지혜롭게 꾸준히 개발해야 한다. 인간은 창조적 지성(創造的 知性)을 가진다. 창조적 지성의 핵심은 무한한 학습 능력에 있다. 처음부터 유능한 인물은 없다. 부단히 배우고 공부하므로 유능한 인물이 되는 것이다. 나에게도 놀라운 천분과 능력과 잠재력이 있다는 신념을 가지고 끊임없이 자기 개발을 하는 사람이 사회가 필요로 하는 인재가 된다. 네 능력을 개발하라. 이것이 우리의 행동 지표다.

현대 사회는 조직 사회다. 개인의 힘만으로는 절대로 큰 일을 할 수가 없다. 반드시 조직의 힘이 필요하다. 조직이란 무엇이냐. 어떤 목표를 달성하기 위한 다수인(多數人)의 협동 체계(協

同體系)다. 좋은 조직은 협동이 잘되는 조직이요, 나쁜 조직은 협동이 잘 안되는 조직이다. 협동력이 강하냐 약하냐가 조직의 운명을 좌우한다. 세상에 협동처럼 중요한 것이 없다. 협동이 성공의 비결이요, 승리의 열쇠요, 기적을 만들어내는 힘이다. 협동을 잘 하는 기업체는 흥왕하고 협동을 잘못하는 기업체는 쇠망한다. 그러므로 우리는 먼저 협동력을 길러야 한다. 독선(獨善)과 아집(我執)과 이기주의(利己主義)를 버리고 관용과 화목과 협조의 덕을 배워야 한다. 나 혼자만이 잘 살아 보겠다는 이기적 생각을 버리고 여럿이 같이 일하고 여럿이 같이 살겠다는 협동 윤리(協同倫理)를 확립해야 한다. 우리는 무엇보다도 협동의 기술을 배워야 한다. 협동 훈련처럼 중요한 훈련이 없다. 협동하기 위해서는 먼저 공동 목표를 향해서 상하 일심으로 뛰어야 한다. 내가 살고, 네가 살 때 우리가 사는 것이 아니라, 우리가 살 때 그 속에서 나도 살 수 있고 너도 살 수 있다. 우리는 먼저 운명 공동체 의식을 가져야 한다. 두터운 연대 책임의식(連帶責任意識)을 지녀야 한다. 나의 일이 우리의 일이요 우리의 일이 나의 일이다. 우리는 같은 배에 탄 것이다. 이 배가 가라앉으면 모두가 죽고 만다. 우리는 전체의 생존과 번영을 위하여 저마다의 마음을 모으고 힘을 합하는 상호 협동(相互協同)의 철학을 배워야 한다.

 그리고 협동을 하려면 상호간의 신용이 있어야 한다. 서로 믿지 못할 때 협동은 이루어지지 않는다. 신의(信義)는 협동의 전제 조건이다. 서로 믿으려면 서로 속이지 않아야 한다. 진실과 정도(正道)는 신용을 가능케 하는 근본이다. 기업체의 모든 구성원들이 공동 목표와 공동 신용을 가지고 서로 마음과 힘을 합할 때 협동이 이루어지고, 협동이 이루어져야만 기업체는 번영할 수 있다. 이기주의는 협동의 최대의 적(敵)이다. 내가 살기 위해서도 우리는 이기주의를 버리고 공동체 속에서 협동하는 기술과 윤리를 배우고 실천해야 한다. 협동력(協同力)의 개발과 훈련은 기업체의 흥망성쇠를 좌우하는 중요한 문제다.
 오늘날의 기업은 태풍처럼 밀려닥치는 극심한 불황 속에서 살아남느냐 넘어지느냐의 사생 결단(死生決斷)의 기로에 서 있다. 문자 그대로 비상시다. 평상시에는 평상시의 정신과 자세가 필요하고, 비상시에는 비상시의 각오와 결심이 있어야 한다. 종전과 같은 무사안일주의(無事安逸主義)의 태도로는 절대로 이 비상시의 난국을 돌파할 수가 없다. 모든 구성원들이 비상한 각오로 허리띠를 졸라매고 이 난국을 극복하려는 굳건한 의지와 상하 일체(上下一體) 속에 강한 운명 공동체 의식(運命共同體意識)과 연대(連帶) 책임감을 가지고 협동 속에서 저마다 전력투구(全力投球)를 해야 한다. 부단히 자기의 능력을 개발하여 공동 목표의 수행을 위하여 일에 살고 일에 죽으려는 천직적 직업관(天職的 職業觀)을 가지고 분투 노력해야 한다.
 이것이 나 개인이 사는 길인 동시에 우리라는 공동체가 살 수 있는 길이다.

敬天愛人正心誠意

—— 나의 呪文

"경천 애인 정심 성의(敬天愛人 正心誠意)"의 여덟 글자는 나의 주문(呪文)이다. 나는 늘 이 주문을 마음속에 외면서 인생을 살아간다.

버스를 타고 학교에 갈 때나 묵묵히 혼자 거리를 걸을 때나 서재에 들어앉아 마음 공부에 전념할 때 나는 항상 이 주문을 외운다.

종교마다 주문이 있다. 기독교에는 주기도문(主祈禱文)이 있다. 불교(佛敎)에서는 나무아미타불(南無阿彌陀佛) 또는 나무관세음보살(觀世音菩薩)의 주문을 왼다. 나무는 산스크리트말을 한자음으로 옮긴 것이다. 나를 바친다는 뜻이다. "나무"란 귀의(歸依)하는 것이다.

인간은 자기의 생명을 무엇엔가 바치고 살아간다. 나의 존재를 바칠 만한 위대한 대상이나 목표를 못 가질 때 인생은 한낱 허망한 꿈에 지나지 않는다.

나무(南無)가 없는 인생은 허무한 인생이다. 나무아미타불은 나의 모든 존재를 아미타불에게 바친다는 뜻이다. 나무관세음보살은 나의 생명을 관세음보살에게 맡기고 살아간다는 뜻이다.

그리스도에게 나의 모든 것을 바칠 때 나무 그리스도라고 한다. 나의 생명을 진리 앞에 바치면 나무 진리요, 대자연에게 바치면 나무 대자연이다.

주문은 위대한 힘의 원천이다. 우리가 마음속에 정성껏 주문을 욀 때 우리에게는 큰 신념과 용기가 생긴다.

우리는 저마다 자기 나름의 주문을 가져야 한다. 주문을 갖는다는 것은 확고한 신조를 갖는 것이요, 뚜렷한 염원을 지니는 것이요, 어떤 희구(希求)를 품는 것이다.

우리 민족의 공동 주문이 하나 있어야 한다. 5천만의 한결같은 주문이 있어야 한다.

주문은 간절하면서 의미 심장해야 한다. 짧은 말 속에 깊은 뜻과 진리를 내포해야 한다.

사람마다 가슴속에 간절한 원(願)이 있고 진실한 희구가 있어야 한다. 나는 여러 해 동안 주문을 하나 만들어 보려고 애썼다. 요가에는 여러 가지의 주문이 있다. 성덕도(聖德道)라는 우리 나라의 한 종파에서는 무량청정정방심(無量淸淨正方心)의 주문을 늘 왼다. 한없이 맑고 고요하고 반듯하고 곧은 마음을 가져보자는 것이다.

나는 오랜 생각 끝에 나의 주문을 하나 만들었다.

경천 애인 정심 성의(敬天愛人正心誠意)의 여덟 자다.

나는 왜 이 주문을 외는가. 이 주문과 같은 사람이 되고 싶어서다. 하늘을 경모(敬慕)하고, 사람을 사랑하고, 마음을 바르게 하고, 뜻을 정성되게 갖는 인간이 되고 싶어서다. 나만이 아니라, 한국인이 다 그런 국민이 되기를 원해서다.

나의 주문을 풀이해 본다.

경천(敬天)은 하늘을 공경하는 것이다. 우리의 선인들은 옛날부터 경천 사상을 갖고 살아왔다. 하늘에 순응하는 자는 흥하고 하늘에 거역하는 자는 망한다고 믿어왔다.

윤 동주(尹東柱)의 시처럼 하늘을 향하여 한점 부끄러움이 없기를 늘 기원하면서 살아왔다. 하늘을 공경했다.

그래서 큰 죄를 지을 수가 없었다. 동학(東學)에서는 인내천(人乃天)의 원리를 강조한다. 사람이 곧 하늘이라고 했다. 이 말은 사람이 하늘처럼 크고 귀하고 높다는 뜻이다.

그래서 사인여천(事人如天)이라고 했다. 사람을 섬기기를 하늘을 섬기는 것처럼 하라고 한 것이다. 우리는 사람을 대할 때 하늘을 대하듯이 공경스러운 마음을 가져야 한다.

기독교의 수도원에서 모든 손님을 대할 때에 마치 그리스도를 대하듯이 하라고 한다.

얼마나 위대한 대인 윤리(對人倫理)의 자세인가. 경천하라고 말할 때에 하늘은 물리적인 하늘이 아니다. 그것은 도덕적인 하늘이요 종교적인 하늘이요 형이상학적(形而上學的)인 하늘이다. 하늘은 절대자를 의미하고 구극자(究極者)를 의미한다.

하늘은 곧 진리요, 정의요, 길이요, 양심이요, 역사의 심판이요, 우주의 소리다.

하늘을 믿는다는 것은 진리와 정의를 믿는 것이다. 파사 현정(破邪顯正)의 심판을 믿는 것이다. 의(義)의 질서와 지배를 믿는 것이다. 경천하는 국민이라야 잘 살 수 있고 역사의 축복을 받을 수 있다.

사람은 마음속에 하늘을 가져야 한다. 우리의 생활 속에 하늘이 있어야 한다. 나도 속이고 남도 속일 수 있지만 결코 속일 수 없는 어떤 절대가 우리의 마음속에 엄연히 존재해야 한다. 고인(古人)들은 그것은 천지 신명이라고 했다. 우리는 천지 신명 앞에 부끄럽지 않은 사람이 되어야 한다. 광명 정대(光明正大)한 호연지기(浩然之氣)를 가지고 인생을 떳떳하게 살아야 한다.

오늘날 인류 사회에는, 인간의 가슴속에는 '하늘'이 무너져 가고 있다.

우리는 경천하는 국민이 되어야 한다. 하늘을 무서워할 줄 아는 백성이 되어야 한다. 애인(愛人)이란 무엇이냐. 사람을 사랑하는 것이다. 사람을 사랑한다는 것은 무엇이냐. 남의 생명을 아끼고 남의 인격을 존중하고 남의 자유와 개성과 권리를 소중하게 여기는 것이다.

모든 위대한 철학과 종교가 애인의 원리를 강조했다. 공자(孔子)는 그것을 인(仁)이라고 일컬었고, 그리스도는 그것을 사랑이라고 했고, 석가는 그것을 자비라고 칭했다. 간디는 그것을 비폭력이라고 하였고, 쉬바이쩌는 그것을 생명경외(生命敬畏)라고 했다. 맹자(孟子)는 그것을 측은지심(惻隱之心)이라고 했다. 유교에서는 "仁은 곧 人"이라고 하였고 "불인(不仁)이면 불인(不人)이라"고 했다. 인은 곧 사람의 근본이다. 그러므로 인이 없으면 사람이 아니라는 뜻이다.

우리는 먼저 사랑하기 공부를 해야 한다. 사랑하기 공부란 무엇이냐. 남의 생명을 아끼는 것이요, 남의 목숨을 해치지 않는 것이다.

남을 깊이 이해하고 남에게 따뜻한 관심을 가지고 남의 권리를 짓밟지 않고 남의 개성을 존중하고 남과 성실한 대화를 나누고 남의 의사를 소중하게 생각하는 것이다. 우리의 생명은 천상천하(天上天下)에 하나밖에 없다. 이 세상에서 무엇이 소중하다고 하여도 하나밖에 없는 것처럼 소중한 것이 없다. 그것은 생명뿐이다. 목숨을 둘 가진 사람은 천하에 아무도 없다. 온천하를 주고도 바꿀 수 없는 것이 나와 너와 그와 우리의 생명이다. 우리의 목숨은 세상에서 최대 최고 최귀(最大最高最貴)의 가치다.

우리는 먼저 경천 애인의 근본 진리를 깨달아야 한다. 딴 진리는 이 진리에 비하면 모두 말단이요 지엽에 불과하다.

정심(正心)이란 무엇이냐. 마음을 바르게 하는 것이다. 곧은 마음이 정심이다. 우리는 육체를 쓰고 살아간다. 육체는 우리의 마음을 담는 그릇에 불과하다. 내 존재의 주인은 나의 마음이요 정신이다. 세상에 마음처럼 중요한 것이 없다. 나의 생각과 말과 행동은 다 나의 마음의 표현이요 작용이다. 마음이 살아있다는 것은 나의 존재가 살아있다는 것이요, 마음이 죽는다는 것은 나의 존재가 죽는 것이다. 그래서 화엄경(華嚴經)은 일체유심조(一切唯心造)라고 하였다. 이 세상에의 모든 것이 다 마음이 짓는 것이요, 일체가 마음의 소산이다. 마음이 우주의 근본이다.
 우리는 어떤 마음을 가지고 살아가야 하는가. 여러 가지의 마음이 있다. 그중에서 가장 중요한 것은 마음을 바르게 하는 것이다. 바른 마음이야말로 마음의 근본이요 좌표다. 그래서 《대학(大學)》은 인생의 8조목 중에서 정심(正心)을 가장 강조했다. 마음을 바르게 하는 공부, 바른 마음을 갖는 훈련처럼 인생의 중요한 공부와 훈련이 없다.
 모두 정심의 자리로 돌아가자. 아침의 맑은 이슬처럼 청정(淸淨)한 마음을 가져야 한다.
 "마음이 청결한 사람은 복이 있도다. 그는 하나님을 볼 것이다"라고 그리스도는 외쳤다. 청정한 마음의 소유자가 진리를 볼 수 있고 하나님과 만날 수 있다. 먼저 정심의 자리에 돌아가자. 모두 마음이 바른 백성이 되어야 한다.
 성의(誠意)란 무엇이냐. 뜻을 정성스럽게 하는 것이다. 성실한 의지를 갖는 것이다. 정심의 근본은 성의에 있다. 바른 마음을 가지려면 나의 뜻을 정성스럽게 해야 한다.
 성실은 인생 최고의 덕이다. 그래서 《중용(中庸)》은 "성실은 하늘의 길이요, 성실을 행하는 것이 사람의 길"이라고 갈파했다.
 성(誠)은 천지도(天之道)요, 성을 실천하는 것이 인지도(人之道)다. 만물에는 다 도가 있고 길이 있다. 그 도와 길의 근본이 참이요 성실이다. 우리는 성실하기를 힘쓰고 공부해야 한다.
 우리는 하늘 앞에 성실하고 사람 앞에 성실하고 자기 자신에 대해서 성실하고 진리에 대해서 성실하고 또 자기 직분(職分)에 대해서 성실해야 한다. 내 마음과 의지가 성실하기를 힘쓰는 것이 성의 공부다. 율곡(栗谷)이 성의 공부를 가장 강조한 것은 결코 우연한 일이 아니다.
 천하만물(天下萬物)이 다 성(誠)의 자리로 돌아가야 한다. 경천 애인 정심 성의는 나의 주문이요, 나의 인생관과 가치관의 근본이다.

나는 늘 마음속에 이 주문을 염(念)하면서 살아간다. 나와 같은 일개의 범부(凡夫)도 그런 주문을 부단히 외우면 서서히 그런 경지에 도달할 수 있으리라고 믿는다.

그런 경지에 도달한 사람이 도인(道人)이요, 보살(菩薩)이요, 자유인이요, 지인(至人)이요, 참사람이다. 나도 그런 사람이 되었으면—— 이것이 나의 간절한 희구다.

제4장 運命의 저 별빛아래

□ 瞑想錄／185
□ 市民倫理／190
□ 儒林의 使命／196
□ 책이 있으니 즐겁지 않으랴／201
□ 創造的 知性／212
□ 企業家精神과 리이더십론／221
□ 哲學과 現實의 論理／241
□ 國難克服의 姿勢／247
□ 民族自力更生의 哲學／264

瞑 想 錄

로마 시대에 두 사람의 특이한 철학자가 있었다. 하나는 《명상록》의 저자인 황제 철학자 마르쿠스 아우렐리우스요, 또 한 사람은 《어록(語錄)》의 저자인 노예 철학자 에픽테터스다.

노예가 철학자가 된다는 것도 특이한 일이요, 군주가 철학자로서 명성을 떨친다는 것도 드문 일이다.

권력(權力)과 지혜(智慧)는 양립 병존(兩立並存)하기 힘들다. 힘과 진리는 겸비되기 어렵다. 그런데 그것을 겸비했던 이가 황제 철학자 마르쿠스 아우렐리우스다.

뛰어난 인품(人品)에 최고의 교양을 지니고 인자(仁慈)와 지혜의 덕을 갖춘 명군(名君) 마르쿠스 아우렐리우스(Marcus Aurelius Autonius 121~180)가 진중에서 틈틈이 기록한 이 철학의 명저(名著)는 흔히 파스칼의 《팡세》에 비유된다. 이 책은 로마인의 '팡세'라고 볼 수 있다.

스토아의 철학은 원래 희랍에서 탄생했지만, 그것이 풍성한 개화결실(開化結實)을 한 것은 로마에서였다. 인생의 실천 윤리(實踐倫理)를 근본으로 한 스토아 철학은 로마인의 기질과 성품에 잘 맞았다.

로마의 철학은 스토아 철학 일색으로 물들어져 있다고 해도 결코 과언이 아니다.

《명상록》은 로마의 스토아 철학을 대표하는 사상적 금자탑(思想的 金字塔)이다.

스토아 철학은 일언이폐지하면 인생의 슬기의 탐구요, 처세의 진리요, 실천적 지혜(實踐的 智慧)의 체계다.

죽음과 고통과 불행과 실패와 부조리(不條理)로 가득차 있는 인생과 사회에서 우리가 어떻게 하면 자유를 얻고 행복에 도달하고 훌륭한 인격과 덕성을 쌓고 유연(悠然)한 자세로 생을 살아갈 수 있는가를 탐구하는 인생관(人生觀)과 행복관(幸福觀)과 가치관(價値觀)과 처세관(處世觀)이 스토아 철학의 기본 주제다. 물론 그들의 인생의 견해와 철학의 결론은 다소 편협된 데도 있다. 그러나 우리가 생을 꿋꿋하게 살아가고 유연자재하게 행동하기 위해서 배우고 본받아야 할 진리와 지혜의 말씀이 스토아 철학에는 무수히 있다.

특히 《명상록》은 스토아 철학의 핵심 사상을 단상(斷想)의 형식으로 유감없이 표현했다. 스토아 철학의 근본은 이렇다.

이 우주에는 이성(理性)의 원리가 지배한다는 것이다. 그러므로 만물은 섭리(攝理)의 질서하에 있게 된다. 그것이 우주이성이다. 이 우주이성이 최고의 권위다. 그러므로 우리는 이성의 명령과 지시대로 행동하고 살아야 한다. 이성의 법칙은 곧 자연의 법칙이다. 그러므로 "우주이성에 따라서 생활하라"는 명제와 "자연(自然)에 따라서 생활하라"는 명제는 같은 것이다.

인간의 이상은 자유인(自由人)이 되는 데 있다. 자유인이란 어떤 사람이냐. 아파테이아(apatheia)의 경지에 도달한 사람이다. 아파테이아란 무엇이냐.

충동이나 감정에 지배되지 않는 안심 입명(安心立命)의 부동심(不動心)의 경지다. 분노니, 질투니, 불안이니, 격정이니, 번뇌니, 절망이니 하는 파토스(pathos), 즉 감정을 극복한 상태다. 아파테이아란 a+patheia로서 파토스를 초극(超克)한 경지다. 인간은 아파테이아에 도달할 때 자유와 만족과 기쁨의 안심 입명의 경지에 이르를 수 있다.

어떻게 하면 아파테이아에 도달할 수 있느냐. 이성을 가지고 감정을 지배해야 한다. 그러므로 밝은 지혜와 굳은 의지가 필요하다. 명철(明哲)한 이성과 공고한 의지력으로 인간의 번뇌와 감정을 자유 자재(自由自在)로 통제해야 한다. 그것은 내가 나를 이기는 것이다.

인간은 극기 금욕(克己禁慾)을 힘써야 하고, 자기의 의무와 직분을 잘 감당해야 하고, 제 분수에 맞게 살아야 하고, 운명을 감수하고, 섭리에 순종해야 하며, 안분 자족(安分知足)해야 한다.

인생의 고뇌(苦惱)를 참고 견디면서 의연(毅然)한 정신으로 살아야 한다. 무엇이 과연 진정한 내 것인지 아닌지를 바로 알아서 선과 덕의 생활을 힘써야 한다.

모든 인간이 이성의 명령대로 행동하고 살아갈 때 우리는 국가나 인종의 장벽을 넘어 우주 시민이 될 수 있고 세계 시민(世界市民)이 될 수 있다. 인간은 다 형제 자매(兄弟姉妹)·사해동포(四海同胞)로서 인류 공동체(人類共同體)의 일원이 될 수 있다. 요컨대 인간은 현인(賢人)이 되어 자족(自足)과 부동심(不動心)의 마음으로 태연 자약하게 살아가야 한다.

이것이 스토아의 철학의 근본 사상이다. 그래서 그들은 인간의 수양을 강조하고 오도(悟道)와 해탈(解脫)을 역설하고 내면적 주체성(內面的 主體性)의 확립을 외치고 성자(聖者)의 덕성과 생활을 권면한다. 이러한 생활이 인간다운 생활이요, 또 행복한 생활이라고 말한다.

그들은 섭리의 자각과 체념에 의해서 죽음의 공포까지도 이기려고 하였다. 스토아의 우주이성(宇宙理性)과 인간이성의 강조는 나중에 자연법 사상(自然法思想)과 인류주의(人類主義)의 이념과 세계 시민주의(世界市民主義)의 철학을 낳았다.

스토아의 철학은 희랍의 폴리스가 붕괴하고 사회 질서가 난마와 같이 어지러웠던 난세에 생긴 사상이다. 그것은 난세를 살아가는 명철 보신(明哲保身)의 철학이요, 부조리한 시대를 극복하기 위한 안심 입명(安心立命)의 개인 윤리(個人倫理)의 확립이었다.
　마르쿠스 아우렐리우스가 임금님이 된 것은 40세 때였다. 그당시 로마는 이민족의 침략으로 전란이 그치지 않고 세도 인심(世道人心)이 흉흉하였다. 이 황제 철학자(皇帝哲學者)는 본의와는 달리 여러번 전쟁에 출정하여 많은 고뇌와 비애를 겪었다. 그는 나중에 전진(戰陣)에서 병몰(病沒)했다. 그의 저서에 운명론(運命論)의 그림자가 깔려 있는 것은 그러한 어두운 상황의 반영이다.
　마르쿠스 아우렐리우스는 《명상록》의 제일 마지막 12편에서 자기의 생애에 많은 영향을 주고 자기의 사상 형성(思想形成)과 성격 형성에 결정적 작용을 한 부모와 여러 스승을 회고하고 깊은 감사를 드렸다.
　한두 개의 문장을 인용하기로 한다.
　"나의 조부 베루스에게선 선량한 도덕과 격정(激情)의 절제(節制)를 배웠다.
　나의 아버지의 명성(名聲)과 회상(回想)에서 겸양(謙讓)과 남성적 기품을 배웠다.
　나의 어머니에게선 경건과 인덕(仁德)을, 또 단지 나쁜 행위뿐만 아니라 나쁜 생각도 피할 것, 그리고 돈 많은 사람의 습관과는 먼 소박한 생활의 방법을 배웠다.
　아폴로니우스에게선 의지(意志)의 자유와 불퇴전(不退轉)의 목적 관철을 배우고 또 가령 한 순간이라 할지라도 이성 이외엔 어떤 것에도 의존하지 않고 혹은 격렬한 고난을 당하거나 혹은 사랑하는 자녀를 잃은 경우 혹은 오랜 병에 걸려도 언제나 태연부동(泰然不動)할 것을 배웠다."
　이런 글에서 우리는 스토아 철학의 정신과 태도가 어떤 것인가를 직감할 수가 있다.
　플라톤은 일찌기 이상 국가(理想國家)에서 정치적 권력(政治的權力)과 철학적 지혜(哲學的 智慧)를 한몸에 겸비한 이상적 군주상(理想的 君主像)을 우리 앞에 그려 놓았다.
　마르쿠스 아우렐리우스는 그러한 인물에 속한다.
　그는 철인 황제(哲人皇帝)였다. 이 철인 황제가 난세의 지도자로서 살고 통치하면서 우리에게 남겨놓은 《명상록(瞑想錄)》은 인생을 꿋꿋이 살아가고 생의 바른 지표(指標)와 진로(進路)를 확립하는데 많은 빛과 힘을 던진다.
　스토아의 철학은 무사안일(無事安逸)과 나태와 좌절감에 빠지기 쉬운 나약한 현대인에게 정신적 강화작용(精神的 强化作用)과 심화(深化)작용과 정화(淨化)작용을 한다.
　여기에 이 책의 현대적 의미가 있다.

市民倫理

　시민 윤리(市民倫理)는 시민 사회의 윤리다. 시민 사회의 주체(主體)인 시민들은 어떤 의식 구조와 어떤 가치관과 어떤 행동 규범을 가지고 어떻게 행동하고 어떻게 살아가야 하는가. 이것이 시민 윤리의 핵심이다.
　윤리는 행동의 규범이다. 바람직한 행동 양식이다. 우리는 어떻게 살아야 하느냐가 윤리의 근본이다.
　시민은 다의(多義)의 개념이다. 어떤 이는 도시의 자유민을 의미한다. 어떤 이는 서민층을 의미한다. 어떤 이는 중산층을 의미한다.
　시민 사회는 한 마디로 말하면, 자유로운 시민 계급의 사회다. 시민 사회는 하나의 역사적 개념이다. 서구의 봉건 사회가 해체된 후에 형성된 근대의 새로운 사회다. 이 사회의 주체가 시민 계급이다.
　서양 근대의 시민은 위대한 역사적 업적을 성취했다. 절대주의의 체제를 붕괴시키고 시민 혁명과 산업 혁명을 성취하여 새로운 자유 사회를 건설했다. 그들은 제1계급인 승려와 제2계급인 귀족에 대하여 제3계급으로 산업적 시민이 그 주축(主軸)을 구성한다. 시민 사회는 정치적으로 민주 사회요, 경제적으로는 자본주의 사회요, 사회적으로는 개방된 자유 사회다.
　시민 사회는 자유와 평등과 우애라는 기본 원리를 갖는다. 그것은 참으로 높고 아름다운 사회 이상이다. 그러나 그것을 그대로 현실에 실현한다는 것은 결코 쉬운 일이 아니다. 상공업자를 주축으로 한 근대의 시민은 국민 주권을 제창하는 시민적 자유를 확립하고, 신분에 예속되지 않는 인간 관계를 수립하고, 법 앞에서의 평등의 원리를 주장하고, 풍성한 산업 사회를 건설하였다. 그것은 역사의 놀라운 창조적 업적이다. 이 업적을 이룩한 근대의 시민들은 어떤 정신 구조를 지니고 있었던가. 용감한 자주 독립의 정신, 압제(壓制)에 대한 저항의 의식, 부지런히 근로하는 활동적 성격, 자율적 책임(自律的 責任)의 자세, 사회적 정의감 등, 훌륭한 에토스와 특색을 지니고 있었다.

그러나 시민 사회는 밝은 측면만 있었던 것은 아니다. 모순과 혼란의 어두운 측면도 내포한다.

자유가 잘못 쓰이면 무책임과 방종으로 전락하고 자유 경쟁이 잘못 운영되면 약육 강식의 정글 법칙이 되기 쉽고, 사유 재산 제도가 잘못 운영되면 소수 부유층의 금력의 횡포가 되기 쉽고, 부(富)의 축적이 부의 독점과 계급의 대립을 초래하기 쉽다. 그 결과 홉스가 지적한 대로 "만인의 만인에 대한 전쟁 상태"로 전락하고 헤에겔이 염려한 대로 "개인의 사적 이익(私的 利益)의 투쟁"으로 변한다면 자유와 평등과 우애의 높은 이념을 제시한 시민 사회의 아름다운 사회 이상은 산산조각으로 부서지고 만다. 시민 사회가 건전한 사회, 축복된 사회가 되려면, 그러한 해악(害惡)을 방어하기 위한 제도적 장치와 동시에 올바른 시민 윤리의 확립이 필요하다.

우리는 시민 사회의 밝은 측면만 강조해서도 안되지만 어두운 측면만 과장해서도 안된다. 인간의 사회적 지혜와 경험과 양식(良識)의 소산인 시민 사회를 건전한 방향으로 보존 발전시키는 것이 우리의 실천 과제다.

그러면 어떤 시민 윤리를 확립해야 하는가. 나는 네 가지 원리를 특히 강조하고 싶다. 첫째는 자유의 윤리요, 둘째는 올바른 직업관이요, 세째는 부의 사회적 분배와 책임이요, 네째는 공정한 경쟁 원칙이다. 이 네 가지는 모두 인간 사회(社會)에서 절실히 요청되는 시민 윤리의 근본이다.

첫째는 자유의 윤리다. 시민 사회는 자유 사회다. 우리는 자유에 대하여 2대 책임을 갖는다. 첫째는 자유를 수호하는 책임이다. 자유의 수호에는 시민의 용기가 필요하다. 우리가 공산주의와 대결하는 까닭은 자유를 짓밟으려는 압제 세력에서 자유를 굳건히 지키기 위해서다.

둘째는 자유를 올바로 사용하는 책임이다. 그러기 위해서는 시민 각자의 지혜가 필요하다. 자유를 올바르게 사용한다는 것은 두 가지의 원칙을 의미한다. 첫째는 개인의 향상과 완성을 위해서 자유를 창조적 목적으로 쓰는 것이요, 둘째는 사회의 공동선(共同善)과 발전을 위해서 자유를 생산적 방향으로 쓰는 것이다.

자유의 구체적 표현은 선택이다. '나는 자유다'라는 명제는 '나는 선택한다'는 뜻이다. 선택에는 올바른 선택과 그릇된 선택이 있다. 노는 자유, 부패의 자유, 타락의 자유가 있는 동시에 일하는 자유, 창조의 자유, 향상의 자유가 있다. 모든 시민은 저마다 자기의 자유를 개인의 자아 완성과 사회의 공동선을 위하여 창조적 방향으로 써야 한다. 또 자유가 풍성하게 개화 결실(開花結實)하려면 반드시 질서가 따르고 책임이 수반하고 규율이 곁들여야 한다. 이러한 요소가 수반되지 않을 때 자유는 무책임과 방종과 무정부 상태로 전락하여 자유의 자살(自殺)과 고사(枯死)를 면할 수가 없다.

용기가 없으면 자유는 빼앗기기 쉽고 지혜가 없으면 자유는 타락하기 쉽다. 시민 사회의 가장 큰 무기와 자본은 자유다. 우리는 지혜와 양식과 용기를 가지고 자유를 잘 가꾸어야 한다. 이러한 노력이 없을 때 자유 사회는 타락 사회로 전락하기 쉽다.

둘째는 올바른 직업관의 확립이다. 자유에는 올바른 윤리가 필요하다. 직업은 인생에서 세가지의 의미와 차원을 갖는다. 첫째는 생업(生業)이다. 직업은 생계 유지의 기본 수단이다. 이것이 직업의 경제적 의미다.

　둘째는 직분(職分) 또는 직책이다. 직업은 각 개인의 사회적 역할 수행이다. 직업은 인생의 본분이요, 책임이다. 이것이 직업의 사회적 의미다. 세째는 천직(天職)이다. 직업은 하늘 또는 하느님이 우리에게 맡긴 신성한 사명이요, 심부름이요, 책임이다. 이것이 천직 사상이요, 소명(召命) 윤리다. 단순히 생업이나 사회적 역할 수행만을 위해서 직업에 종사하는 것이 아니라 직업을 신의 소명으로 확신하고 자기 직업에 정성과 열의를 경주해야 한다. 이것이 직업의 깊은 정신적 의미요, 차원이다. 한 나라의 번영과 한 사회의 흥왕(興旺)은 전체 국민의 왕성한 직업 활동에 의해서 결정된다.

　인생은 향락의 놀이터가 아니다. 저마다 제 본분을 수행하는 창조의 일터다. 자기 직업에 대하여 고도의 천직 사상과 투철한 사명감을 가지고 자기 직업에 성실과 정열을 기울일 때 그 개인은 행복하고 그 사회는 발전한다.

　"일하는 것은 기도(祈禱)하는 것이다"라는 중세의 명언이 있다. 기도하는 것과 같은 심정으로 자기 천직에 열과 성을 다하라는 것이다. 자기 직업에 애정과 긍지와 정성을 갖지 않는 것은 시민으로서 부끄러운 일이다. 투철한 천직 사상과 고도의 직업 윤리의 확립은 시민 윤리의 가장 중요한 덕목(德目)의 하나다.

　세째는 부의 사회적 분배와 책임의 문제다. 돈은 생존의 기본 수단인 동시에 인간의 정신적 독립과 행복에 필수 불가결의 요소다. 생존권의 보장과 민생 안정은 시민 사회 성립의 절대 요건이다. 항산(恒產)이 없으면 항심(恒心)이 없다. 모든 시민이 인격과 인권을 가진 인간으로서 인간답게 살 수 있는 생활의 보장이 필요하다. 시민 사회가 부익부 빈익빈의 계층 대립을 격화시켜 사회적 불안과 불평이 조성될 때 그 시민 사회는 커다란 위기에 봉착한다.

　부의 생산도 중요하지만 분배도 중요하다. 분배(分配)의 공정

(公正)은 사회 정의의 기본 문제다. 근로자가 민생의 위협을 느끼고 불로자(不勞者)가 부당 소득을 취할 때 사회의 정의 질서와 기강이 흔들린다.

국가를 영어로 Commonwealth라고 한다. 공공 재산이란 뜻이다. 또 Republic이라고 한다. 공적 사물(公的 事物)이란 뜻이다. 국가의 부는 어느 한 개인이나 계층을 위한 것이 아니다. 천하만인의 복지를 위해서 존재한다. 현대는 부의 사회적 책임을 물어야 하는 시대다. 우리는 부의 독점과 횡포를 막아야 한다. 만민이 같은 운명 공동체로서 공존 공영하고 동고 동락하는 시대다. 사회의 부는 모든 국민의 복지를 위하여 존재한다. 생산의 경제학도 중요하지만 분배의 경제학도 중요하다. 시민 사회가 결코 금전 만능의 사회가 되어서는 안된다. 부를 옳게 벌고 옳게 쓰고 옳게 분배하는 문제는 현대의 시민 윤리의 가장 중요한 문제다.

끝으로 공정한 경쟁 원칙이다. 시민 사회는 사유 재산 제도와 자유 경쟁의 원칙을 2대 주축으로 삼는다. 자유 경쟁이라고 해서 공정한 원칙이 없는 무법(無法) 경쟁이나 약육 강식(弱肉强食)의 폭력 경쟁이 되어서는 안된다.

저마다 자기의 이익과 지위와 명성의 획득을 위하여 치열한 경쟁을 벌인다. 그것은 당연하다. 그러나 거기에는 공정한 경쟁 원리가 있어야 한다. 공정한 경쟁 원리가 무너질 때, 그것은 무법 사회로 전락하고 만다. 모든 사람이 법의 보장하에 공정한 경쟁 원칙을 준수해야 한다. 목적을 위하여 수단 방법을 가리지 않고 성공을 위하여 위법(違法)을 자행할 때 시민 사회는 사적 이익(私的 利益)을 위한 무원칙의 투쟁장으로 전락한다. 모든 시민은 공과 사를 분명히 하고 시(是)와 비(非)를 준엄하게 가르고, 정(正)과 사(邪)를 냉철하게 판단하고, 사물의 질서와 원칙을 준수하는 공정한 사회 풍토를 조성해야 한다. 정법(正法)이 불법에 물리고, 조리(條理)가 부조리에 패배하고, 선이 악에 짓밟히고,

도리가 비리(非理)에 밀려나고, 정의가 불의에 눌리는 악의 질서, 힘의 풍토가 횡행해서는 안된다.

　개인의 마음에는 맑은 양심이 엄존하고, 사회에는 분명한 기강(紀綱)이 서고, 민족에는 뚜렷한 정기(正氣)가 확립된 사회라야 건전하고 축복된 시민 사회다. 이러한 정의의 질서와 풍토가 확립되지 아니할 때 사회의 일체감이 깨지고 시민들은 생의 좌절감을 느끼게 된다.

　선철(先哲)은 천하귀정(天下歸正)의 철리(哲理)를 강조했다. 온 천하가 옳은 자리에 돌아가야 한다. 모든 인간과 사물이 정(正)의 자리, 정의 질서에 돌아갈 때 그 사회는 부강하고 건전하다. 모든 영역에 공정의 원칙을 확립하는 일은 시민 윤리의 기본 문제에 속한다. 사회의 자유가 융성하게 성장하고 모든 시민이 천직 사상으로 자기의 직책에 정성을 다하고 부가 만민을 위하여 옳게 쓰여지고 모든 부문에서 공정의 원칙이 준수될 때 시민 윤리는 건전하고 그 시민 사회는 번영한다.

儒林의 使命

춘원(春園)은 1918년에 매일 신보(每日申報)에 《신생활론(新生活論)》을 썼다. 그가 27세 때에 쓴 글이다. 이 글은 원고지 200여매를 초과하는 장편의 논문이다.

춘원은 이 논문의 전반부(前半部)에서 신랄한 한국 유림 비판(儒林批判)을 가하고 후반부에서 예리하게 한국 기독교인을 비판하였다.

그의 필봉(筆鋒)은 날카롭고 격조는 높고 의도는 계몽적이다. 27세의 신진 기예(新進氣銳)의 청년이 이렇게 훌륭한 명론 탁설(名論卓說)을 쓸 수 있을까 하고 읽는 사람은 누구나 놀라지 않을 수 없다.

춘원의 필봉에 새삼 감탄을 금할 수가 없다. 특히 춘원은 유교 비판에 150여매의 지면을 할당하고 있다. 이것은 유교가 한국 사회와 민중에게 끼친 영향이 지대하고 막중하였다고 보았기 때문이다.

이 글은 예상하였던 바와 같이 많은 물의(物議)를 일으키고 필화(筆禍)를 입었다.

유교인사들은 격분하여 춘원을 공격하고 이런 글을 실은 신문사에 대하여 많은 항의문(抗議文)을 보냈다.

최근 100여년 동안에 이렇게 신랄하고 과격한 한국 유림 비판의 글은 일찌기 없었다.

《춘원 이 광수 전집(春園 李光洙全集)》 17권 《신생활론(新生

活論)》에 그 전문이 수록되어 있다.
 유림들은 꼭 한번 읽어볼 만한 글이다.
 나는 춘원의 논지에 그대로 찬성하지는 않는다. 그러나 그의 글에는 깊은 통찰과 예리한 비판이 있는 것을 인정하지 않을 수 없다.
 춘원은 신생활론의 서두에서 우리는 낡은 생활을 버리고 신생활로 들어가야 한다고 전제한 다음 인간의 생활은 바위처럼 고정되어 있는 것이 아니고 부단히 변화하는 것이며, 인간의 변화(變化)에는 의식 변화와 무의식 변화가 있는데 우리는 어떤 목표와 이상을 세우고, 자기의 노력으로 의식적인 변화를 추구해 나아가야 한다. 그래야만 문명의 발전과 사회의 진보가 빠르다고 하였다.
 그리고 본론으로 들어가서 한국 유교의 폐단을 열한 가지 지적했다. 그 항목만을 지적하면 다음과 같다.
 1. 숭고 사상(崇古思想)과 존중화(尊中華).
 2. 경제를 경(輕)히 여김.
 3. 형식주의(形式主義)──허례(虛禮)가 많음.
 4. 효(孝)의 사상──부모의 지휘만 따르므로 자녀의 독립 정신(獨立精神)이 약해지고, 혁신(革新)의 기운이 결핍된다.
 5. 부부 관계──남존 여비(男尊女卑)를 고취한다.
 6. 소극주의(消極主義)──무엇을 하라는 것보다 무엇을 하지 말라는 것을 강조한다.
 7. 상문주의(尙文主義)──문약(文弱)한 국민을 만든다.
 8. 계급 사상(階級思想)──오륜(五倫)은 계급적이다.
 9. 운수론──《역경(易經)》의 운수론은 자력주의적 인생관(自力主義的 人生觀)을 약화시키고 타력주의적 숙명론(他力主義的 宿命論)을 가르친다.
 10. 비과학적이다──과학을 천시하므로 사고와 생활이 비과학적이다.

11. 점잖음―― 군자의 점잖음만 강조하므로 진취적 기상(進取的 氣像)이 약화된다.

이와 같은 폐습을 지적한 다음 결론에서 "과거 이조 500년은 실로 유교로 시종하였습니다. 500년간의 정치사·제도사(制度史)·사상사·문학사가 온통 유교로 중심삼고 회전하였나니, 조선이 성하였다면 그는 유교의 덕이요, 쇠하였다 하면 그 역시 유교의 책임이외다"고 말했다.

춘원은 위에 든 열한 가지의 폐습이 유교 본래의 결점이 아니고 한국 유학도들이 유교 사상을 어딘가 잘못 받아들였기 때문에 그러한 폐단이 생겼다고 지적했다. 춘원은 성인 공자(孔子)의 위대한 사상을 누구보다도 높이 찬양하고 있다. 유교 본래의 사상과 한국 유교 사상과는 꼭 동일한 것이 아니다.

나는 춘원의 논지를 항목만 제시하고 자세한 내용 설명을 생략하였기 때문에 독자들이 뜻하지 않은 오해를 할는지도 모른다. 춘원의 글을 직접 읽어보기 바란다.

우리 나라에 불교 사상(佛敎思想)이 들어왔고 또 최근에는 기독교 사상과 구미의 여러 사상이 들어왔다.

그 여러 사상 체계(思想體系) 중에서 유교만큼 한국인의 심성과 생활, 사고와 행동, 사회와 정치, 문화와 도덕에 결정적 영향을 준 사상이 없었다.

아마 앞으로도 유교만큼 한국인에게 큰 정신적 사회적 영향을 주는 사상은 좀처럼 없을 것이다. 우리의 인생관과 가치관, 사고 방식과 생활 작풍(生活作風)이 유교의 영향을 지대하게 받았다.

특히 이조 500년 동안 유교는 국교로서 한국과 한국인을 지배한 등뼈요 결정적 요소였다.

유교는 한국 정치의 지도 원리요, 국민의 도덕의 근간이요, 우리의 사회적 관습의 기본이었다. 많은 선비와 인물을 배출하여 사회의 지도적 중추(指導的 中樞) 계층을 구성했다.

영국의 신사 계급(紳士階級), 인도의 바라몬 계급에 해당하는 역할과 책임을 다한 것이 유교의 선비였다. 일본에 무사도가 있고 서양에 기사도가 있는데 대해서 우리 나라에는 선비도가 있었다. 선비도는 한국 유교의 산물이다.

 국난(國難)의 시기에 목숨을 걸고 싸운 것도 선비요, 일제의 침략에 죽음으로써 맞섰던 의병도 선비였다. 그러나 유교는 정기능(正機能)의 역할만 한 것은 결코 아니다. 많은 역기능(逆機能)의 잘못도 범했다. 부패한 정치, 사화(士禍) 당쟁, 허례허식(虛禮虛飾)과 공허한 대의 명분(大義名分)의 형식주의, 문약(文弱)한 사회 작풍도 또한 유자(儒者)의 선비들이 저지른 죄다.

 유교는 한국 사회와 역사에 정기능(正機能)의 공이 더 많았느냐, 역기능의 죄가 더 많았느냐. 이것은 보는 이의 주관과 평가에 따라 대답이 다르겠지만, 후자에 기울어지는 견해가 더 많은 것같다.

 이제 시대는 바뀌었고 사회는 달라졌다. 사·농·공·상(士農工商)의 시대도 아니요, 봉건 사회도 아니다. 개인의 자유와 남녀의 평등을 근간으로 하는 민주 사회 체제요, 경제적 가치와 생산적 능률(生產的 能率)을 강조하는 자본주의의 시대요, 또 기술과 대중을 핵으로 하는 기계 문명의 사회다. 효를 중심으로 한 가족 도덕이 붕괴하고 개인을 근간으로 하는 시민 윤리(市民倫理)가 강조되는 때다. 이러한 변화의 추세는 앞으로 더욱 강해질 것이다. 이런 상황 속에서 유교의 설 땅이 어디냐. 유교가 담당해야 할 사회적 사명과 역할이 무엇이냐.

 유교는 과거의 유물로 전락하느냐 또는 미래의 창조의 역할을 감당할 수 있는가. 유교는 앞으로 무엇을 해야 하며 또 할 수 있는가.

 이것은 한국 유교 자체의 근본 문제인 동시에 한국 민족의 중요한 문화적 과제의 하나다.

 유교가 현대에서 설 땅이 어디냐. 위대한 종교나 위대한 사상은 창조적 적응(創造的 適應)의 기능을 발휘한다. 온고 지신(溫

故知新)하면서 새 시대의 상황, 새 역사의 풍토 속에 자기를 창조적으로 갱신하고 발전시켜 나아갈 수 있는 종교나 사상은 영원한 생명을 갖는다.

그러나 그렇지 못할 때, 그것은 무용지장물(無用之長物)로서 역사에서 그 존재 이유(存在理由)를 상실한다.

이제 한국 유교는 새로운 체제, 새로운 자세, 새로운 기풍으로 새 시대에 새로운 창조적 적응을 해야 하는 중대한 과제 앞에 서 있다. 이것이 첫째의 할 일이다.

둘째는 유교 사상의 새로운 현대적 해석(現代的 解釋)의 문제다. 유교는 수기치인(修己治人)의 이론으로서 인(仁)과 예(禮)를 근간으로 도덕 사상으로서 또 내성외왕(內聖外王)과 왕도덕치(王道德治)의 정치 사상으로서 인간성에 바탕을 둔 인륜(人倫)의 체계로서 풍성한 내용을 갖는다. 무진장의 사상적(思想的) 광맥을 갖는 지혜(智慧)의 체계다.

금은 보석은 광맥(鑛脈)에서 캐어내어야만 의미와 가치가 있다. 유교의 위대한 광맥을 어떻게 현대 사회에 적응하는 지도 원리로서 새로 해석하고 새로 정립해야 하느냐. 이것이 중요한 사상적 과제다. 과학이나 기술이나 경제만으로는 인간이 안심 입명(安心立命)할 수는 없고 행복과 구원도 없다. 과학 기술 문명과 경제 문명이 발달하면 발달할수록 인류는 새로운 지혜, 새로운 도덕, 새로운 사상, 새로운 종교가 요구된다.

온고 지신과 일일신(日日新)을 강조한 것이 바로 유교의 사상이다. 오늘날 유교 자체의 과감한 현대적 온고 지신이 필요하다. 신생(新生)을 위한 자기 탈피(自己脫皮)가 요구된다. 새 술은 새 부대에 담아야 한다.

유교의 자기 갱신(自己更新), 이것이 유교가 다시 사는 길이다. 여기에 유교의 설 땅이 있다. 과거 묵수(墨守)의 보수적(保守的) 정신을 탈피하고, 새로운 사회와 새로운 시대에 창조적 적응을 하는 혁신적(革新的) 개혁이 요구된다.

책이 있으니 즐겁지 않으랴

《辯　明》

――소크라테스――

　기원전 399년 봄 70세의 노철학자 소크라테스는 아테네 감옥에서 독배를 마시고 비극적 생애의 종지부를 찍었다.
　그의 죽음은 예수의 죽음과 더불어 인류의 정신사의 큰 사건이다. 소크라테스를 죽였다는 것은 진리와 정의를 죽인 것이다. 소크라테스는 자기를 고소한 사람들과 아테네 시민들 앞에서 자기의 입장과 태도를 밝히고 자기의 신념과 인생관을 피력했다.
　아테네 법정에서 소크라테스가 피력한 사상과 신념을 그의 애제자 플라톤이 다이아로그의 형식으로 기록했다. 이것이 유명한 소크라테스의 《변명(辯明)》이다. 불과 5, 60페이지의 소품이지만 소크라테스의 면목이 약동한다. 지혜를 사랑하고 진리를 따르고 정의의 길을 걸어간 위대한 철인의 모습을 우리는 볼 수 있다.
　"자, 떠날 때는 왔다. 나는 죽으러 가고 여러분들은 살아간다. 우리 중에 누구가 더 행복한 운명을 맞게 될는지는 오직 신만이 알 것이다"라는 마지막 말을 남기고 아테네 법정에서 사형 선고를 받고 독배를 마시는 소크라테스에서 우리는 진리와 신념을 위하여 생명을 버리는 용감한 철인(哲人)을 발견한다.

철학을 어렵다고 생각하는 사람들도 이 대화록(對話錄)을 읽으면 철학적 정신이 얼마나 위대하고 철학을 한다는 것이 어떤 것인가를 몸소 절감할 수가 있다. "철학은 죽음의 연습"이라고 말한 소크라테스의 깊은 정신을 우리는 이 책에서 느낄 수 있다.

《사랑의 藝術》

———에리히 프롬———

 사랑이란 무엇이냐. 많은 사상가와 심리학자와 문인들이 사랑에 관하여 논했다. 사랑에 관한 명저(名著)를 든다면 나는 먼저 에리히 프롬의 《사랑의 예술》을 들고 싶다.
 에리히 프롬은 《자유(自由)에서의 도피(逃避)》《희망(希望)의 혁명(革命)》 등의 여러 명저를 쓴 탁월한 사회 심리학자요, 문명 비평가다. 그는 현대 제Ⅰ류급의 사상가다.
 사랑은 인간의 아름다운 정서라고 혼히 생각한다. 그러나 프롬의 견해는 다르다. 사랑은 인간의 힘찬 창조의 활동이다. 사랑은 생산적 성격을 갖는다.
 프롬에 의하면 사랑한다는 것은 다음과 같은 특성(特性)을 갖는다.
 사랑한다는 것은 사랑하는 대상에 대하여,
 첫째 관심 또는 배려(配慮)를 갖는 것,
 둘째 책임감을 느끼는 것,
 세째 존중하는 것,
 네째 이해하는 것,
 다섯째 주는 것,
을 의미한다. 사랑의 속성을 명쾌하게 지적했다. 우리는 사랑하면 사랑할수록 사랑하는 대상에 대하여 성실한 관심과 강한 책임감과 한없이 소중히 여기는 마음과 깊은 이해심과 아낌없이 주려는 태도를 갖는다.

　이런 사랑이 진정한 사랑이요, 생산적인 사랑이다. 그러므로 사랑이 우리의 존재와 생활 속에 들어올 때에 우리의 존재와 생활은 큰 변화를 일으킨다. 사랑은 인격의 변혁이요, 존재의 혁명이다.

　프롬은 뛰어난 정신 분석학자다. 그는 인간의 사랑의 여러 가지 형태──형제애·모성애·연애·자기애·신의 사랑을 깊이 파헤쳤다. 플라톤의 《향연(饗宴)》(사랑의 대화록(對話錄)이다)과 프롬의 이 책은 사랑에 관한 2대 명저라고 할 수 있다.

《팡세(瞑想錄)》

──파스칼──

　《팡세》의 저자 파스칼은 39세의 젊은 나이에 요절했다. 그는 천재적인 수학자요, 과학자요, 또 철학자였다.

　그는 과학자였지만 나중에는 경건한 신앙인이 되었다. 《팡세》는 누구나 한번은 꼭 읽어야 하는 사상적 명저다. "인간은 생각하는 갈대"라고 말한 파스칼은 인생을 누구보다도 진지하게 삶의 문제를 생각했다.

　그는 이 책에서 신없는 인간의 비참과 신을 갖는 인간의 행복을 대비시켰다. 우리의 생애는 세가지 차원의 질서가 있다. 첫째는 신체의 질서, 둘째는 정신의 질서, 세째는 사랑의 질서다. 첫째는 권력·돈·쾌락을 목표로 산다. 둘째는 지식과 진리 추구에 생의 목표를 둔다. 세째는 종교와 신앙을 지향한다.

　어느 차원이 인간으로 가장 깊고 보람있고 영원하냐. 파스칼은 제3의 차원과 질서의 인생을 가장 강조했다.

《팡세》처럼 인간성의 약점과 부조리를 날카롭게 파헤친 책은 아마 없을 것이다. 924개의 단장(斷章)으로 된 《팡세》는 쉬운 듯하면서도 어려운 책이다.

실존적 인간 분석(實存的 人間分析)의 책으로 《팡세》는 예나 지금이나 많이 읽는다. 그는 짧막한 경구로 인생의 깊은 진리를 표현하기를 잘한다.

"클레오파트라의 코, 그것이 좀더 낮았던들 지구의 전표면은 달라졌을 것이다."

파스칼의 유명한 경구의 하나다. 인간의 역사에는 우연이 지배하며, 우연이 인간의 역사에 큰 변화를 일으킨다는 진리를 파스칼은 이런 경구(警句)로 표현한 것이다. 깊은 인간 통찰(洞察)·자아 반성의 책으로 《팡세》는 불멸의 생명을 갖는다.

우리는 깊은 사색의 숲으로 인도하는 책을 읽어 심전경작(心田耕作)에 힘써야 한다.

《自 敍 傳》

──간 디──

좋은 소설이나 철학 책도 읽어야 하지만 나는 훌륭한 전기를 두 권 권하고 싶다. 하나는 간디의 자서전이다.

일생을 진리 운동과 비폭력 운동(非暴力運動)과 인도 독립 운동에 바친 간디는 20세기의 위대한 슈퍼스타다.

토인비는 20세기에서 가장 위대한 인물을 한 사람 고르라고 하면 간디를 들겠다고 했다.

자서전 중에서 가장 뛰어난 자서전을 하나 들라면 나는 간디의 자서전을 든다.

"폭력은 동물의 법칙이요, 비폭력은 인간의 법칙"이라고 믿고 진리의 힘과 정신력의 무기로 인도 독립 운동의 기수가 된 간디의 이 자서전은 독자의 심금을 울린다.
 간디의 자서전을 읽으면 인간이 이렇게까지 성실할 수 있을까, 인간이 이렇게까지 용감할 수 있을까, 하고 놀랄 수밖에 없다.
 남아프리카에서의 비폭력 운동, 3회에 걸친 21일간의 결사적 단식 투쟁, 여러번의 옥고(獄苦), 사심(私心)을 완전히 떠난 봉사의 생활, 인도 독립을 쟁취하기 위한 영웅적 항쟁, 간디의 일생은 초인적(超人的) 노력의 일생이었다.
 간디를 흔히 성웅(聖雄)이라고 한다. 그는 성인의 선과 영웅의 힘을 겸비했던 인물이다.
 간디는 그의 자서전을 다음과 같은 말로 끝맺었다.
 "내가 하려고 한 것, 30년 동안 노력하고 간절히 원한 것은 자기의 완성, 신을 만나는 것, 인간 해탈에 도달하는 것이다. 이 목표를 추구해서 나는 살고 움직이고, 또 내 존재가 있는 것이다."
 성웅 간디의 자서전은 우리의 마음을 정화(淨化)시키고 심화시키고 또 강화시킨다.

《나의 生涯와 回想에서》

———쉬바이쩌———

 간디 다음에 꼭 권하고 싶은 것은 쉬바이쩌의 자서전이다.
 금년(1975)은 쉬바이쩌 탄생 1백주년이요, 서거 10주년이 된다. 생명 존엄·생명 경외(生命敬畏)의 대진리를 높이 쳐들고 흑인들을 위한 90년의 봉사의 생애를 산 쉬바이쩌는 간디 다음가는 20세기의 위대한 별이다.
 부유한 목사의 아들로 태어나서 아프리카의 람바레네에서 흑인들을 위하여 그의 생애를 바치기까지의 인생 역정(歷程)을 그린 그의 자서전은 읽는 이의 마음의 옷깃을 숙연케 한다.

30세까지는 자기의 학문과 예술을 위해서, 30세 이후부터는 남을 위한 봉사의 생애를 바치기로 결심했다.

신(神)은 그를 운명의 땅, 사명의 일터인 아프리카 람바레네로 부른다. 대학 교수요, 음악가요, 목사요, 저술가인 쉬바이쩌는 의과 대학 1학년에 입학하여 수년간의 의학 공부를 마치고 의사가 되어 흑인의 봉사를 위하여 아프리카로 떠난다.

그것은 범인으로서는 도저히 할 수 없는 일이다.

비범인(非凡人)만이 할 수 있는 비범사(非凡事)다. 그 초인적인 힘은 어디서 나왔는가. 신앙의 힘이다.

쉬바이쩌는 사랑의 인간이다.

사랑은 자연과 학문과 음악과 인류에로 향했다.

일체의 생명은 존엄하다. 존엄하기 때문에 존중해야 한다. 쉬바이쩌의 사상은 간결 명쾌하다.

그의 위대성은 사랑을 외친 데 있는 것이 아니라 사랑을 실천한 데 있다. 흑인을 위해서 봉사하였기 때문에 그는 더욱 위대하다. 지상에 이런 인간이 살았다는 것은 생각만 해도 신념과 용기를 준다.

《論　　語》

———孔　子———

공자(孔子)는 73년의 생애를 살았다. 그가 생존시에 한 말과 행동을 제자들이 적은 책이 《논어(論語)》다. 논어에는 공자의 제자들의 언행도 기록되어 있지만 주로 공자의 언행을 기록했다.

공자는 위대한 상식인(常識人)이요, 비범한 범인(凡人)이다. 세계의 4대 성인 중에서 가장 인간미가 넘쳐 흐르는 이가 공자다.

인(仁)을 인생의 근본으로 삼고, 예(禮)를 행동의 원칙으로 삼은 공자는 음악을 좋아하고, 제자와 얘기하기를 즐기고 공부하고 가르치는 데 인생의 낙을 찾고 유유 자적하면서 자연을 즐기다가 73세에 세상을 떠났다.

　논어를 읽으면 생활의 지혜를 배운다. 처세의 원리를 깨닫는다. 우리는 어떤 사람이 되어 어떻게 살아가야 하는가를 알게 된다. 평범한 말로 인생의 대도(大道)를 우리에게 가르친 인류의 대스승이 공자다. 그는 무신불립(無信不立)을 강조했다. 신용이 없으면 설 수 없다는 것이다. 그는 극기 복례(克己復禮)를 외쳤다. 내가 나를 이기고 사람으로서 마땅히 해야 할 사명을 다해야 했다.

　그는 덕불고 필유린(德不孤必有隣)이라고 했다. 덕이 있는 사람은 외로운 것이 아니다. 반드시 따르는 사람들이 있다고 말하였다. 그는 조문도석사가(朝聞道夕死可)라고 했다. 아침에 진리(道)를 깨달으면 저녁에 죽어도 한(恨)이 없다고 외쳤다.

　공자는 미천한 신분에서 부단한 분투 노력으로 향상일로의 길을 걸어 만세(萬世)가 우러러 보는 큰 인물이 되었다. 논어를 읽으면 흐뭇한 심정이 저절로 우리의 가슴을 메운다.

《道德經》

——老　子——

　중국 사상의 2대 산맥은 공자와 노자(老子)다. 공자와 노자는 인생을 살아가는 자세가 근본적으로 다르다.

　노자는 난세(亂世)의 사상가다. 난세에는 난세를 살아가는 지혜와 방법이 있다. 세상에 기강이 흔들리고 사회의 질서가 붕괴되었을 때 올바로 처세하기가 힘들어진다. 노자는 역사적 실재성

(實在性)부터 의문이 많은 인물이다. 그가 실존했건 아니했건 그 것이 중요한 문제가 아니다. 노자의 《도덕경》이란 책이 있고 그 책에 뛰어난 세계관·인생관이 쓰여져 있다는 것이 중요하다.

명철보신(明哲保身)이란 말이 있다. 세상이 어지러운 때에는 명철한 처세의 지혜를 가지고 살아야 한다. 노자는 그런 지혜가 가득차 있다.

일례를 든다면 신언불미 미언불신(信言不美 美言不信)이란 말이다. 옳은 말(信言)은 아름답지가 않고 아름다운 말은 옳지 않다는 것이다. 분명히 인생에는 그런 면이 있다. 옳은 말은 우리의 귀에 듣기 좋은 말이 아니다. 귀에 듣기 좋은 아첨의 말은 대개 옳은 말이 아니다.

노자의 말에는 역설적(逆說的)인 표현이 많다. 강한 것이 유한 것을 이기지 못하고 유한 것이 오히려 강한 것을 이긴다고 했다. 강한 남자가 유한 여자 앞에 지는 수가 많다.

노자의 말은 인생의 정론(正論)보다도 인생의 역설적 진리가 많다. 유명해지는 것보다는 무명한 것이 좋다는 말도 인생의 한 역설을 갈파한 말이다. 처세술로서는 공자와 같은 정도주의(正道主義)와 이상주의가 옳다. 그러나 세상에는 노자와 같은 처세 철학이 있다는 것도 알아야 한다. 그런 의미에서 노자의 《도덕경(道德經)》도 우리가 한번은 꼭 읽어야 할 명저다.

《島山 安昌浩》

―――李光洙―――

우리 나라 사람은 사상의 사대주의가 있다. 좋지 않은 병폐의 하나다.

남의 나라, 남의 나라의 사상가는 훌륭하지만 우리 나라의 인물이나 사상은 별 것이 아니라고 생각하고 스스로를 비하(卑下)하고 천시하는 폐풍이 있다.

최근 백년 동안에 우리 나라에서 쓰여진 전기 중에서 가장 탁월한 작품을 든다면, 나는 춘원 이 광수 선생이 쓰신《도산 안창호(島山 安昌浩)》의 전기를 들고 싶다. 도산은 우리 민족의 뛰어난 애국자요, 일생을 민족 독립에 바친 혁명가요, 생애를 나라의 인재 양성에 바친 교육자요, 민족의 진로를 밝힌 선각적(先覺的) 사상가다.

춘원은 도산의 생애와 사상을 감동적으로 서술했다.

나는 모든 한국인에게 이 책의 필독을 권하고 싶다. 제 나라 사람을 소중히 여길 줄 모르고 딴 나라 인물을 중시하는 사고 방식은 어딘가 잘못되어 있다.

도산은 모든 한국인이 덕육(德育)・체육(體育)・지육(知育)의 3육을 힘써서 스스로 인격 혁명을 이루어 건전한 인격이 되기를 강조했다. 우리 민족의 정신적 도덕적 문화적 수준을 높이 앙양하여 세계의 모범 민족・최고 민족이 되어 보자고 외쳤다.

이 책에는 도산의 민족혼과 애국 정신과 진실 정신과 개척 정신이 팽배하게 약동한다. 민족의 주체사상(主體思想) 확립을 위하여서 이 책을 권한다.

《獨逸國民에게 告한다》

――피히테――

한 나라를 일으키는 원동력은 교육이다. 교육은 민족의 흥망성쇠를 좌우하는 열쇠요, 근본이다.

1807년 독일은 프랑스에게 패망했다. 국민은 희망과 용기를 잃고 낙망과 좌절감에 휩쓸렸다.

그 때에 애국의 철학자 피히테가 베를린에서 14회의 연속 강연을 절규하여 독일 국민에게 활력소와 신념을 고취했다. 그 강연을 책으로 낸 것이 《독일 국민에게 고한다》라는 명저다.

피히테는 교육에 의해서 새로운 독일인을 형성하고자 외쳤다. 자주심과 질소검박(質素儉朴)과 진실과 용기의 덕을 지니는 새로운 국민 성격의 건설을 그는 강조했다.

"독일 국민은 보통 국민이 아니라, 인류 개조와 세계 지도(世界指導)의 역사적 사명을 지닌 국민이다. 독일이 살면 세계가 살고 독일이 죽으면 세계가 죽는다"고 그는 외쳤다.

우리는 피히테의 이 말에서 불퇴전(不退轉)의 의지를 가지고 민족 부흥을 다짐하는 독일인의 무서운 의지를 발견한다. 세상에 제일 놀라운 힘은 위대한 국민 성격이다. 성격은 운명의 어머니요, 운명은 성격의 산물이다. 개인 성격이 개인의 운명을 만들고 국민 성격이 그 국민의 운명을 지배한다.

세상에 성격 건설처럼 중요한 것이 없다. 그러면 어떻게 성격 건설을 하느냐. 그것은 교육의 힘이다.

교육 입국(敎育立國)·교육 흥국(興國)은 결코 빈말 빈소리가 아니다. 피히테의 이 책은 새로운 독일을 건설하는 데 커다란 역할을 했다.

현대는 힘찬 이상주의의 정신을 찾아보기 힘든 세상이다. 모두 실리주의의 노예가 되기 쉽다. 그럴수록 우리는 피히테와 같은 이상주의의 정신이 팽배한 글을 읽어야 한다.

《幸福의 哲學》

―― 러 셀 ――

행복은 만인의 원(願)이다. 모든 사람이 다 행복하게 살기를 원한다. 행복을 거부하는 사람이 있다면 건전한 정신의 소유자가 아니다. 여러 사상가가 여러 종류의 행복론을 썼다.

나는 러셀의 행복론을 권하고 싶다. 러셀은 내가 1962년에 영국에 갔을때 직접 만나본 20세기 최대의 철학자다. 그때 그는 백발의 노철학자로서 90세였다. 러셀의 행복론은 내가 직접 번역한 책이다. 원명은 Conquest of Happiness로 되어 있다.

러셀의 행복론은 현대인이 한번 읽어 볼 만한 책이다. 나는 이 책을 읽고 인생을 살아가는 자세가 달라졌다. 그의 이론은 편협한 데가 없다. 만인이 수긍할 수밖에 없는 행복론이다.

러셀은 인생의 2대 충동으로서 소유 충동과 창조 충동을 지적한다. 소유 충동은 수전노(守錢奴)의 경우에, 창조 충동(創造衝動)은 예술가의 경우에 잘 나타난다. 인생의 진정한 행복은 물질을 많이 소유하는 데 있는 것이 아니라, 사회의 올바른 가치를 창조하는 데 있다.

행복은 창조에 있다. 이것이 러셀의 행복관의 근본이다. 우리는 물질의 소유에서 행복을 찾으려고 하지 말고 높은 정신적 가치의 창조에서 행복을 찾아야 한다. 현대의 교육은 우리에게 그릇된 행복관을 가르치고 있다. 우리는 올바른 행복관을 가져야 한다. 행복의 핵심은 보람이다. 보람은 무엇인가. 가치가 있는 것, 의미가 있는 일을 성취했을 때에 느껴지는 흐뭇한 정신적 만족감이다. 러셀의 행복론은 올바른 행복관을 수립하는 데 커다란 도움이 된다.

創造的 知性

　대학은 민족의 창조적 지성(創造的 知性)을 연마하는 지적 전당(知的 殿堂)이다. 창조적 지성이란 무엇이냐. 창조적 사고를 하는 능력이다.
　우리는 대학에서 바로 사고하는 것을 배워야 한다. 바로 생각한다는 것은 결코 쉬운 일이 아니다.
　우리는 왜 사고하는가. 문제를 바로 해결하기 위해서 사고한다. 진실을 바로 알기 위해서 사고한다. 인생을 바로 살고 바로 행동하기 위해서 사고한다. 높은 가치를 창조하고 바른 사회를 건설하기 위해서 사고한다.
　바로 생각한다는 것은 깊이 생각한다는 것이요, 넓게 생각하는 것이요, 옳게 생각하는 것이다.
　생각하는 것이 중요한 것이 아니다. 무엇을 어떻게 생각하느냐가 중요하다. 진실성(眞實性)이 없는 사고는 망상으로 전락한다. 행동이 뒤따르지 않는 사고는 공상이 되고 만다. 현실을 유리한 허황한 사고는 환상으로 화한다. "이상주의(理想主義)가 없는 현실주의(現實主義)는 무의미요, 현실주의가 없는 이상주의는 무혈액(無血液)"이라고 프랑스의 휴우머니스트였던 로맹 롤랑은 갈파했다. 우리의 사고가 허망한 공상이 되지 않고, 이상의 광명을 지향하고, 현실의 대지 위에 굳건히 서는 창조적 사고가 되려면 우리는 바로 사고하는 방법을 배워야 한다. 우리는 어떻게 생각하고 어떤 태도와 자세로 사고해야 하는가. 나는 네 가지의 사고

기준(思考基準)을 제시하려고 한다.

첫째는 자주적 사고(自主的 思考)다.

"나는 생각한다 고로 나는 존재한다"라고 데카르트는 말했다. "인간은 생각하는 갈대"요,"사고성(思考性)이 인간의 위대성"이라고 《팡세》의 저자는 말했다. 그러나 현대인은 과연 깊이 생각하면서 살아가고 있는 것일까. 무사상성(無思想性)이 현대인의 특징이라고 말한 쉬바이쩌의 말은 현대인의 정신적 공백(精神的 空白)을 예리하게 갈파한 말이다.

현대인은 깊이 생각하려고 하지 않는다. 남이 생각하는 것을 그대로 따라간다. 신문이나 라디오나 텔레비전이 제시하는 생각이나 의견을 별로 비판없이 그대로 받아 들인다. 타인 지향적(他人志向的)이다.

현대인은 생각하는 갈대에서 생각하지 않는 갈대로 전락하고 있다. 우리는 자기의 머리로 생각하고 자기의 지성으로 판단하는 자주적 사고인이 되어야 한다. 오늘의 대중 문화(大衆文化)와 대중 유행은 현대인에게서 자주적 사고력과 자주적 비판력을 박탈하고 있다.

생각하는 인간이라야 잘 살 수 있다. 바로 생각하는 국민이라야 바로 행동할 수 있다. 사람은 사고하는 대로 행동한다. 합리적 사고를 하면 합리적 행동을 하고, 미신적(迷信的) 사고를 하면 미신적 행동을 한다. 낙관적(樂觀的) 사고를 하면 낙관적 행동을 하고, 비관적 사고를 하면 비관적 행동을 한다. 적극적(積極的) 사고를 하면 적극적 행동을 하고, 소극적 생각을 하면 소극적 행동을 한다. 착한 생각을 하면 착한 행동을 하고, 악한 생각을 하면 악한 행동을 한다. 독단적(獨斷的) 사고를 하면 독단적 행동을 하고, 편협한 사고를 하면 편협한 행동을 한다. 사고가 우리의 행동을 결정한다. 사고는 행동의 어머니요, 행동은 사고의 산물이다.

그러므로 우리의 행동을 바꾸려면 우리의 사고를 바꾸어야 한다. 낡은 인간이란 낡은 사고를 하는 사람이요, 새로운 인간이란 새로운 사고를 하는 사람이다. 인간에게 가장 중요한 것은 어떻게 생각하느냐 하는 것이다. 인간(人間)의 개조(改造)는 사고의 개조에서부터 시작해야 한다. 사고의 변화가 모든 변화의 시발점이 된다. 그러므로 혁명 중의 가장 중요한 혁명은 사고의 혁명이요, 의식의 혁명이요, 정신자세의 혁명이다. 사고가 모든 변화의 기본핵(基本核)이 된다. 우리는 먼저 자주적 사고인이 되어야 한다. 나의 머리로 냉철하게 비판적으로 사고하는 훈련과 습관을 길러야 한다. 창조적 사고(創造的 思考)의 습관을 기르는 일처럼 중요한 일이 없다.

위대한 철학자 칸트는 자기의 철학 강의를 듣는 학생들에게 늘 이러한 말을 하였다.

"스스로 사고하고 스스로 탐구하고 제 발로 서라"그는 또 강조하기를 "네 오성(悟性)을 사용(使用)하는 용기(勇氣)를 가져라"라고 했다. 우리에게 좋은 계명(誡命)이 되는 말이다. 우리는 자기 머리로 생각하고 자기 머리로 탐구하는 자주적 사고를 배우고 익혀야 한다. 칸트의 오성이란 말을 지성이나 이성이란 말로 바꾸면 더욱 의미가 뚜렷해진다. 자주적 사고인이란 어떤 사람이냐. 자기의 이성이나 지성을 사용하는 용기를 가진 사람이다. 우리는 이성(理性)을 등불로 삼고 진리를 최고의 권위로 삼아야 한다. 그것이 대학인의 대학인다운 자세다.

《근사록(近思錄)》에서 학원어사(學原於思)란 말이 있다. 학문은 생각하는 것을 근본으로 삼아야 한다는 뜻이다. 학문을 한다는 것은 스스로 깊이 사고하는 것을 배우는 것이다. 또 《논어(論語)》에서 공자는 이렇게 말했다.

"학이불사칙망 사이불학칙태(學而不思則罔, 思而不學則殆)", 배우되 생각하지 않으면 어둡고 불분명하다. 또 생각하기만 하고 배우지 않으면 좁고 위험하다. 학이불사는 배우기만 하고 자주적 사고를 아니하는 경우요, 사이불학은 독단적 사고(獨斷的 思考)

만 하고 공부하지 않는 경우다. 우리는 배우면서 생각하고 생각하면서 배워야 한다. 학(學)과 사(思)는 동행병진(同行並進)해야 한다. 나는 먼저 사고의 자주성을 강조하고 싶다. 우리는 자주적 사고를 할 수 있는 지성인이 되어야 한다.

둘째는 합리적 사고다. 합리성이 우리의 사고 기준이 되어야 한다. 이 세상의 모든 사물에는 일정한 원리 원칙(原理原則)이 있다. 그 원리 원칙을 동양의 선인들은 이(理)라고 했고, 서양의 철학자들은 로고스(Logos)라고 했다. 학문은 사물이나 존재의 이치(理致)와 로고스를 연구하는 것이다. 물체에는 물건의 원리가 있다. 그것을 연구하는 것이 물리학이다. 땅에는 땅의 원리가 있다. 그것을 연구하는 것이 지리학이다. 수에는 수리(數理)가 있고, 법에는 법리가 있고, 약에는 약리가 있고, 생에는 생리가 있고, 사물에는 사리(事理)가 있고, 도덕(道德)에는 도리(道理)가 있고, 하늘에는 천리(天理)가 있다. 그 이(理)를 탐구하는 것이 학문이다. 그 이와 로고스를 우리는 진리라고 한다. 진리는 진리의 권위가 있고 영광이 있고 힘이 있고 왕국이 있다. 진리는 돈이나 권력으로 좌우할 수 없다. 우리는 진리를 아끼고 사랑하고 수호하고 따라야 한다. 진리의 권위(權威) 앞에 겸허한 마음으로 고개를 숙여야 한다. 대학의 푸른 숲에는 진리의 여신이 엄연히 군림하고 있다.

우리는 진리라는 인간의 영원한 보편적 근본적 가치(普遍的 根本的 價値)를 안전하고 소중하게 지켜야 한다.

합리적 사고(合理的 思考)란 무엇이냐. 진리의 법칙에 맞게 생각하는 것이다. 원리 원칙에 맞게 사고하는 것이다. 독단적 사고나 미신적 사고나 편견적 사고를 버리고 객관적으로 사고하고 공평하게 사고하고 이와 로고스에 맞게 사고하는 것이다. 합리적 사고는 과학적(科學的) 사고요, 논리적(論理的) 사고요, 실증적(實證的) 사고다.

철학자 베이컨이 명쾌하게 지적한 대로 인간은 편견의 동물이다. 선입 관념과 독단과 아집(我執)과 독선에 빠지기 쉬운 동물이다. 우리는 일체의 편견이나 망상이나 독단에서 해방되어 사물을 공평하게 보아야 한다. 명경지수(明鏡止水)와 같은 마음으로 사물을 보아야 한다. 광풍제월(光風霽月)과 같은 맑은 정신으로 대상을 보아야 한다. 우리의 눈에 혼탁이 있고 우리의 머리에 오염이 있고 우리의 판단에 오류가 있어서는 안된다. 나의 생각은 언제나 옳고 너의 생각은 언제나 틀렸다는 편협한 독선주의(獨善主義)의 노예가 되어서는 안된다. 우리는 사물을 널리 보고 깊이 생각하고 공정하게 판단해야 한다. 그것이 합리적 사고다. 《중용(中庸)》에 나오는 다음 말은 학문하는 사람의 금언이요, 모토다. "박학지, 심문지, 신사지, 명변지, 독행지(博學之, 審問之, 愼思之, 明辨之, 篤行之)."

널리 배우고 자세히 묻고 신중하게 생각하고 분명하게 판단하고 독실하게 실천하라는 것이다. 명변이란 말을 밝게 판단한다는 뜻으로서 합리적 사고와 비판을 강조한 말이다. 우리는 널리 배우고 자세히 묻고 신중하게 생각해야만 합리적 사고를 할 수 있다. 무엇이 합리적 사고를 방해하는가. 우리의 마음속에 있는 편견이요, 이기심(利己心)이요, 사리사욕(私利私慾)이요, 탐진치(貪瞋痴)요, 소아적 망상(小我的 妄想)이요, 내가 제일이라는 독선주의다. 이것이 우리로 하여금 진리와 진실을 보는 눈을 흐리게 하고, 비합리적 사고로 굴러 떨어지게 한다. 우리는 먼저 진리와 진실 앞에 겸손한 마음을 가지고 공명 정대(公明正大)한 자세로 사물을 보고 생각해야 한다. '합리적'을 영어로 Rational 이라고 한다. 이 말은 라틴어의 라티오(Ratio : 理性)에서 유래한다. 라티오는 계산한다는 뜻을 갖는다. 이성은 공평한 계산을 할 수 있는 능력이다. 사물의 대소 경중(大小輕重)과 본말 선후(本末先後)를 냉철하게 계산하고 판단하는 것이 이성의 기능이다. 우리는 이성을 사고의 등불로 삼고 행동의 길잡이로 삼아야 한다. 우리는 합리적 사고를 하는 지성인이 되어야 한다.

세째는 창조적 사고(創造的 思考)다. 창조성이 우리의 사고 기준이 되어야 한다. 자주적 사고와 합리적 사고를 할 때에 창조적 사고가 나올 수 있다.

사고의 목적은 바람직한 행동에 있고, 올바른 문제 해결에 있고, 훌륭한 가치 창조에 있다.

중국(中國)에 5·4운동(運動)이 일어났을 때 북경 대학생(北京大學生)들이 내세웠던 구호는 독서 불망구국(讀書不忘救國)이었다. 책을 읽되 나라를 구하는 것을 잊어서는 안된다는 것이다. 구국하는 마음으로 공부하자는 것이다. 대학은 민족의 창조적 지성의 요람이요, 사회의 지도적 인재를 양성하는 곳이다. 우리의 학문과 지성은 민족 발전에 창조적 에네르기가 되어야 한다. 특히 개발 도상국가는 정치적·경제적·사회적·문화적 체질이 약하다.

아직 나라로서의, 사회로서의 기틀이 튼튼히 서지 못했다. 그러므로 대학은 특히 민족 건설·역사 창조의 중요한 역할과 사명을 담당해야 한다.

우리는 올바른 방향 감각과 확고한 역사 의식(歷史意識)과 사회적 사명감(社會的 使命感)을 갖는 창조적 지식인을 많이 배출해야 한다.

우리 앞에는 민족과 역사의 많은 난제와 실천 과제(實踐課題)가 놓여 있다. 이것은 우리의 운명이요, 사명이다. 우리는 이 운명과 사명에서 도피해서는 안된다. 미래 사회는 어려운 도전과 과제를 가지고 우리에게 육박해 온다. 우리는 어떤 도전에도 지혜롭게 대처할 수 있는 창조적 적응력(創造的 適應力)을 가져야 한다.

이러한 적응력을 갖추려면 무엇보다도 창조적 정신이 중요하다. 우리는 대학에서 특히 창조적 사고력을 연마해야 한다.

기성의 지식이나 이론 체계(理論體系)를 그대로 기억하고 수용만 해서는 안된다. 새로운 것을 창조해 내어야 한다. 새로운 방법, 새로운 기술, 새로운 가치, 새로운 이론, 새로운 이상, 새로운 질서를 부단히 창조해야 한다.

옛날 중국 은(殷)나라의 명군(名君) 탕왕(湯王)은 '일일신(日日新)'이라는 세 글자를 세수 대야에 아로 새기고 매일 그걸 봄으로써 나날이 새롭고 나날이 향상 발전하기를 힘썼다. 나날이 새롭다는 것은 부단히 전진하고 향상하려는 창조적 정신을 가지고 살아가는 것이다.

우리는 생산적 사고와 창조적 사고의 훈련과 습관을 쌓아야 한다. 지성의 속성은 자유에 있고, 개방에 있고, 무한한 상상력에 있다. 지성은 높이 그리고 멀리 나는 날개를 갖는다. 자유로운 탐구의 정신, 대담한 회의(懷疑)의 정신, 풍부한 상상의 정신, 엄청난 모험의 정신, 이런 정신들이 창조의 원동력이다. 기성의 이론이나 가치나 지식이나 방법을 묵수하고 보존만해 나아가는 소극적 태도에서는 창조는 이루어지지 않는다. 지적 모험(知的 冒險)에서 창조가 이루어진다. 창조적 사고는 무엇에도 얽매이거나 구속되지 않는 자유로운 사고, 발랄한 사고, 모험적 사고를 말한다.

우리는 대학에서 개혁의 정신, 진취(進取)의 태도, 개척자의 용기, 적극적 자세를 배우고 길러야 한다. 이러한 풍토에서 창조는 가능하다.

"독서는 다만 지식의 재료를 공급할 뿐이다. 그것을 자기의 것으로 만드는 것은 사색의 힘이다." 영국의 경험론 철학자 존 로크는 이렇게 말했다. "그저 책이나 읽고 강의나 듣는 것만으로는 창조적 사고는 불가능하다. 끈질기고 탄력성이 있는 사색의 힘이 필요하다." 우리는 비판의 칼과 사상의 날개와 모험의 정신과 도전의 기백을 갖고 창조적 사고를 배워야 한다.

끝으로 성실한 사고다. 성실성이 우리의 사고기준이 되어야 한다. 위대한 사고는 깊은 사고의 산물이다. 머리만 명석하다고 깊은 생각이 나오는 것은 아니다. 위대한 인격에서 위대한 사고가 생긴다. 청정심에서 깊은 사고가 나온다. 영국의 유명한 고전 경제학자 알프레드 마아셜은 "냉철한 머리 그러나 따뜻한 가슴 (Cool Head But Warm Heart)"을 학문하는 이에게 강조했다. 공부하는 사람, 학문하는 지식인에게는 명석(明晳)한 사고를 할 줄 아는 냉철한 두뇌도 필요하지만 그보다 더 중요한 것은 성실한 양심이 깃들이는 따뜻한 가슴이 필요하다.

인간에게 가장 중요한 것은 성실의 덕이요 선한 의지요 착한 마음이다. 지성은 인간의 위대한 도구요, 사고는 정신의 놀라운 기능이다. 그러나 도구와 기능은 옳은 목적과 결부될 때 가치가 있고 빛을 발한다.

악마도 사고하고 행동한다. 도둑놈도 생각하고 활동한다. 그러나 악마는 악한 생각을 하고, 악한 행동을 한다. 선한 사람이 선한 생각을 하고 선한 행동을 한다.

칼이 의사의 손에 쥐어지면 사람의 생명을 건지는 활인도(活人刀)가 되고 도둑놈의 손에 쥐어지면 사람의 목숨을 빼앗는 살인도가 된다. 칼은 쓰는 자의 의지와 목적에 따라서 선의 도구도 되고 악의 도구도 된다. 창조의 힘도 되고 파괴의 무기도 된다. 인간의 지성과 사고는 마치 칼과 같다. 착한 목적 선한 의지와 결부되면 창조적 지성, 창조적 사고(創造的 思考)가 되고 악한 목적 악한 의지와 합하면 파괴적 지성, 파괴적 사고가 된다.

고등 지능범은 후자의 좋은 예다. 양심없는 지성, 양심없는 사고는 악과 파괴와 불행의 지성과 사고로 전락한다. 우리는 양심과 성실의 덕을 가지고 지성과 사고를 연마해야 한다. 인간은 생각하는 동물이요, 사고하는 존재다. 생각하고 사고하는 것이 중요한 것이 아니다. 어떻게 생각하고 어떻게 사고하느냐가 중요하다. 우리는 착한 생각을 하고, 선한 사고를 해야한다. 지성은 위대하다. 그러나 결코 만능은 아니다. 지성은 덕성과 결부될 때 밝은 빛이 되고 창조적인 힘이 된다. 우리는 나 혼자의 문제를 해결하는 일은 잘하지만 우리의 문제, 서로의 문제를 다루는 일은 서투르다. 사회는 하나의 공동체다. 나와 너와 우리가 다같이 살아가야 하는 세상이다. 공생 공영(共生共榮), 동고 동락(同苦同樂)의 연대 책임 윤리가 특히 요구되는 시대다. '나'라는 개체의식도 중요하지만 '우리'라는 공동체의식, 사회의식이 더욱 중요하다. 나만 혼자 잘 살려는 이기주의의 철학이 아니다. 우리가 다같이 더불어 잘 사는 공존 공영의 고차원의 철학이 필요하다.

"진정한 힘은 정신적인 것, 윤리적인 것에 있다"는 쉬바이쩌의 말을 우리는 다시 한번 깊이 음미해 볼 필요가 있다. 진실이 힘의 원천이다. 거짓에서는 힘이 생기지 않는다.

현대는 연대 책임 윤리와 사회 정의와 만민 복지(萬民福祉)의 새로운 차원의 철학이 요구되는 시대다.

오늘날 성실의 덕처럼 중요한 것이 없다. 양심과 정의감과 착한 의지가 결여될 때 사회는 힘의 각축장(角逐場)이 되고 사리(私利)의 경쟁장으로 전락한다.

"성실은 하늘의 길이요, 성실을 실천하는 것은 사람의 길(誠者天之道也 誠之者人之道也)"라고 《중용(中庸)》은 갈파했다. 우리는 먼저 성실의 덕을 배워야 한다. 우리는 저마다 성실한 인간이 되어야 한다. 우리의 사고는 성실의 원리에서 벗어나서는 아니된다. 우리의 사고가 성실을 상실할 때 악한 사고, 파괴적 사고, 반사회적 사고로 전락하고 만다. 성실이 인간 교육의 근본이다.

"사색인으로서 행동하고 행동인으로서 사색하라"고 프랑스의 철학자 베르그송은 외쳤다. 교육의 목적은 건전한 인격 형성에 있다. 우리는 어떤 자세로 생각하고 어떤 태도로 행동해야 되느냐. 사색없는 행동은 천박하고 행동없는 사색은 공허하다.

우리는 성실하게 사색하고 성실하게 행동해야 한다.

우리는 대학에서 자주적(自主的) 사고, 합리적 사고, 창조적 사고, 성실한 사고를 배워야 한다.

자주성과 합리성과 창조성과 성실성이 우리의 사고의 기준이 되어야 한다. 그러한 사고와 행동을 할 때 우리는 명실 상부(名實相符)한 민족의 창조적 지성이 될 수 있다.

企業家精神과 리이더십론

──企業家精神

"기업(企業)은 전쟁"이라고 한다. 또,
"기업은 예술(藝術)"이라고 한다. 또,
"기업은 사람"이라고 한다. 기업의 여러 가지 측면(側面)과 특색을 잘 나타낸 말들이다.

"기업은 사람"이라는 명제(命題)를 우리는 특히 주의할 필요가 있다. 기업의 흥망성쇠(興亡盛衰)는 결국 사람에 달려있다. 인간이 기업 발전의 결정적 요인이다. 훌륭한 지도자의 유무(有無)는 기업의 성패(成敗)를 좌우한다. 기업은 결국은 사람의 문제다.

리이더십이 뛰어난 기업가는 기업을 승리와 성공으로 이끌고 리이더십이 빈약한 기업가는 기업을 쇠퇴와 패배로 이끈다. 그러므로 리이더십의 개발은 기업가의 가장 중요한 과제다. 그러면 리이더십의 원리와 본질은 무엇인가.

현대는 다원적(多元的) 조직 사회다. 국방을 위해서 군대라는 조직이 있고, 사회의 질서와 운영을 위해서 정부라는 조직이 있고, 국민의 문화와 교육을 위해서 학교라는 조직이 있다. 국민의 민생(民生)과 경제를 위해서 기업체라는 조직이 있다. 인간의 여러 가지 목적을 위해서 여러 조직이 있다. 조직은 어떤 목적을 달성하기 위한 다수인의 협동 체계(協同體系)다.

조직은 자연 발생적 집단이 아니다. 인간이 어떤 목표를 실현하기 위하여 인위적으로 만든 집단이다.

조직의 조(組)는 짤 조, 만들 조자요, 직(織)은 짤직, 만들 직이다. 조직은 인간이 어떤 목표 달성을 위해서 인간이 짜고 만든 것이다.

조직에 해당하는 영어의 Organization이란 말은 Organ이라는 어원에서 유래한다. '오간'은 도구라는 말이다. 도구는 일하기 위해서 존재한다. 조직은 일하기 위해서 인간이 만든 도구다. 조직의 어원이 도구란 말에서 유래한 것은 결코 우연한 일이 아니다. 그러면 좋은 조직은 어떤 조직이고 나쁜 조직은 어떤 조직인가. 좋은 조직은 적어도 다음의 네 가지 속성을 갖추어야 한다.

첫째는 능률성(Efficiency)의 원리다. 일을 잘하는 능률적 집단이어야 한다.

조직의 목적을 합리적으로 효과적 능률적으로 달성하는 조직이 좋은 조직이다.

둘째는 보람의 원리다. 조직 속에서 일하는 사람들이 일의 보람과 활동의 기쁨을 느껴야 한다. 그래야 집단 구성원(集團構成員)들이 그 집단에 대해서 애정과 긍지와 열성을 가질 수 있다. 보람을 느끼는 조직이 좋은 조직이다.

셋째는 인화(人和)와 Communication의 원리다. 좋은 조직은 상하간과 상호간에 인화와 Communication이 잘 되어야 한다. 서로간에 심리적 벽이 없어야 한다. 상의하달(上意下達)의 Downward Communication과 하의상달(下意上達)의 Upward Communication과 상호간의 수평적(Horizontal) Communication이 잘 되어야 한다.

넷째는 적응성(adaptation)의 원리다. 어떤 상황이나 환경에도 능동적으로 빨리 적응을 잘하는 조직이 좋은 조직이다.

우리의 상황은 언제나 불확실하고 유동적이다. 격변(激變)·격동(激動)하는 정세 속에서 기업은 운영된다. 새로운 상황에 능동적으로 빨리 적응하는 능력이 없을 때 조직은 붕괴를 면할 수 없다.

환경 적응력과 상황 대처력(狀況對處力)이 강한 조직이 좋은 조직이다.
　이상의 네 가지 속성을 구비한 조직과 집단이 우수한 조직, 우수한 집단이요, 그렇지 못한 조직과 집단은 바람직하지 못한 조직이요, 바람직하지 못한 집단이다.
　지도자는 좋은 조직을 만들고 운영할 수 있는 능력의 소유자라야 한다. 좋은 조직을 만들어 경영하는 자질과 재능을 가진 사람이 훌륭한 지도자요, 그렇지 못한 지도자는 졸렬한 지도자다. 조직에는 언제나 두 종류의 인물이 있다. 조직을 이끄는 자, 즉 리이더(Leader)와 이끌리는 자, 즉 멤버(Member)다. 리이더와 멤버가 합해서 하나의 조직을 만든다. 좋은 조직은 좋은 리이더와 좋은 멤버를 갖는 조직이다.
　리이더가 리이더의 역할과 기능을 잘하기 위하여 마땅히 갖추어야 할 자격·소질·능력을 리이더십이라고 하고 멤버가 멤버의 역할과 기능을 잘하기 위하여 모름지기 갖추어야 할 자격·소질·능력을 멤버십(Membership)이라고 한다.
　좋은 리이더십을 기르는 훈련을 Leadership Training(지도력 훈련)이라고 하고 좋은 멤버십을 기르는 훈련을 Membership Training(협동력 훈련)이라고 한다. 리이더가 좋은 리이더십을 갖고 멤버가 좋은 멤버십을 가질 때 좋은 조직을 만들 수 있다.
　아무리 리이더가 훌륭해도 멤버가 무능할 때 또는 아무리 멤버가 훌륭하여도 리이더가 무능할 때 결코 좋은 조직을 만들 수 없다.
　좋은 리이더십과 좋은 멤버십의 양자가 겸비될 때 좋은 조직이 만들어진다. 군대가 리이더를 잃으면 오합지졸(烏合之卒)로 전락한다. 그러나 오합지졸도 좋은 지휘관을 만나면 백전백승의 용병(勇兵)이 될 수 있다.
　리이더의 유무가 조직의 성패를 좌우한다. 천하는 한 사람에서부터 일어난다는 말이 있다. 지도자는 새로운 창업(創業)을 일으키고 또 창업된 것을 잘 수성(守成)할 수 있다. 창업에도 수성에도 지도자가 필요하다.

현대는 기업의 시대요, 대중적 산업 사회다. 기업가는 현대 산업 사회의 기수요, 총아(寵兒)요, 영도자다. 기업가의 사회적 역할은 더욱 커지고 역사적 책임은 더욱 무거워진다.

한 나라의 기업의 흥망성쇠가 그 나라의 국력을 결정하고 국운(國運)을 좌우하고, 지배(支配)한다.

훌륭한 기업가는 훌륭한 기업가 정신(entrepreneurship)을 갖추어야 한다. 독일의 유명한 경제학자였던 슘페터(Schumpeter)는 이렇게 말했다. 경제에서 지도자적 역할을 담당하는 기업가는 모름지기 기업가 정신을 갖추어야 한다. 기업가 정신이란 무엇이냐. 그것은 다음 네 가지 요소를 의미한다.

1. 새로운 자원(資源) 개발.
2. 새로운 기술 도입.
3. 새로운 시장 개척.
4. 새로운 경영(經營) 방식의 채택.

이 네가지 요소를 겸비한다는 것은 결코 쉬운 일이 아니다. 그것은 일종의 혁신적 행동이요, 창조적 정신이다. 뛰어난 지능과 새로운 모험과 커다란 결단적 용기가 필요하다. 요컨대 기업가 정신은 하나의 혁신적 정신(Innovation Spirit)이다. 영어에서 기업을 Enterprise라고 한다. 그 형용사인 Enterprising이란 말은 '모험적' '진취적'이란 뜻을 갖는다. 기업가 정신은 일종의 모험적 정신이요, 진취적 정신이다.

기업이란 생산과 영리의 목적으로 여러 가지 생산 요소를 결합하여 계속적 사업을 전개하는 경제적 행동이다.

기업가는 적극·능동·진취(進取)·모험의 용감한 정신을 가져야 한다. 학자들은 그것을 여러 가지 개념으로 표시했다.

① 도전적 정신(Toynbee).
② 기업가 정신(Schumpeter).

③ 성취 동기(Maclelland).
④ 전진적 정신(도산 안 창호).
⑤ 적극적 정신 Positive Thinking (Norman Peale).
⑥ 창의적 성격(創意的 性格) (Hagen).
⑦ 생산적 성격(Erich Fromme).
⑧ 독립심(Rosen).
⑨ 모험심, 사물에 대한 흥미(Linton).
⑩ 발전 정신——힘과 능률의 정신, 합리성의 정신, 개혁의 정신, 보편적 시민성(普遍的 市民性)의 정신, 공동적 참여의 정신(Pye).
⑪ 적극적 정신 태도 Positive Mental Attitude(Napoleon Hill).

이러한 여러 가지의 낱말 속에 공통되는 정신은 일종의 혁신적 정신이요, 적극적 태도(Positive Mental Attitude)다.

기업에 종사하는 지도자들은 모름지기 이러한 정신과 태도를 갖추어야 한다. 일찌기 우리의 애국적 선각자의 한 사람이었던 도산 안 창호 선생은 우리 국민에게,

1. 무실(務實)——거짓을 버리고 진실과 착실하기를 힘쓰는 것,
2. 역행(力行)——공리공론을 버리고 실천궁행(實踐躬行)하기를 힘쓰는 것,
3. 충의(忠義)——대인 관계에서 신의를 지키고 대물 관계(對物關係)에서 충성할 것,
4. 용감(勇敢)——모든 일이 진취적 적극적 자주적일 것,

등의 4대 정신을 강조했다.

육당 최 남선(六堂 崔南善) 선생은 우리는 살아지니까 사는 소극적 민족이 아니라 살려는 강한 의지를 갖고 살아가는 적극적 민족이 되어야 한다고 역설했다.

그동안 한국인은 역사의 피해자로서, 수동적(受動的) 방관자로

서, 은둔적(隱遁的) 국민(Hermit nation)으로서, 고난과 시련 속에서 살아왔다.

이제 우리는 민족적 자신을 가지고 역사의 주체적 참여자로서, 능동적 행동자로서, 적극적 도전자로서, 세계의 넓은 무대에 나가서 활동하고 도약(跳躍)하고 웅비(雄飛)해야 할 때가 왔다. 우리의 사전(辭典)에는 절망과 불가능은 없다. 오직 희망과 가능이 있을 따름이다. 우리앞에 패배는 없다. 오직 승리가 있을 뿐이다.

정신일도 하사불성(精神一到 何事不成)이라고 했다. 뜻이 있는 곳에 길이 있다고 했다. 유지자사경성(有志者事竟成)이라고 했다. 할 수가 있다고 믿으면 반드시 되는 것이다. 할 수 없다고 생각하니까 안되는 것이다. 강한 소원은 반드시 이루어진다.

기업은 세가지 요소로 구성된다. Material(자원)과 Money (돈)과 Man(인간)이다. 기업에는 자원이 필요하고, 기술이 필요하고, 조직이 필요하고, 노동이 필요하고 또 사람이 필요하다. 이 여러 가지 요소가 복합하여 기업을 이룬다. 그 중의 가장 결정적 요소는 인간이다. 기업은 곧 사람이다. 인간이 기업의 주체다. 우리는 기업의 물적 측면보다도 인간적 측면을 더 강조해야 한다. 결국은 사람이 기업의 주체가 되어 조직을 관리하고 자원을 개발하고 기술을 발전시키고 시장을 개척하면서 기업을 운영해 나아간다.

기업 발전의 결정적 요소는 인간에 있다. 그러므로 우리는 무엇보다도 인간 개발에 주력해야 한다. 인간은 무한한 가능성과 위대한 잠재력을 지니는 존재다.

특히 기업의 주인공인 기업가는 뛰어난 기업가 정신과 탁월한 리이더십을 겸비해야 한다. 그러면 리이더십이란 무엇이냐. 리이더는 어떤 자격과 능력을 갖추어야 하며, 어떤 역할과 기능을 수행해야 하는가.

―― 리이더십의 **原理**

리이더십을 우리 말로 지도력·영도력·통솔력·지도자적 수완이라고 한다. 또는 용인지술(用人之術――사람을 쓰는 기술)이라고도 한다. 요컨대 사람을 쓰고 부리는 힘이요, 지혜요, 기술이다. 리이더십은 지도자가 지도자 구실을 다하기 위하여 마땅히 갖추어야 할 소질과 능력과 자격을 말한다.

리이더십의 핵심은 첫째로 힘이다. 리이더십이 있다는 것은 힘이 있다는 것이요, 리이더십이 없다는 것은 힘이 없다는 것이다. 그러면 그 힘은 어떤 힘이냐. 남에게 영향을 줄 수 있는 힘이다. Leader는 곧 Influencer이다. 남을 변화시킬 수 있는 힘이다.

리이더는 멤버들이 가치관·사고 방식·의식 구조·행동 작풍(行動作風)·태도·성격·사기·분위기·정신 자세·인간 관계 등에 바람직한 변화와 영향을 주어 조직의 목적 달성을 효과적으로 해야 한다. 그러한 능력이 많으면 많을수록 그는 훌륭한 리이더요, 그러한 능력이 적으면 적을수록 그는 졸렬한 리이더다.

리이더십의 목표는 언제나 조직의 목표 달성에 있다. 리이더가 잠시도 잊어서는 아니되는 것은 조직의 목적 달성(目的 達成)이다. 리이더의 모든 행동은 항상 이 목표에 집중 귀결(歸結)되어야 한다. 리이더십은 남에게 바람직한 변화와 영향을 줄 수 있는 힘이다.

둘째로 리이더는 권위를 가져야 한다. 리이더가 권위를 상실할 때 멤버는 리이더의 말을 들으려고 하지 않는다. 스승이 권위를 잃을 때 제자는 스승을 존경하지 않는다. 부모가 권위를 상실할 때 자녀는 부모의 말을 듣지 않는다. 지도자가 권위를 잃을 때 그는 설 땅이 없다. 사장이 권위를 잃을 때 부하들을 통솔하기 힘들다. 멤버가 리이더에 대하여 일종의 권위를 느끼기 때문에 리이더의 말과 명령에 따르는 것이다. 권위가 없는 곳에 리이더십은 존재할 수 없다.

그러면 그 권위는 어디에서 오는가. 권위(權威)의 원천(源泉)은 둘이다. 하나는 사회의 지위(Position)요, 또 하나는 개인적 실력이다.

지위는 권위의 중요한 원천이다. 우리는 높은 지위에 대하여 일종의 권위를 느낀다. 왜냐, 높은 지위는 아무나 도달할 수 있는 것이 아니다. 지력(知力)과 능력(能力)이 뛰어난 사람이 높은 지위에 오를 수 있다. 피눈물 피땀으로 수십년 동안 분투 노력을 해야 높은 지위에 도달할 수 있다. 권위는 일조 일석(一朝一夕)에 확립되는 것이 아니다.

지위가 높을수록 권위도 높아진다. 그러나 지위만으로는 권위를 발휘하기 힘들다. 그 사람 개인의 내면적 실력(內面的 實力)이 있어야 한다. 실력은 문자 그대로 알찬 힘이다. 건강의 실력, 지식과 기술의 실력, 인격의 실력, 재능의 실력, 기업의 실력 등등, 실력이야말로 승리의 원동력이요, 성공의 근본이다. 실력과 실적(實績)은 요지부동한 권위의 원천이다.

우리는 실력있는 사람에 대하여 권위를 아니 느낄 수가 없다. 리더는 마땅히 실력 분자(實力分子)라야 한다. 그래야 멤버가 권위를 느낀다.

리더십의 발휘에는 권위가 필요하고 권위는 리더의 사회적 지위와 개인적 실력에서 생긴다.

세째로 리더십은 공신력을 생명으로 삼는다. 리더가 사회적 공신력을 상실할 때 멤버는 리더를 따르려고 하지 않는다. 공신력(公信力)이 없는 곳에 리더십은 존재하지 않는다. 지도자는 신용을 목숨처럼 소중이 여겨야 한다.

일찌기 공자는 인간 존립(人間存立)·국가 존립(國家存立)의 근본으로서 무신불립(無信不立)의 철리를 강조했다. 신용이 없으면 설 수 없다는 것이다. 개인이 사회에서 공신력을 잃어버릴 때 존립의 여지가 없다. 국가와 민족이 세계에서 국제적 공신력을 상실할 때 차관을 얻을 수가 없고 무역을 할 수가 없다. 지도자가 멤버에서 공신력을 상실할 때 그는 절대로 리이더십을 발휘할 수가 없다.

 리이더는 믿을 수 있어야 된다. 리이더가 공신력을 가지려면 자기가 한 말에 대해서 책임을 져야 한다. 언(言)과 행(行)이 일치하는 사람이 되어야 한다. 지도자는 인간 보증수표가 되어야 한다. 인간 부도수표라는 낙인이 찍힐 때 리이더는 권위를 잃어 버린다. 리이더의 설 땅이 어디냐. 신용의 땅이다.

 한문에 "역장불여지장 지장불여덕장(力將不如知將 知將不如德將)"이란 말이 있다. 힘있는 장군이 지혜있는 장군을 당할 수가 없고 지혜있는 장군이 덕 있는 장군만 못하다는 뜻이다. 지도자는 인덕을 갖추어야 한다. 지도자가 인덕(人德)이 있을 때 그의 주위에 사람이 많이 모인다. 지도자가 인덕을 상실할 때 절대로 협력자를 얻을 수 없다.

 지도자는 인덕을 갖는 큰 그릇(大器)이 되어야 한다. 공신력은 리이더십의 핵심 원리의 하나다. 나는 리이더십의 3대 요소로서 ① 영향력과 ② 권위와 ③ 공신력을 들었다.

―― **指導者 資格論**

 그러면 지도자는 어떤 자격과 속성(屬性)을 구비해야 하는가. 지도자는 어떤 덕(德)과 능력을 갖추어야 하는가. 이 문제에 관해서는 십인 십색으로 여러 가지 견해가 있다. 그 중의 대표적인 것 하나만을 들기로 한다.

 미국의 경영학자 바나드(Barnard)는 1948년에 쓴 《조직(組織)과 경영 The Organization and Management》이란 책에서 리이더의 특성과 자질로서 다음 다섯 가지를 들고 (1), (2), (3), (4), (5)의 순서는 동시에 중요도(重要度)의 순서를 나타낸다고 하였다.

 첫째는 박력이다. 박력(迫力)은 심신(心身)에 넘치는 팽배한 의욕과 정열이다. 어떤 고난과 시련이 있더라도 목표를 관철하려는 강한 의지력이다.

지도자에게 박력이 있을 때 멤버는 안심하고 믿고 따라간다.

한번 세운 목표를 끝까지 추구하려는 굳은 정신력이 박력이다. 박력은 모든 힘의 원천이다.

용기・지구력(持久力)・결단력・책임감・추진력・투지력, 모두가 박력이라는 큰 뿌리에서 생기는 가지요, 열매다.

지도자는 조직 목적의 달성이라는 큰 목표가 있다. 멤버를 이 목표로 이끌고 나아가려면 그는 무엇보다도 꼭 이루어 놓고야 말겠다는 결심과 의욕이 그의 몸과 마음속에 넘쳐 흘러야 한다.

그는 걸음걸이도 늠름하고, 음성도 낭랑하고, 표정(表情)에도 생기가 있고, 태도도 적극적이어야 한다. 그는 과로와 격무(激務)에 견뎌내는 강건한 건강력이 있어야 한다.

지도자의 이러한 모습과 정신은 부하의 사고와 태도와 행동에 결정적 영향을 준다.

열성은 반드시 타인에게 전파한다. 박력은 지도자에게 첫째로 요구되는 덕목이다.

둘째는 결단력(決斷力)이다.

리더는 결단하는 자다. 조직체에는 항상 여러 가지의 난문난제(難問難題)가 발생한다. 그것을 분석하고 진단하고 해결하고 대처해 나아가야 한다. 지도자는 자기 판단과 자기 책임하에 결단을 내려야 한다. 결단에는 용기가 필요하다. 문제를 심사 숙고한 다음에 과감한 결단을 내리는 것이 지도자의 임무다.

이럴까 저럴까 할까 말까 하고 우유 부단(優柔不斷)・좌왕 우왕(左往右往)하면서 갈팡질팡하는 것은 지도자의 취할 태도가 아니다. 숙려 단행(熟慮斷行)이야말로 지도자다운 행동이다.

새로 대통령으로 당선된 젊은 케네디가 아이젠하워 전 대통령을 찾아가서 충고의 말을 요구했을 때 아이젠하워는 케네디에게 이렇게 대답했다.

"당신의 임무는 결단하는 것이다.(Your job is to make a decision)"

현명한 지도자는 현명한 결단(決斷)을 내리는 사람이다.

군기 확립(軍紀確立)을 위하여 가장 사랑하는 장군인 마속(馬謖)을 울면서 처단하던 제갈 공명(諸葛孔明)에서 우리는 지도자의 놀라운 결단력을 본다. 읍참마속(泣斬馬謖)의 고사는 지도자를 위한 위대한 교훈이 아닐수 없다.

세째는 설득력(說得力)이다.

지도자는 탁월한 설득력을 가져야 한다. 현대는 민주주의 사회다. 민주주의 사회는 개성과 다양성의 원리를 갖는 각인 각색(各人各色)의 사회다. 저마다 얼굴이 다르고 목소리가 틀리듯이 각자의 사고와 행동과 의견과 주장이 천차 만별이다.

한 조직 속에는 의례히 리더의 비판자와 반대자가 있다. 지도자는 자기의 비판자와 반대자를 올바른 도리와 성의를 가지고 꾸준히 설득해야 한다. 힘이나 직권(職權)으로 누르면 결코 심복(心服)을 하지 않는다. 남을 심복시키려면 열의(熱意)와 성의를 가지고 설득시키는 수밖에 없다.

지성(至誠)이면 감천(感天)이라고 했다. 열성을 갖고 설득하면 누구든지 심복시킬 수 있다.

설득에는 말의 표현력이 필요하다. 그러나 더 중요한 것은 성의와 인격에서 우러나오는 설득력이다. 성의가 없는 말은 남을 감동시키지 못한다. 열성은 설득의 비결의 하나다. 인간은 정성에 감동하는 동물이라는 것을 우리는 알아야 한다.

네째는 책임감(責任感)이다.

지도자는 책임을 지는 자다. 자기 판단에 명령과 지시를 내리고 그 결과에 대하여 전체적 책임을 지는 것이 지도자다. 지도자는 왕성한 책임감이 있어야 한다. 책임회피·책임전가(轉嫁)는 지도자의 취할 태도가 아니다.

책임감당·책임부하(負荷)야말로 지도자다운 태도다. 세상에 무책임처럼 나쁜 것이 없다. 책임을 지려면 남성다운 용기와 덕이 필요하다. 책임을 지려면 많은 위험과 희생을 스스로 각오해야 한다. 어떤 때는 그 지위에서 물러나야 하고 또 어떤 때는 경제적 손실도 각오해야 한다. 옛날의 위인・열사(烈士)들은 막중한 책임을 다하지 못하였을 때 자결을 불사하였다.(閔忠正公의 殉死와 申圭植 先生의 自決)

심리학에 책임 공포증(Dread of Responsibility)이란 말이 있다. 인간은 책임지기를 두려워한다. 왜냐, 용기와 희생이 요구되기 때문이다. 그래서 훌륭한 지도자 노릇을 하기가 어려운 것이다.

끝으로 지적(知的) 기술적 능력이다. 지도자는 무식해서는 안된다. 지식과 지혜가 필요하다. 올바른 사리판단을 하려면 다방면의 지식과 분별력이 필요하다.

현대의 기업은 국내외에 격변하는 정세 속에서 경영되고, 또 새로운 도전을 부단히 받는다. 복잡다단한 정세를 옳게 분석 판단하는 동시에 미래에 대한 투시(透視)와 전망을 해야 하며 새로운 발전 전략(發展戰略)을 짜야 한다.

현대 기업은 치열한 경쟁이요, 부단한 아이디어의 싸움이다. 올바른 관찰력・분석력・추리력・상상력・창조력・구상력・종합력 등, 다방면의 고차원적 정신력이 필요하다. 그러나 바나드는 지력을 리이더십의 제5위에 두었다. 박력이나 결단력이나 책임감이 지력보다도 더 중요하다고 보았고 이상에서 말한 바나드의 지도자 자격론은 간결 명쾌하게 지도자의 자질을 제시하였다고 하였다.

동양의 지도자 자격론을 소개하기로 한다. 《삼국지(三國志)》는 리이더십의 산 교과서요, 리이더십의 바이블이다. 삼국지의 파란 만장(波瀾萬丈)한 이야기 속에서 우리는 지도자론의 핵심과 골자(骨子)를 찾을수 있다.

중국에서는 옛날부터 인물 평가의 척도로서 신언서판(身言書

判)의 네 요소를 들었다.
 첫째는 신(身)이다. 지도자는 먼저 신체적 조건이 좋아야 한다. 튼튼한 몸, 훌륭한 풍채, 좋은 인상, 밝은 음성, 화기(和氣)가 풍기는 얼굴, 사람을 끄는 표정, 좋은 몸가짐, 모두 다 신에 속하는 요소들이다.
 둘째는 언(言)이다. 언은 표현력이요, 설득력이요, 언변력이다. "힘센 아들보다도 말 잘하는 아들을 낳으라"고 하였다. "말을 잘하면 천냥 빚도 거져 갚는다"고 하였다. 말의 힘은 인간의 가장 큰 힘 중의 하나다. 지도자는 표현력의 훈련이 필요하다.
 세째는 서(書)다.
 서는 독서요, 지식이요, 학문이요, 식견이요, 양식(良識)이다. 무식한 자는 지도자가 되기 힘들다. 다방면의 독서로 식견을 기르고 양식을 갖추어야 한다.
 끝으로 판(判)이다.
 판은 판단력이요, 올바른 사리분별력이다. 우리는 모든 사물에 대하여 오진오판을 하지 않아야 한다. 올바른 사리판단을 하려면 공평 무사의 정신이 가장 필요하다. 사가 작용할 때 공정한 판단은 불가능하다. 사리사욕·사심(私心)·사정(私情)·사감(私感)에 지배될 때 우리의 판단력이 흐려지고 혼미해 진다. 사(私)는 사(邪)에 통한다. 지도자는 무사(無私)의 정신을 가져야 한다. 사를 없애는 공부는 지도자의 가장 중요한 공부다. 신언서판은 인간 평가의 한 기준이다. 간결하게 지도자의 자질을 갈파한 것은 공자다. 공자는 지·인·용(知仁勇)의 3덕을 강조했다. 이 세 가지 덕을 구비할 때 훌륭한 지도자가 될 수 있다. 지(知)는 올바른 사리판단력이다. 사물에는 대소경중과 선후본말과 선악정사(善惡正邪)가 있다. 그것을 옳게 판단 통찰하는 능력이 지다. 사물에 대한 종합적 통찰력이다.
 둘째는 인(仁)이다. 인은 사람을 사랑하는 것이요, 인간으로서의 넓은 포용력과 덕성을 의미한다. 인은 곧 인덕(人德)이다. 리이더는 넓은 도량(度量)을 가지고 부하를 사랑해야 한다.

셋째는 용(勇)이다. 용기는 모든 일을 과감하게 처리하는 능력이요, 자기의 소신대로 실천에 옮기는 기백이다. 책임감·결단력·박력, 모두가 용기의 산물이다.

지·인·용의 3덕은 리더가 마땅히 갖추어야 할 자질이요, 속성이다. 대지(大知)·대인(大人)·대용(大勇)을 구비할 때 훌륭한 지도자가 될 수 있다.

중국 최고의 병서인 《손자(孫子)》에 장자지신인용엄야(將者知信仁勇嚴也)란 말이 있다.

지도자는 지(知)·신(信)·인(仁)·용(勇)·엄(嚴)의 덕을 갖추어야 한다는 것이다. 공자의 지·인·용의 3덕에 신·엄의 덕을 더 첨가하였다. 지·인·용을 현대적으로 표현하면 지성과 덕성과 야성이다. 훌륭한 리더가 되려면 야성과 지성과 덕성의 3성(性)을 겸비해야 한다.

나는 리더의 특성을 설명했다. 그러한 특성을 다 구비한 지도자는 드물다. 공자는 "무구비어일인(無求備於一人)"이라고 갈파했다. 한 사람이 모든 것을 다 갖추기를 바라지 말라는 것이다. 세상에 완벽한 속성과 자격을 모두 구비한 리더는 드물다. 그러나 지도자는 그러한 속성을 구비하도록 부단한 수련과 노력을 쌓아야 한다.

—— **指導者 機能論**

그러면 지도자는 어떤 기능과 역할을 수행해야 하는가. 지도자 특성 추구론(Trait Approach)이 리더십을 정적 측면에서 파악한 파악한 것이라고 한다면 지도자 상황 추구론(Situational Approach) 또는 지도자 기능론은 지도자의 해야 할 역할을 동적 측면에서 고찰한 것이다. 리더는 무풍 지대(無風地帶)의 정적 상황(靜的狀況)에서 리더십을 발휘하는 것이 아니다. 여러 가지의 난제를 가진 어려운 문제적 상황 속에서 멤버의 인화(人和)와 협동을 도모하면서 조직과 집단의 목표를 달성해야 한다. 리더는 분열과 불안과 위험과 난관과 대립과 갈등과 도전의 어려운 상황속에서 리더십을 발휘하여 조직의 목적 달성을 해야 한다. 그래서 지도자 노릇을 하기가 어려운 것이요, 인재난의 소리를 듣게 되는 것이다. 지도자가 되기를 원하는 사람은 많지만 훌륭한 지도자의 역할을 수행하는 이는 드물다. 그러면 지도자는 어떤 기능과 역할을 수행해야 하는가. 지도자는 다음 세 가지 기능을 수행해야 한다.

첫째는 비전의 제시다. 지도자는 자기의 확고한 소신에서 우러나오는 이상과 방향과 목표를 제시해야 한다. 지도자는 경륜(經綸)이 있어야 하고 청사진(靑寫眞)이 있어야 하고 계획과 철학이 있어야 한다. 지도라는 말 자체가 그것을 의미한다. 지(指)는 손으로 방향과 목표를 가리킨다는 뜻이다. 지는 Finger(손)요, Point to(at)다. 도(導)는 길로 인도한다는 뜻이다. 방향의 지시와 목표의 향도(嚮導)는 지도자의 첫째 기능이다.

지도자에게는 어떤 꿈이 있어야 하고 이상이 있어야 한다. 지도자는 선장과 같다. 선장은 목표가 있어야 한다. 비전이 없는 지도자는 목표가 없는 선장과 같다. 리더는 멤버에게 희망과 용기를 주고 부하에게 공명공감(共鳴共感)을 불러 일으킬 수 있는 이념과 경륜을 제시해야 한다.

둘째로 리더는 솔선수범(率先垂範)으로 멤버에게 본보기를 보여야 한다. 솔선은 문자 그대로 앞장을 선다는 뜻이요, 수범은 모범을 보인다는 뜻이다. 백 가지의 언변(言辯)보다도 하나의 실천이 멤버에게 더 영향력이 크다. 근면하라고 백번 이야기하는 것보다도 스스로 근면의 본보기를 행동과 실천으로 한번 보여 주는 것이 더 효과가 크다. 본보기의 영향력은 지대하다. 지도자는 본보기의 위력을 알아야 한다. 지도자가 솔선수범으로 위력(威力)을 발휘한 실례를 우리는 수없이 들 수 있다.

"내가 불 속으로 뛰어 든다. 그러면 몇 사람이 반드시 나와 같은 행동을 한다"라고 말한 간디의 말은 리더십의 솔선수범에 관한 명언이다.

부하에게 하라고 명령하는 것보다는 리더가 스스로 앞장 서서 실천할 때 리더는 멤버에게 큰 영향력과 바람직한 변화를 일으킬 수 있다.

세째로 리더는 조직의 관리와 경영의 능력을 갖추어야 한다. 그는 적재(適材)를 적소(適所)에 배치하는 동시에 조직을 합리적으로 능률적으로 효과적으로 관리하고 경영해야 한다. 지도자는 사람을 보는 눈과 사람을 기르는 힘과 사람을 쓰는 지혜가 필요하다. 견인(見人)과 양인(養人)과 용인(用人)의 지혜를 갖추어야 한다.

리더는 P.D.S의 Cycle를 지으면서 조직의 목적 달성을 추구해야 한다. P는 plan 계획이요, D는 do 실천이요, S는 see 분석 평가다. 조직의 관리란 업무 수행을 위하여 인(人)과 물(物)을 능률적으로 운영하는 기술이다. 지도자는 고차원(高次元)의 경영 기술과 관리 능력을 갖추어야 한다.

관리의 기능은 P.O.D.C.C로 요약된다.

P=planning 계획
O=organization 조직
D=direction 지시
C=coordination 조정
C=control 통제

지도자는 P.O.D.C.C의 기능을 적절히 수행하면서 조직의 목적 달성을 수행해야 한다.

끝으로 지도자는 인화(人和)와 팀워크와 사기 앙양을 힘써야 한다. 세상에 인화처럼 중요한 것이 없다. 우리 나라의 천여 개의 기업체의 사훈(社訓)을 조사한 결과 압도적으로 가장 많은 사훈은 인화였다. 사훈은 회사의 경영 이념의 요약이요, 기업 정신의 표현이다. 인화의 사훈이 제일 많다는 것은 첫째 인화가 가장 필요하기 때문이요, 둘째 인화가 가장 어렵기 때문이다.

맹자는 "천시불여지리, 지리불여인화(天時不如地利, 地利不如人和)"라고 갈파했다. 천시가 지리만 못하고 지리가 인화만 못하다는 것이다. 무슨 일을 하는 데나 인화가 가장 중요하다는 것이다. 인화는 성공의 원동력이요, 승리의 비결이요, 번영의 어머니다. 가장 바람직한 조직은 인화가 잘되는 조직이요, 가장 졸렬한 조직은 인화가 안되는 조직이다.

조직의 인화가 이루어질 때 협동이 잘되고 일하는 보람과 기쁨을 느낀다. 인화는 조직의 성공, 사업의 흥망성쇠(興亡盛衰)를 좌우하는 결정적 열쇠의 하나다. 한 조직 안에서 인화가 깨어질 때, 일이 제대로 되지 않는다. 협동은 인화 속에서 비로소 가능하다. 인화를 이루려면 상하간과 상호간의 심리적 장벽을 없애야 한다. 상하 일체(上下一體)가 되어 공동 목표을 향해서 합심 협력해야 한다. 리이더는 협동과 팀워크의 명수가 되어야 한다. 모든 위대한 사업은 협동의 산물이다. 팀워크(Team Work)를 잘하는 조직이 훌륭한 조직이요, 그렇지 못한 조직은 졸렬한 조직이다. 협동이 기적을 낳고 대업(大業)을 이룬다.

인화(人和)와 협동을 이루려면 인간 관계(Human Relation)를 원만하게 조정해야 한다. 세상의 제일 어려운 일이 사람을 다루는 일이다. 훌륭한 지도자는 용인지술(用人之術)이 탁월한 사람이다. 사람을 잘 쓰고 사람을 잘 부리는 기술이 용인지술이다.

사업 실패의 결정적 요인이 인간 관계의 실패에 있다. P.R.보다도 중요한 것은 H.R.이다. 인간을 다루기가 왜 어려운가. 인간은 생명이 없는 물건이나 도구나 기계가 아니다. 인간은 생명이 있고 인격이 있고 감정이 있고 욕구가 있고 이해 관계가 있기 때문에 인간을 원만하게 다루기가 어렵다.

사람은 저마다 자존심이 있고 편견이 있고 열등감이 있고 경쟁심이 있고 독선과 교만과 이기심과 배타심이 있기 때문에 인간을 다루는 일은 인생의 난중지난사(難中之難事)다. 사람을 다루려면 사람의 마음과 속성을 바로 알아야 한다. 지도자는 깊은 인간 이해, 정확한 인간 통찰이 필요하다. 훌륭한 지도자는 예리한 직시력과 통찰력을 겸비한 심리학자가 되어야 한다. 인간은 누구든지 다음 다섯 가지의 공통적인 기본적 욕구를 갖는다. 지도자는 이 다섯 가지의 욕구를 잘 인식하고 이 욕구를 잘 충족시켜 주어야 한다.

첫째로 모든 사람이 인간다운 자존심(自尊心)을 갖는다.
그래서 하나의 자주 독립한 인격으로서 대우를 받기를 원한다. "인간은 도구가 아니다"는 말은 모든 인간이 갖는 근원적인 욕구의 표현이다. 리이더는 모든 사람을 하나의 존엄(尊嚴)한 자주적 인간으로서 대우를 할 줄 알아야 한다.

둘째는 성장(成長)의 요구다. 모든 사람이 직장에서 한 인간으로서 성장하고 진보하기를 원한다. 경제적 성장은 물론이요, 정신적 성장 인간적 성장을 원한다. 리이더는 멤버의 이 욕구를 될 수록 충족시켜 주어야 한다.

세째로 모든 사람은 무엇인가를 달성하고 싶은 성취 욕구를 갖는다. 사람은 경제적 물질적 보수만으로 일하는 존재가 아니다. 모두 성취욕을 갖는다. 무엇인가 가치가 있는 일, 보람이 있는 일을 하고 싶은 것이다. 인간은 보람이라는 심리적 정신적 보수가 따를 때 열심으로 일을 한다. 성취욕(成就慾)의 만족처럼 중요한 것이 없다.

네째로 누구든지 자기의 가치를 인정받고 싶어한다. 나의 존재가 인정받고 싶고, 나의 업적이 인정받고 싶은 것이다. 모든 사람이 상사(上司)와 동료(同僚)와 부하에게 칭찬받고 싶어한다. 리이더는 멤버의 이 욕구를 충족시켜 주어야 한다. 사람은 누구나 자기가 하는 일에 긍지와 프라이드(Pride)를 갖고 싶어한다. 훌륭한 리이더는 기회가 있을 때마다 부하를 칭찬해 주어야 한다.

끝으로 공헌(貢獻)의 욕구다. 사람은 누구나 자기가 소속한 회사와 사회에 공헌하기를 원한다. 인간은 월급만 많이 준다고 신이 나서 일하는 경제적 동물이 아니다. 일의 보람을 느끼고 싶어한다. 자기의 직업을 통해서 민족과 국가에 공헌하고 싶은 것이다.

영국의 위대한 사상가 버트랜드 러셀은 인간의 진정한 행복은 소유 충동(Possessive Impulse)의 만족에 있는 것이 아니라 창조 충동(Creative Impulse)의 만족에 있다고 갈파했다. 인간성에 관한 탁견(卓見)이다. 새로운 아이디어, 새로운 가치, 새로운 상품, 새로운 질서, 새로운 역사를 창조할 때 인간은 참된 보람과 만족과 행복을 느낀다.

마스로우(Maslow)의 욕구 단계설(Hirerarchy of Needs)이나 맥그레고르(McGregor)의 X이론, Y이론은 인간성에 관한 깊은 통찰이요, 바른 이해다. 지도자는 모든 멤버들이 보람을 갖고, 일할 수 있게 해야 한다. 적극적으로 일하고 싶은 의욕을 사기(士氣 : Morale)라고 한다. 사기가 앙양된 직장이 좋은 직장이요, 사기가 저하된 직장은 좋지 않은 직장이다. 일하고 싶은 의욕, 일하는 보람, 이것이 곧 사기다. 지도자는 멤버의 사기를 활발하게 진작시켜야 한다. 사기가 앙양된 직장은 흡사 건강인과 같고 사기가 떨어진 직장은 병자와 같다. 훌륭한 지도자는 인화와 협동과 사기를 진작(振作)하여 조직의 목적 달성을 효과적 능률적으로 수행하여야 한다.

지도자에는 민주형(民主型)과 방임형(放任型)과 전제형(專制型)이 있다. 가장 이상적인 것은 민주형이다. 그러나 상황과 필요에 따라서는 방임형과 전제형을 다소 가미하면서 민주형의 리이더십을 기조(基調)로 삼는 것이 가장 바람직하다.

모든 인간이 리이더십의 위대한 잠재력과 가능성을 갖는다. 누구든지 훌륭한 지도자가 될 수 있는 소질과 능력을 갖고 있다. 그것을 부단히 지혜롭게 개발하느냐 안하느냐가 문제다. 사명감과 신념을 갖고 꾸준히 노력을 하면 누구든지 높은 수준의 리이더가 될 수 있다. 리이더는 태어나는 것이 아니라 스스로 형성하는 것이다.

백련천마(百練千磨)의 훈련이 위대한 리이더를 만든다. 사명(使命)의 자각과 부단한 수련이 훌륭한 리이더십을 길러낸다.

도산 안 창호(島山 安昌浩) 선생의 말씀은 지도력 개발에 관한 훌륭한 금언이다.

"우리 중에 인물이 없는 것은 인물이 되려고 마음먹고 힘쓰는 사람이 없기 때문이다. 인물이 없다고 한탄하는 그 사람 자신이 왜 인물될 공부를 아니하는가."

왜 인물이 적은가. 인물이 되려고 마음을 먹고 힘쓰는 사람이 적기 때문이다. 누구나 인물이 될 수 있다. 누구나 지덕겸비(知德兼備)의 유능한 인재가 될 수 있다. 인물되기 공부, 이것처럼 중요한 인생의 공부가 없다.

리이더십의 개발은 기업가의 부단한 추구 목표(追求目標)가 되어야 한다.

哲學과 現實의 論理

철학과 현실 사이에는 팽팽한 역학의 논리가 존재한다. 철학은 현실에 대하여 어떤 자세와 태도를 취하며 또 취해야 하는가.

철학의 대현실자세(對現實姿勢)를 검토해 보기로 한다. 현실을 독어로 Wirklichkeit 영어로 Actuality라고 한다.

두 외국어의 어원은 깊은 시사적 의미(示唆的 意味)를 갖는다. 독어는 Wirken이라는 동사에서 유래하고 영어는 Act라는 동사에서 유래한다.

모두 다 작용한다. 영향을 준다. 활동한다는 뜻이다. 현실은 내 앞에 있는 또는 내 주위에 있는 정적 상황(靜的 狀況)이 아니다. 현실은 우리에게 부단히 작용을 한다. 영향을 주는 동적 상황(動的 狀況)이다. 현실은 살아서 움직이며 우리에게 도전해 온다. 우리는 현실의 작용과 도전과 영향에 대하여 원하건 원치 않건 어떤 자세와 태도로 응전하지 않을 수 없다. 현실과 철학 사이에는 일종의 Chellenge Response 도전 응전(挑戰應戰)의 관계가 있다.

현실은 명사적 개념(名詞的 槪念)이 아니고 동사적(動詞的) 개념이다. 현실은 언제나 어떤 문제를 내포하며 그 문제는 우리에게 해결을 요구한다.

현실은 한 마디로 말해서 긴장된 문제적 상황(問題的 狀況 : Problematic Situation)이다. 문제는 희랍어의 어원이 의미하듯이 우리의 진로를 저해하는 '장해물'이란 뜻이다. 산다는 것은 부단한 문제 해결의 과정이요, 장해물 제거(障害物除去)의 노력이다.

현실은 현재 우리 앞에 실재하고 있는 사실 또는 상황의 전체를 의미한다. 우리가 그 속에 처해 있는 환경과 상황의 전체다. 현실은 이상에 대립하는 말로서,

1. 이상 실현(理想實現)의 장해적 상황(障害的 狀況)인 동시에,
2. 이상 실현의 가능성(可能性)을 갖는 소재다.

우리는 정치적・경제적・사회적・문화적・역사적・국제적 현실 속에서 살아간다. 현실은 시간적으로 보면 역사(歷史)요, 공간적으로 보면 사회(社會)요, 가치적으로 보면 문화(文化)라고 할 수도 있다.

철학은 현실에서 출발하여 현실로 돌아온다.

현실은 철학의 지반(地盤)이요, 대상이요 또 과제다. 인간은 현실에서 절대로 벗어날 수는 없다. 현실은 인간의 운명적(運命的)인 한계 상황(限界狀況)의 하나다.

현실이 바람직한 상황일 때에는 철학과 현실 사이에는 별로 큰 문제가 생기지 않는다.

현실이 바람직하지 못할 때 철학과 현실 사이에는 갈등과 긴장과 문제가 발생한다.

철학과 현실은 깊은 상호 작용을 한다. 인간의 역사적 사회적 현실(歷史的 社會的 現實)은 언제나 문제적 상황과 해결 과제(解決課題)를 내포한다. 빈곤・압제・전쟁・무지・불평등(不平等)・편견・질병・죄악・고뇌 등의 문제는 어느 시대, 어느 사회에나 존재한다.

동서 고금의 철학과 철학자들은 문제적 상황인 현실에 대하여, 어떤 자세와 태도를 취하였는가. 우리는 크게 세 가지 자세로 요약할 수 있다.

첫째는 현실 도피(現實逃避)・현실 망각・현실 방관의 자세다.

명철보신(明哲保身)의 처세술(處世術)과 오불관(吾不關)의 생활 태도로 시정(市井)이나 산중에 은거하여 한운야학(閑雲野鶴)을 벗삼고 금서삼매(琴書三昧) 속에서 현실을 도피하고 살았다.

허유(許由)의 세이(洗耳), 시인 묵객(墨客)의 독야청청(獨也靑靑)의 태도, 도연명(陶淵明)의 채국동리하 유연견남산(採菊東籬下 悠然見南山)의 은둔적 탈속(隱遁的 脫俗), 죽림칠현(竹林七賢)의 청담(淸談), 디오게네스의 코스모폴리탄적 걸식 생활(乞食生活), 스토아 철학자들의 고고한 생, 데카르트의 화란에로의 도피, 스피노자의 은거, 모두 다 이 범주(範疇)에 속한다. 우리 나라의 선비들의 아호(雅號)에는 유난히 은자(隱字)가 많다. 포은(圃隱)·야은(冶隱)·목은(牧隱)의 3은은 그 좋은 예다. 모두 현실 도피적 생이다.

옛날에는 그것이 가능했다. 그러나 오늘날과 같이 매스컴이 고도로 발달하고 사회 관리의 조직 기술이 철저한 사회 상황에서는 은둔과 도피는 어렵다.

우리는 사회의 방청석(傍聽席)에 앉아있는 역사의 비겁하고 무책임한 방청자가 될 수도 없고 또 되어서도 안된다.

둘째는 현실 타협(現實妥協)·현실 적응·현실 합리화의 자세다.

"미네르바의 부엉새는 황혼에 날개를 치며 날아다닌다"는 헤겔의 유명한 말은 이 자세에 가까운 말이다.

현실의 행동과 사건이 다 끝난 저녁에 지혜의 새는 날아다니며 현실의 추사고(追思考 : Nachdenken)을 한다는 것이다.

철학은 현실의 앞에 서서 역사의 방향과 진로를 제시하며 현실을 지도하고 변혁하는 기능과 사명을 다하는 것이 아니라 현실의 뒤를 따라가면서 현실을 합리적으로 설명하고, 해석하고, 의미부여(意味賦與)를 하는 기능을 담당한다는 것이다. 중세에 철학이 신학(神學)의 노비(奴婢)가 되어 도그머를 합리적으로 설명하고 해석하는 작업을 수행하였듯이 현실의 시녀(侍女) 노릇을 하려는 것이다.

2차 대전 당시의 일본과 독일의 철학자들은 그 좋은 본보기의 하나다.

지성에는 두 종류가 있다. 하나는 곡학아세(曲學阿世)의 소피스트적 지성이요, 또 하나는 파사 현정(破邪顯正)의 소크라테스적 지성이다. 전자는 어용적(御用的) 지성으로 전락하고, 후자는 비판적 지성의 역할을 담당한다.

철학적 정신이 혼미(混迷)·위축(萎縮)할 때마다 우리는 "소크라테스로 돌아 가라"고 외치지 않을 수 없다. 그는 시시비비를 준엄하게 가리고, 성실과 용기(勇氣)의 덕으로 진리의 실천자가 되었으며, 우리에게 생의 방향을 제시하고 아테네의 노예 노릇을 하면서 자기의 철학적 신념(哲學的 信念)과 생의 고귀한 사명(使命)을 위해서 살다 순교한 철인(哲人)이다. 그는 철학도(哲學徒)의 거울이요, 본보기다.

철학의 제3의 자세는 현실 비판(批判)·현실 개혁·현실 지도다. 우리는 그 이상적 모범을 소크라테스에서 발견한다. 이러한 지성만이 창조적 지성(創造的 知性)이라는 이름에 손색이 없다. 지(知)와 신(信)과 행(行), 철학적 지혜와 종교적 신념과 도덕적 실천(道德的 實踐)의 3요소가 혼연 일체(渾然一體)로 생명적 통일과 균형적 조화(均衡的 調和)를 이루었던 소크라테스의 인간상은 철학의 당위적(當爲的) 자세를 우리에게 명시한다.

우리가 오늘날 필요로 하는 것은 세계 해석(世界解釋)의 철학이 아니라 세계 변혁(世界變革)·세계 지도(世界指導)의 철학이다.

야스퍼스를 위시한 많은 실존 철학자와 문화 비평가(文化批評家)들이 현대의 인류와 문명의 위기적 상황(危機的 狀況)을 예리하게 지적했다. 인간 상실(人間喪失)·인간 소외·비인간화(非人間化)·역사의 방향 상실·사상적 무정부 상태(思想的 無政府 狀態)·기술 문명의 여러 가지 병리적 부작용, 도덕적인 아노미,

이상과 권위 상실에서 오는 허무주의(虛無主義), 정신적 지주(支柱)의 붕괴, 이방인적 고향 상실(異邦人的 故鄕喪失), 현대인은 니이체가 말한 바와 같이 Nihilism 앞에 서 있다.

현대의 문명의 위기적 상황의 진단과 처방을 옳게 제시하는 사상적 작업은 철학이 담당하여야 할 과제요 책임이다. 우리는 딴 학문에서 도저히 그것을 기대할 수 없다.

철학은 현대의 문명의 방향과 인류의 진로와 역사의 지표를 명시하는 이상적 세계관(理想的 世界觀)과 가치관의 확립을 진지하게 모색해야 한다. 인류는 참으로 위기적 파국 앞에 서 있기 때문이다.

과학은 인간의 이상이나 가치를 다루려고 하지 않는다. 그것은 가치 중립적(價値中立的)이다. 인간의 이상과 가치를 다루는 학문은 오직 광의(廣義)의 철학뿐이다.

오늘날 현대 철학 앞에는 실로 막중한 사명과 책임이 부여되었다. 철학과 철학자들은 그 사명과 책임을 자각하고 스스로의 임무를 수행해야 한다.

철학은 원래 지(知)를 사랑한다는 의미다.

이 사명과 임무를 다하기 위하여 현대 철학은 어떤 지성을 추구해야 하는가. 지성의 근본적 기능(根本的 機能)은 사고(思考)와 비판(批判)에 있고, 지성의 덕은 공정성(公正性)과 자유성(自由性)에 있고, 지성의 목적은 가치의 창조적 생산(創造的 生産)에 있다.

여러 가지의 특수 과학들이 지나치게 전문화 분업화하여 문명의 방향 상실에 빠진 오늘날 철학은,
1. 분석지(分析知) 보다도 종합지(綜合知).
2. 방법지(方法知) 보다도 방향지(方向知).
3. 사실지(事實知) 보다도 가치관(價値觀).
4. 이론지(理論知) 보다도 실천지(實踐知).
5. 현실 감각(現實感覺) 보다도 이상 감각(理想感覺).

6. 국가적 민족적 시야(國家的 民族的 視野)보다도 세계적 인류적 시야(世界的 人類的 視野).

이런 것이 특히 요구된다. 미국의 철학자 윌리암 바레트가 지적한 바와 같이 현대의 철학도는

① 역사를 멀리 내다 보는 수평적(水平的)인 눈(A horizontal eye to look out).

② 높이 이상을 쳐다보는 수직적(垂直的)인 눈(A vertical eye to look up).

③ 자기의 내부를 직시하는 내향적(內向的)인 눈(An inward eye to look within).

이 요구된다. 새로운 종합적 정신과 높은 이상적 정신에 입각한 포괄적 세계관(包括的 世界觀)과 가치관의 제시가 현대 철학의 가장 중요한 사상적 과제다.

國難克服의 姿勢

—— 磐石과 같은 自主民族이 되자 ——

歷史의 主人과 祭物

역사에는 냉엄한 역학 법칙이 작용하고 있다. 나라와 나라, 민족과 민족간에는 가혹한 힘의 원리가 지배한다. 우리는 이것을 민족 투쟁(民族鬪爭)이라고 한다. 아랍과 이스라엘의 인종 투쟁은 그 대표적인 예의 하나다. 칼 맑스는 인류의 역사를 계급 투쟁(階級鬪爭)의 역사라고 보았다. 자유인과 노예 귀족과 평민의 계급 투쟁이 인류의 역사를 지배했다고 하였다. 계급 투쟁이 인류 역사의 종적 원리(縱的 原理)라고 한다면 민족 투쟁은 횡적 원리(橫的 原理)다. 그런데 계급 투쟁은 같은 사회 안에서 같은 민족간의 계급적 대립에 지나지 않는다. 그러나 민족 투쟁은 그렇지가 않다. 그것은 민족의 존망을 건 항쟁이요, 딴 나라와의 사생 결단의 싸움이다. 혹심한 경우에는 딴 민족을 말살하고 딴 나라를 부정하려고 한다. 그런 점에서 민족 투쟁은 계급 투쟁보다도 훨씬 더 치열하고 무섭다.

민족 투쟁은 시대에 따라 또 사회에 따라 역사의 주류(主流)를 이루기도 하고 저류(底流)를 이루기도 한다. 역사의 전면에 대두하기도 하고 후면에서 조용히 흐르기도 한다.

힘이 있는 민족은 역사의 주인이 되고 힘이 없는 민족은 역사의 제물로 전락한다.

　힘이 있는 나라는 역사의 주동적 참여자(主動的 參與者)가 되고 힘이 없는 나라는 역사의 비극적 피해자(悲劇的 被害者)가 된다. 이러한 가혹한 힘의 법칙이 존재한다는 것은 인류의 큰 비극이요, 부조리다. 우자(優者)는 승하고 열자(劣者)는 패한다.

　이것이 우승 열패의 법칙이다. 그것은 약한 자의 고기를 강한 자가 먹어 버리는 약육 강식(弱肉強食)의 법칙이다.

　나라와 나라, 민족과 민족간에는 아직도 정글 법칙의 일면이 지배하고 있다. 야수들이 사는 밀림에는 폭력을 근본으로 하는 밀림 법칙, 정글 법칙이 지배한다. 인간의 경우에 이 정글 법칙은 스포츠의 법칙으로 승화되어야 한다. 서로 대등한 위치에서 공정한 경쟁을 벌이고 엄정 중립(嚴正中立)의 심판관에 의하여 승패와 정(正)·부정이 분명하게 가려지는 경기 법칙(競技法則)은 민족과 민족, 국가와 국가간에 존재해야 하는 정의 법칙이다.

　우리는 정글 법칙이 지배하는 사회와 역사를 원치 않는다. 인류는 스포츠 법칙이 지배하는 사회와 역사를 원한다. 그러나 우리의 절실한 이상(理想)과 간절한 희망에도 불구하고 민족과 민족, 나라와 나라 사이에는 스포츠 법칙보다도 정글 법칙에 가까운 냉엄한 힘의 법칙이 지배해 왔다. 이것을 부정한다면 역사의 리얼리티를 부정하는 것이다.

　그것은 역사의 사실을 무시하는 것이다. 가혹한 힘의 투쟁 법칙이 지배하는 역사의 무대에서 힘이 부족하여 사라져 버린 불행한 민족과 나라들이 있다. 만주족이 그랬고, 잉카 제국과 사라센 제국이 그랬고, 아메리카 토인들도 그러한 몰락의 운명을 지금 겪고 있다. 왜 그들은 역사의 제물이 되고 노예로 전락하고 패배자가 되었는가. 대답은 간단하다. 힘이 없었기 때문이다. 국력(國力)이 부족했기 때문이다. 힘이 없는 민족이나 국가는 역사의 비참한 희생의 제물로 전락한다. 왜 국난(國難)이 생기는가. 민족과 나라의 힘이 부족하기 때문이다. 그러면 국난을 극복하는 길은 무엇인가. 민족과 나라의 힘이 그 열쇠다.
 역사에는 민족의 흥망성쇠(興亡盛衰)가 있고 나라의 존망(存亡)과 영고(榮枯)가 있다.
 케네디가 갈파한 것과 같이 우리는 "강자는 공정하고 약자는 안전한" 평화로운 세계 질서의 확립을 원한다. 이것이 인류의 희구요, 비원이다. 우리는 자유와 정의와 평화 법칙이 지배하는 새로운 세계 질서를 건립하기 위하여 평화의 싸움과 선한 싸움을 쉬지 않아야 한다. 그것은 우리의 고귀한 이상이다. 그러나 우리의 현실은 그렇지 않다. 우리는 동북 아시아의 한반도에 나라를 세우고 수천년의 민족사를 살아오면서 여러번 국난을 겪어왔다. 수(隨)·당(唐)·원(元)·청(淸)·일(日)의 침략 세력이 우리의 국권을 위협하고 국기(國基)를 흔들고 국토를 유린하고 국맥(國脈)을 끊으려고 했다. 또 한말에는 구미 열강 세력이 우리를 위협했다. 북에서 남쪽의 해양으로 진출하려는 남하 세력(南下勢力)과 남에서 대륙으로 진출하려는 북상 세력(北上勢力)의 틈바구니에 끼어 수없는 침략의 비극과 곤욕을 겪었다.
 그러나 우리는 용감한 자주력과 끈질긴 저항력으로 이에 항쟁하여, 민족의 생명을 지키고 나라의 영광을 보전했다. 고구려의 용맹은 수(隨)와 당(唐)의 침략을 여러번 물리쳤고, 신라의 강인한 저항력은 당을 격퇴시켰고, 고려의 끈덕진 호국 정신(護國精神)으로 원의 세력을 막아내었다.
 그러나 수천년 역사상 처음으로 우리는 북상 세력인 일본의 침략 때문에 36년 동안 불행히도 국맥이 끊겼었다.
 우리 역사의 주체가 일본으로 바뀌고 우리는 역사의 노예로 전락했다. 그것은 한국사의 유일한 역사 단절(歷史斷絕)의 비극이었다.
 우리는 일본에게 국토와 국권과 재산과 언어와 문자와 역사와 성명까지도 박탈당했었다.
 한국의 국난사(國難史)에서 그 피해가 크기로, 그 규모가 심하기로 일제 침략이 제일 가혹했다. 수·당·원·청의 침략은 일제의 침략에 비하면 아무것도 아니었다. 그러면 우리는 얼마나 국난을 겪고 외환을 당하였는가? 고려 건국의 해인 918년에서 합병의 해인 1910년에 이르는 992년 동안에 역사에 기록된 외환의 수는 무려 148회나 된다. 시대적으로 보면 여말(麗末)에서 이조 초엽에 이르는 기간이 가장 심했다. 992년간에 148회라고 하면 약 7년만에 한번씩 외환을 겪은 셈이다. 신라와 고구려와 그 이전까지의 외환을 넣는다면 이보다 엄청난 회수가 된다. 어느 정도의 피해와 침략을 외환으로 보느냐 하는 것도 물론 문제가 된다. 백명의 외국군이 쳐들어 오는 경우도 있었고, 수십만의 대군이 침략해 들어 온 경우도 있었다. 어쨌든 상기의 숫자는 고려사와 이조 실록 등에 나타난 외환의 수다. 이것을 민족별(民族別), 국가별로 보면 일본이 40.2%, 만주족이 34.5%, 그 다음이 거란·몽고·한족(漢族)·영(英)·노(露)·불(佛)·독(獨)·미(美) 등이다. 일본은 과거 천년 동안에 79회나 우리 나라를 괴롭히고 겁탈하려고 했다. 12, 3년에 한번씩 일본의 외환을 겪은 셈이다.

그들의 잔인한 침략성을 증명하고도 남음이 있다.

우리는 수천년 동안 열강 세력의 침략과 외환을 막기에 국부(國富)와 국력(國力)의 대부분을 소모해야만 했다. 한국 역사상 80년 이상 평화가 계속해 본 일이 없다. 일본을 보라. 해양 국가이기 때문에 지리적 조건(地理的 條件)의 유리로 한번도 외세의 침략을 당하지 않았다. 그들은 오래 계속되는 평화 속에서 사회적·경제적 건설에 국력을 기울일 수 있었다. 그러나 우리 민족은 허다한 침략 때문에 국토는 폐허가되고 국민은 수없는 살생을 당하고, 산업은 파괴되고 문물은 병화(兵火)로 소실되었다.

우리는 세계 역사상 유례가 없는 외환과 국난을 겪었다. 그러나 국맥을 지키고 국토를 수호하고 민족의 말과 글과 문화를 보존하면서 민족과 국가의 전통을 연면하게 지켜온 것은 우리 민족의 투철한 자주 독립 정신과 호국 용기와 민족적 저항력과 문화 민족(文化民族)의 창조력이 있었기 때문이다. 만일 우리에게 이러한 속성이 없었더라면 우리는 필시 만주족이나 잉카 제국과 같은 비참한 운명을 겪고 말았을 것이다. 만일 일본이 한반도에 위치하여 우리가 겪은 침략을 당하였더라면 그들은 과연 어떻게 되었을까? 지리적 위치는 한 나라의 운명과 흥망성쇠에 큰 영향과 작용을 미친다. 우리 민족은 근본이 우수한 민족이다. 아시아에서 가장 뛰어난 지능(知能)과 환경 적응력(環境適應力)과 강한 생활력(生活力)을 가진 민족이다. 이러한 민족의 창조적 에너지가 있었기 때문에 아시아의 열강의 틈바구니에서 여러번 외세의 침략을 받으면서도 우리는 요지부동한 자주적(自主的)인 민족 문화(民族文化)와 역사를 지켜왔다. 수 천년 간에 우리가 겪은 민족적 시련은 우리를 강한 민족으로 단련하는 창조적 계기가 되었다. 허다한 외세의 침략은 민족의 자아 발견(自我發見)·자아 성장(自我成長)의 원동력이 되었다. 온실에서 자란 화초는 생명력이 강하다. 인간과 민족의 경우도 마찬가지다. 우리는 비바람이 강한 역사의 무대에서 자강 불식(自強不息)의 견고한 민족으로 성장했다. 우리는 어떤 고난, 어떤 시련, 어떤 도전에도 굴복하지 않는 민족적 탄력성과 저항력과 응전력을 갖추게 되었다. 고난의 역사는 우리 민족을 강하게 만들었다. 시련의 역사는 우리 민족을 늠름하게 성장시켰다.

民族的 自信의 回復

그러면 국난을 극복하는 자세가 무엇이냐. 우리는 국난을 당했을 때 어떤 정신과 지혜를 발휘하였는가. 국난에 대처하는 슬기를 탐구해 보자. 국난은 나라의 비상시다. 개인이건 단체건 민족이건 국가건 평온한 평상시가 있고 위험의 비상시가 있다. 평상시에는 평상시의 철학과 자세가 있고 비상시에는 비상시를 극복하는 정신과 태도가 필요하다. 그러면 국난에 임하는 자세는 무엇이냐.

첫째는 적극적 민족관을 지니고 민족적 자신을 가져야 한다. 개인이건 민족이건 힘은 자신에서 생긴다. 자신은 위대한 힘의 원천이다. 남이 나를 어떻게 보느냐 하는 것도 중요하지만 내가 나를 어떻게 보느냐 하는 것은 더욱 중요하다. 내가 나를 보는 것을 자아관 또는 자아 개념이라고 한다. 인간의 자아 개념과 자아관에는 두 가지가 있다. 하나는 소극적 부정적 자아관이요, 또 하나는 적극적 긍정적 자아관이다. 내가 나를 멸시하고 스스로를 비굴하게 생각하는 것이 부정적 소극적 자아관이다. 그것은 노예적 자아관이다. 자기 비하(自己卑下)·자기 모멸(自己侮蔑)·자기 학대(自己虐待)에서는 무력감(無力感)과 좌절감과 패망 의식밖에 생기지 않는다. 내가 나를 믿고 스스로의 힘으로 꿋꿋이 서려는 것이 긍정적 적극적 자아관이다. 그것은 주체적 자아관이다. 이것이 놀라운 힘의 원천이다. 자기 긍정·자아 신뢰에서 희망과 용기와 신념의 힘이 솟구친다. 나는 도저히 할 수 없다는 패배적 자아 개념에서는 절대로 힘이 생기지 않는다. 나는 반드시 할 수 있다는 적극적 자아 개념에서만 커다란 힘이 생길 수 있다. 한 인간이나 한 민족이 큰 고난과 시련과 역경에 부딪쳤을 때 그것을 극복하기 위한 정신적 원동력은 먼저 긍정적 자아 개념을 갖는 것이요, 적극적 자아관을 지니는 것이다.

　우리 국민은 소극적 부정적 자아관과 민족관을 갖는 이가 많은가, 또는 적극적 긍정적 민족관을 갖는 이가 많은가. 불행히도 전자의 경우가 많다.

　왜 그렇게 되는가. 그것은 일본인의 식민지 교육의 악영향을 많이 받았기 때문이다. 일본 사람이 한국 사람에게 끼친 최대의 해악(害惡)은 한국 국민의 민족적 자신을 박탈한 것이다. 우리 민족의 정신적 자살을 꾀한 것이다. 일본이 한국을 침략한 후에 자기네 제국주의적 침략 행동을 합리화하기 위해서 식민지 역사관을 왜곡 날조(捏造)하여 우리들의 의식구조 속에 패배적 민족관과 열등적 자아 개념을 국민 학교 시절부터 수십년 동안 계속적으로 주입시켰다. 우리는 일본 사람들의 세뇌 교육(洗腦敎育)의 독침을 맞고, 의식·무의식리에 자기가 자기를 멸시하고 한국 민족이 한국 민족을 열등시하는 개인적 자학주의, 민족적 허무주의에 빠졌다. 자기가 자기를 비굴하게 생각하는 자학심리와 자기 부정의 함정에 떨어지고 말았다. 이 잔재가 우리의 의식과 사고 속에 아직도 뿌리 깊이 남아 있다. 그들은 소위 식민지 역사관을 만들어서 우리에게 왜곡(歪曲)된 민족관, 패배적 역사관, 부정적 자아관을 심어주었다. 일인들이 날조한 식민지 역사관의 골자는 세 가지 내용이다. 첫째로 우리는 사대주의의 민족이요, 둘째로 우리는 당파 싸움의 민족이요, 셋째로 우리는 문화적 창조력이 없는 민족이라는 것이다. 이것은 하나의 허구요, 날조다. 그들은 한국 역사의 한 구석에 있는 조그마한 실례를 들어 마치 한국 역사 전체가 그런 것처럼 왜곡하고 조작했다. 만일 우리가 사대주의의 민족이라면 딴 나라의 속국으로 전락하여 민족의 문화도 언어도 전통도 다 없어지고 말았을 것이다.

우리가 멀리는 한사군을 몰아내고 당에 항쟁하고 원과 싸우고 청에 맞서고 일본에게 독립 투쟁을 전개한 역사적 사실이야말로 한국 민족이 결코 사대주의의 민족이 아닌 결정적 증거다. 한국 역사를 일관해 온 원리는 자주성의 원리다. 사대성의 원리는 추호도 없다. 만일 사대성의 민족이라면 어떻게 허다한 외세의 침략에 끈덕진 저항으로 민족의 자주 독립을 견지할 수 있었겠는가. 수천년의 한국사를 통관할 때 우리가 발견하는 진리는 자주성의 자랑스러운 전통이다. 식민지 사관의 사대성의 주장은 완전한 허구요, 날조다. 사대성이 있다면 바로 일족이다. 식민지 사관의 둘째는 당파성의 민족이라는 것이다. 어느 민족, 어느 사회에나 당파 싸움이 없을 수 없다. 그런데 유독 한국 민족만이 당파성의 원리가 있고 딴 민족은 전혀 없는 것처럼 주장하는 것은 하나의 허구다. 영국의 역사를 바라보라. 당파 싸움으로 수 놓았다. 일본의 역사를 보라. 당파 싸움의 전쟁사다. 한국 역사의 당파 싸움으로서는 이조 선조(宣祖) 때의 사화 당쟁이 있었다. 그러나 신라·고구려·고려·이조에 이르는 긴 한국사에서 우리는 당파성의 원리를 찾아볼 수 없다. 한국 민족이 만일 당파성의 민족이라면 그 가혹한 외세의 침략에 이미 나라가 멸망하고 말았을 것이다. 허다한 국난을 스스로 극복했다는 사실 자체가 우리 민족의 놀라운 단결력을 웅변으로 증명한다. 민족적 단결력이 없었더라면 어떻게 국난을 극복하고 국맥을 유지할 수 있었겠는가. 이는 역사의 한 구석에 있는 벼슬아치의 당파 싸움을 마치 한국 역사를 일관하는 주류인 것처럼 강조한 것은 우리의 민족적 정신을 박탈하기 위한 일인(日人)의 악의와 고의에서 나온 사관 날조(史觀捏造)에 불과하다. 한국사를 일관하는 것은 단결성의 원리라고 보는 것이 올바른 역사 해석이다.

식민지 사관의 세째는 한국 민족의 문화 창조력이 없다는 것이다. 이것은 어불성설이다. 인류의 문화사를 볼 때 진정으로 새로이 문화를 창조한 민족은 네 민족밖에 없다. 하나는 중국 민족의 중국 문명(中國文明)이요, 둘째는 인도 민족의 인도 문명(印度文明)이요, 세째는 희랍인의 희랍 문명이요, 네째는 이스라엘 민족의 기독교 문명(基督敎文明)이다. 이 네 민족이 새로운 문화를 창조했다. 그 밖의 민족들은 이 네개의 문명의 일부를 수입하고 재창조(再創造)하고 재발견(再發見)한데 불과하다. 구미의 영국 문명·독일 문명·프랑스 문명 모두 다 희랍 문명과 기독교 문명의 아들 딸에 지나지 않는다. 그들에게서 희랍 문명과 기독교 문명을 제거해 보아라. 별로 남는 것이 없다. 오늘의 인류 문명은 이 네개의 기본 문명(基本文明)으로 구성된다. 기본 문명을 토대로 다소의 새로운 결합과 창조를 가한 것이 현대의 여러 문명이다. 일본 문명에서 유교 문명과 불교 문명과 서구 문명을 제거해 보아라. 아무것도 남는 것이 없다. 문화의 황무지(荒蕪地)로 전락하고 만다. 일본 민족은 문화 창조력이 있는데 한국 민족은 문화 창조력이 없다는 말은 전혀 말이 안되는 얘기다. 우리도 일찌기 중국에서 유교 문화를 수입했고 인도에서 불교 문화를 수용(受容)하여 그것을 소화하고 우리의 것으로 만들었다. 또 한국의 독자적인 문화를 더러 창조했다. 한글의 제정, 신라의 불교 미술 그 밖의 공예 미술들은 우리의 문화 창조에 속한다. 우리의 선인들은 문화적 여력(文化的 餘力)이 넘쳐서 일본으로 건너가 일본 문화의 은인이 되었다.

물이 높은 데서 낮은 데로 흘러 가듯이 문화도 높은 단계에서 낮은 단계로 흘러간다. 한일 문화 교류사(韓日文化交流史)를 보면 2천년 동안 한국에서 일본으로 건너갔다. 일본에서 한국으로 흘러온 것은 최근 6, 70년간의 일에 지나지 않는다. 문화 창조력이 없다는 것은 한국보다도 오히려 일본이다. 그들은 제 문자 하나도 못 만들었다. 일본의 가나(假名) 문자는 한문자의 모방에 지나지 않는다. 그래서 그들 스스로 일본 글자를 가짜 글자(假名)라고 했다. 제 문자 하나도 못 만든 일본 사람들이 제 문자를 창조한 한국인을 향하여 문화 창조력이 없다고 말한 것은 언어도단에 속한다. 나는 일본의 어용학자(御用學者)들이 날조한 식민지 사관이 얼마나 허망한 허구요, 근거없는 날조요, 악의의 비방인가를 간략하게 지적했다. 왜 그들은 그것을 만들었는가. 한국인의 민족적 자신(民族的 自信)을 박탈하기 위해서였다. 우리는 그러한 사이비 교육을 수 십년 받은 결과 자기도 모르는 사이에 허무적 민족관, 부정적 자아관, 자학적 자아 관념(自虐的 自我觀念)을 갖게 되었다. 이러한 관념은 우리에게 좌절감과 무력감과 패배감을 심어주었다. 이제 우리는 이러한 허무적·부정적·자학적·자아관과 민족관(民族觀)에서 먼저 해방되어야 한다. 우리는 적극적인 자아관과 역사관(歷史觀)과 전통관(傳統觀)과 민족관을 확립해야 한다. 그러기 위해서 올바른 역사 교육부터 시켜야 한다. 긍정적 자아관(肯定的 自我觀)에 입각한 주체적 민족사관(主體的 民族史觀)부터 확립해야 한다. 이것이 국력 배양의 중요한 정신적 원천(精神的 源泉)이다. 세상에 그릇된 교육처럼 무서운 것이 없다. 인간은 교육의 산물이다. 우리는 올바른 국민 교육에 의해서 적극적 자아관과 민족관부터 먼저 확립해야 한다. 가장 중요한 것은 민족적 자신(民族的 自信)의 회복이다. 우리는 도산 안 창호(島山 安昌浩) 선생이 수십년 전에 이미 갈파한 바와 같이 "근본이 우수한 민족"이다.

예일 대학의 오스굿 교수가 《한국인(韓國人)과 그의 문화》에서 다음과 같이 말했다. "동양에서 제일가는 체격과 지혜와 능력을 가진 한국 민족은 어려움과 절망 속에서 희망을 찾아 일어서야 할 때가 바로 지금이다." 우리는 이 말을 깊이 음미해 보아야 한다. 국난 극복의 자세의 첫째는 적극적 자아관에 입각한 민족적 자신의 회복과 확립이다.

護國의 精神

둘째는 호국(護國)의 용기(勇氣)를 갖는 것이다. 제 집을 지키는 것이 각자의 의무요, 책임인 것처럼 제 나라를 지키는 것은 국민의 제1차적 의무요, 기본적 책임(基本的 責任)이다. 나라를 지키는 것을 호국이라고 한다. 나라를 사랑하는 것을 애국(愛國)이라고 하고, 나라를 일으키는 것을 흥국(興國)이라고 한다. 호국과 애국과 흥국은 국민의 당연한 도리다. 그것을 다하지 못한다는 것은 인간의 도리를 다하지 못하는 것이다. 나라는 우리의 집과 같다. 그래서 한문에서는 국가 즉 나라는 집이라고 하였다. 우리는 집이 없으면 행복하게 살 수가 없듯이 나라가 없으면 사람답게 살 수가 없다. 왜 나라가 중요하냐. 왜 국가의 자기 방위(自己防衛)가 중요하냐. 나라가 없으면 우리의 생명과 재산과 자유와 권리와 행복을 보장할 수가 없다. 우리의 생존과 번영과 행복을 보장하는 데 필요한 것이 나라요 국가다. 20세기의 위대한 철학자 버트랜드 러셀은 《자유란 무엇이냐? : What is freedom?》라는 글에서 다음과 같은 요지를 말하였다. 자유는 인간의 가장 기본적 가치다. 자유는 두 가지로 나눌 수 있다.

첫째는 누구의 자유(whose freedom)냐. 즉 자유를 누리는 주체를 기준으로 자유를 세 가지로 나눌 수 있다.

첫째는 개인(個人)의 자유요,
둘째는 단체(團體)의 자유요,
세째는 민족(民族)의 자유다.

또 하나는 어떤 자유(what freedom)냐. 즉 자유의 내용을 표준으로 자유를 세 가지로 나눌 수 있다.

첫째는 정치적(政治的) 자유요,
둘째는 경제적(經濟的) 자유요,
세째는 정신적(精神的) 자유다.

이 중에서 어느 자유가 가장 필요하고 가장 기본적이냐. 러셀은 민족의 자유라고 말한다. 왜냐? 민족의 자유가 없으면 딴 모든 자유를 누릴 수 없기 때문이다. 우리가 딴 나라의 식민지로 전락하여 국가의 주권과 민족의 자유를 상실할 때 우리는 개인적 자유도 누릴 수 없고 정치적 경제적 정신적 자유도 누릴 수 없다. 이 모든 자유를 약속해 주고 가능하게 해 주는 자유가 민족의 자유다. 그러므로 민족의 자유는 인간의 모든 자유의 기본적 수단적 요건(基本的 手段的 要件)이다. 그래서 20세기의 역사는 민족의 자유를 쟁취하기 위한 투쟁이었다. 이것이 러셀의 자유에 관한 이론의 골자다. 민족의 자유와 국가의 독립이 없으면 우리는 딴 모든 자유를 누릴 수가 없다. 나라가 망할 때 국민은 개인의 자유와 영광을 누릴 수 없고 가정의 행복과 번영을 누릴 수 없다. 국가는 우리의 모든 자유를 침범에서 안전하게 지켜주는 자유의 방파제(防波堤)다. 나라는 우리가 타고 있는 배와 같다. 배가 안전할 때 우리도 안전하게 행복을 누릴 수 있다. 그러나 배가 난파(難破)하여 침몰할 때 우리는 배와 더불어 바다 속에 가라앉고 만다. 우리는 우리가 탄 배와 운명을 같이 해야 한다. 배의 안전이 우리의 안전이요, 배의 위험이 우리의 위험이요, 배의 침몰이 우리의 침몰이다.

우리는 자기가 태어난 나라와 더불어 운명을 같이 하고 고락(苦樂)을 같이 하고 또한 영광을 같이 한다. 그러므로 세상에 나라없는 민족처럼 비참한 것이 없다. 무엇이 비극이다 비극이다 하여도 망국민처럼 불쌍한 것이 없다. 이스라엘 민족이 왜 온갖 학대와 수모를 겪으면서 세계 도처를 유랑하고 쫓겨 다녔는가. 2천년 동안 나라가 없었기 대문이다. 나라가 없을 때 국가가 망할 때 우리는 노예의 신세가 되고, 거지의 꼴이 된다. 우리는 설 땅이 없어진다. 나와 나라, 우리와 국가가 운명 공동체를 이룬다. 그래서 우리는 나라를 찾고 나라를 지키어야 한다. 호국은 우리가 안전하게 살기 위해서 자유롭게 살기 위해서 행복하게 살기 위해서 인간답게 살기 위해서 보람있게 살기 위해서 절대로 필요한 인간의 제일의적 의무(第一義的 義務)다. 내 성은 내가 지켜야 하고 우리 나라는 우리가 수호해야 한다. 그래서 옛 선철(先哲)은 국가존망 필부유책(國家存亡匹夫有責)이라고 했다. 필부는 무명의 시민이다. 한 나라의 존망성쇠에 대하여 지도층은 물론이요, 무명 시민도 응분(應分)의 책임을 져야 한다는 것이다. 나라는 군인이나 정치가들만이 지키는 것이 아니다.

또 지킬 수 있는 것도 아니다. 남녀 노소 부귀 빈천을 막론하고 모든 국민이 한마음 한뜻이 되어 같이 지켜야 한다. 그래야만 호국할 수 있다. 중국 근대말의 유명한 선각적 사상가였던 양 계초(梁啓超) 선생은 방관자를 꾸짖는 글이란 논문에서 이렇게 말한다. 무릇 한 집안이나 한 국가의 흥망성쇠는 그 방관자의 유무 다소에 비례한다. 한 집안이나 한 나라가 잘되고 잘못되고 흥하고 망하고는 그 집안의 식구들이나, 그 나라의 국민들 중에 방관자가 얼마나 많으냐 적으냐에 달려 있다는 것이다. 집안에 무책임한 방관자가 많을 때 그 집안은 결코 번영할 수가 없다. 그 나라에 무책임한 방관자가 많을 때 그 나라는 쇠퇴하여 망할 수밖에 없다. 세상에 방관 정신처럼 국가 발전에 해로운 것이 없다. 방관자는 제삼자의 위치에 서서 자기일을 남의 일처럼 무책임하게 바라다 보는 자다. 도산은 일찌기 우리 국민에게 주인 정신을 강조했다. 주인 정신이란 무엇이냐. 책임 정신(責任精神)이다. 주인은 책임을 지는 자다. 책임을 진다는 것은 그 일이 잘되고 잘못 되고가 다 나에게 달렸다고 생각하고 일의 성취를 위하여 자기의 힘과 정성을 다하는 것이다. 그래서 도산은 민족에 주인이 많으냐 적으냐에 따라서 나라의 흥망성쇠가 좌우된다고 하였다. 그러면 민족의 주인이란 무엇이냐. "그 민족 사회에 대하여 영원(永遠)한 책임심(責任心)을 갖는 사람이다." 일시적 책임심이 아니라 영원한 책임심을 갖는 것이 중요하다. 그래서 그는 우리에게 "당신은 이 나라의 주인입니까 손님입니까"하고 엄숙하게 물었다. 나라에 대하여 영원한 책임심을 느끼는 사람만이 국난을 당하였을 때 나라를 위하여 재산을 바치고 정성을 바치고 노력을 바치고 피땀과 피눈물을 바치고 하나 밖에 없는 생명까지도 바친다.

그러므로 나라의 흥망성쇠는 그 나라에 주인이 얼마나 많으냐 또는 방관자가 얼마나 많으냐에 따라서 결정된다. 나라에 대하여 영원한 책임심을 갖는 민족의 진정한 주인들이 많으면 많을수록 그 나라는 부강한 나라가 되고 번영하는 민족이 될 수 있다. 그러나 나라에 방관자가 많으면 많을수록 나라는 쇠퇴할 수밖에 없다. 우리는 호국 정신의 위대한 전통을 갖는다. 이것은 우리 민족의 큰 자랑이다.

이 전통이 있었기 때문에 국난의 폭풍 속에서도 우리 민족의 등불이 꺼지지 않았고, 국맥은 힘차게 이어져 왔다. 많은 충신 열사·명장·의병(義兵)·애국 투사·혁명가·의인(義人)·유명 무명의 영웅들이 민족의 제단 앞에서 또는 나라의 깃발 밑에서 독립의 영광을 위하여, 혁명의 대의(大義)를 위하여, 자유의 실현을 위하여, 정의의 이상을 위하여, 평화의 이념을 위하여, 동포의 행복을 위하여, 요동반도의 광막한 벌판에서, 만주의 넓은 황야에서, 남해의 고도에서, 황산(黃山)의 성터에서, 진주의 남강(南江)에서, 서라벌의 산속에서, 강화도의 둘레에서, 중국의 평원에서 피와 눈물과 땀과 목숨과 정성을 바치어 싸우고 또 죽었기 때문에 우리 나라를 굳건히 지키고 민족의 영광된 생명을 견지해 왔다. 우리는 이 무수한 유명 무명의 호국의 영웅들에게 민족의 이름으로 감사와 영광과 칭송(稱頌)을 드려야 한다. 을지문덕(乙支文德)에서 안 중근(安重根)에 이르기까지 우리의 의인 열사(義人烈士)들의 가슴속에는 나라 사랑의 붉은 피와 민족혼의 뜨거운 정성과 한국인의 늠름한 정신이 맥맥히 살아있었다. 신라의 화랑 정신(花郞精神)·고구려의 용맹심·고려의 호국 정신·이조의 선비 정신·한말의 애국혼, 이것은 우리의 선조들의 혈맥(血脈) 속에 약동한 민족의 얼이요, 우리의 가슴속에 살아있는 민족의 얼이요, 또 우리의 후손들의 핏줄기 속에 용솟음칠 민족의 얼이다. 우리에게 이 늠름한 호국 정신이 살아 있는 한 우리는 어떠한 국난도 용감하게 극복할 수 있다.

精神的 武裝

국난을 극복하는 세째번의 자세는 민족의 창조력(創造力)의 개발과 자력 갱생(自力更生)의 정신 무장이다.

국난은 나라의 비상시다. 비상시에는 비상시의 정신 무장이 필요하다. 평상시의 정신 자세로는 나라의 난국을 돌파하기 힘들다. 국난시에는 무엇보다도 국민의 힘의 결집이 필요하다. 나라의 모든 힘을 호국이라는 하나의 공동 목표(共同目標)에 집결시키는 구심 작용(求心作用)이 필요하다. 나라의 힘, 민족의 힘의 동원과 조직화가 필요하다.

국가의 정치력·경제력·군사력·교육력·도덕력·문화력을 호국이라는 지상 목표에 조직적으로 집중시켜야 한다. 그러기 위해서는 국민의 일체감의 조성과 민족의 단결심이 필요하다. 나의 일이 너의 일이요, 너의 일이 나의 일이요, 우리 모두가 공존 공영(共存共榮)의 운명 공동체(運命共同體)라는 연대 책임의식(連

帶責任意識)이 확립되어야 한다. 큰 힘은 어디에서 생기는가. 공고한 단결에서 나온다. 무엇이 힘을 약화시키는가. 분열과 파쟁이다. 얼마나 국민적 일체감(一體感)과 민족적 단결력을 발동시킬 수 있느냐에 따라서 국난 극복의 성패가 좌우된다. 즉 민족의 단결력이 국난 해결의 열쇠다. 그러면 단결을 촉진시키는 요소는 무엇인가. 단결을 저해하는 요소는 무엇인가. 무엇이 단결을 가능하게 하고 무엇이 단결을 불가능하게 하는가. 그 대답은 간단명료하다. 곧 신의다. 서로 신의가 있으면 단결이 되고 신의가 없으면 단결이 안된다. 서로 믿지 못할 때 단결은 절대로 이루어지지 않는다. 신의는 사회 결속력(社會結束力)의 열쇠다. 공자(孔子)는 일찌기 무신불립(無信不立)의 철리(哲理)를 강조했다. 서로 믿지 못하면 개인이건 국가건 설 수가 없다는 것이다. 서로 믿지 못하는 사람끼리는 단결이 불가능하다. 단결의 전제 조건이 곧 신의다. 우리는 신의의 튼튼한 기초 위에 단결의 견고한 집을 지을 수 있다. 국민 상호간에 공고한 신의가 있을 때 요지부동한 민족적 단결력을 이룰 수가 있다. 국민의 신의는 민족 존립의 기본 요소다. 국난을 극복하려면 힘이 필요하다. 힘은 어디서 생기는가. 힘은 단결에서 생긴다. 단결은 어디에서 생기는가.

　상호 신의에서 생긴다. 어떻게 하면 서로 믿을 수 있는가. 신의의 원천이 무엇인가. 신의를 가능케 하는 원리가 무엇이냐. 진실과 정직이다. 서로 참되고 속이지 않아야 한다. 서로 속일 때 상호 신의는 불가능하다. 동양의 선철은 "천하귀정 만물귀정(天下歸正 萬物歸正)"의 원리를 강조했다. 천하가 정의 원리로 돌아가야 한다는 것이다. 만물이 다 옳은 자리로 환귀하여야 한다고 외쳤다. 전체 국민이 저마다 정직한 사람이 되어야 한다. 모두 신의(信義)를 생명으로 삼는 양심(良心)의 인간이 되어야 한다. 정직하면 서로 믿을 수가 있다. 서로 믿으면 단결할 수가 있다. 단결하면 힘이 생긴다. 힘이 생기면 난국을 극복할 수가 있다. 우리는 국난 극복의 열쇠를 힘에서 찾아야 한다. 그런데 그 힘의 근본이 참이요, 진실이요, 정의다. 참은 천하의 대본(大本)이다. 국난은 나라의 비상시다. 비상시에는 비상시의 철학과 실천 도덕이 필요하다.

1. 비상시에는 사(私)보다 공(公)이 앞서야 한다. 나 개인의 이익이나 안락보다도 나라 전체의 이익과 행복을 더 소중하게 생각해야 한다. 저마다 사적 이익(私的利益)·사적 욕심의 노예가 되어 이기적 행동을 앞세울 때 나라와 사회는 무너지고 만다. 공을 먼저 생각하고 사를 나중에 생각하는 선공 후사(先公後私)의 원리는 국난을 극복하는 첫째의 행동 원칙이다.

2. 우리는 이(利)보다 의(義)를 더 존중하여야 한다. 이는 나의 이익을 말함이요, 의는 우리가 마땅히 해야 할 의무요, 직분이다. 국민들이 자기가 해야 할 사회적 국민적 의무를 게을리 하고 저마다 자기 이익 추구에 골몰할 때 그 사회는 도저히 국난을 이겨낼 수가 없다. "국민 각자가 자기의 천직에 전력을 다하라. 이것이 조국에 봉사하는 길이다." 시성(詩聖) 괴에테의 이 말은 난국을 극복하는데 행동 지침이 될 인생의 금언이 아닐 수 없다.

3. 우리는 비겁을 떠나서 용기있는 국민이 되어야 한다. 난국에 가장 필요한 중요한 덕은 용기(勇氣)의 덕(德)이다. 비겁한 국민은 국난을 극복할 수 없다. 용감한 국민만이 국난을 극복할 수 있다. 우리는 일단 유사시에는 재산을 버리고 생명을 버릴 각오까지 해야 한다. 그러려면 무엇보다도 용기가 필요하다. 적과 싸워 이기려면 용기가 필요하다. 탐욕과 나태와 이기심과 무사안일의 악을 이기려면 정신적 용기가 있어야 한다. 적극적 정신과 진취적 기상(進取的 氣像)은 모두 다 용기의 산물이다. 허영과 사치를 버리고 질소검박 속에서 극기 자제(克己自制)의 생활을 할 때 우리는 국난을 극복할 수 있다. 국난의 비상시는 우리에게 여러 가지 어려운 덕과 생활의 실천을 요구한다. 우리는 인내심(忍耐心)과 희생심을 발휘하여야 한다. 살신 성인(殺身成仁)의 정신과 위국 충성(爲國忠誠)의 실천과 칠전팔기(七顚八起)의 굳

은 의지와 상부 상조(相扶相助)의 미덕을 발휘하여야 한다.

이것이 모두 다 대단한 정신적 용기 없이는 불가능한 일이다. 특히 무실 역행을 근본으로 하는 자력 갱생의 정신과 동시에 온갖 고난과 시련(試練)과 좌절과 절망을 승리와 영광과 희망으로 바꿀 수 있는 힘찬 창조적 정신이 필요하다.

무실 역행(務實力行)과 자력 갱생(自力更生)과 민족적 단결력과 공존 공영의 연대 의식, 칠전팔기의 국민적 용기와 자주적 창조력(自主的 創造力)은 국난 극복에 필수 불가결의 정신적 원동력이다. 이러한 민족의 에너지를 최대한으로 조직화하여 동원할 때 우리는 어떠한 국난도 능히 극복할 수 있다. 어떤 외국 학자는 한국사의 서문에서 다음과 같이 기록했다.

"한국은 미(美)·소(蘇)·중(中)·일(日)의 발길에 차이는 동북아의 풋 볼(football)과 같다."

우리는 불행히도 열강의 발길에 채이는 아시아의 공과 같았다. 이제 우리는 민족의 굳건한 자주적 역량을 축적하여 아시아의 튼튼한 바위가 되어야 한다. 바위를 발로 차면 차는 이의 발이 부러지고 만다. 아시아의 반석과 같은 민족과 나라를 건설하자. 이것이 우리 겨레의 공동의 염원(念願)이요, 절실한 과제(課題)다.

民族自力更生의 哲學

—— 島山 思想의 意味 ——

—— 힘의 哲學

1876년 일제가 우리에게 불평등 조약(不平等條約)을 강요하고 한국 침략의 발판을 구축(構築)하기 시작한 후 1945년의 8·15 해방에 이르기까지 약 70년 간의 한국사(韓國史)를 한 마디로 요약하면 망국의 과정과 독립 투쟁이라고 하겠다. 민족의 독립과 국권(國權)의 회복(回復)은 우리 역사의 지상 명령이요, 근본 과제였다. 우리 민족의 모든 노력과 에너지가 이 한 목표에 집중되었다. '민족의 독립'이라는 목표는 모든 목표에 우선(優先)했다. 그것은 온 국민의 마음속에 정신적 동원령(動員令)을 내릴 수 있는 무상 명령(無上命令)이었다. 민족 독립·국권 회복을 위하여 투쟁할 수 있는 종교 세력(宗敎勢力)으로서 동학(東學)과 불교(佛敎)와 개신교(改新敎)와 천주교(天主敎)와 유교(종교는 아니지만)가 있었다. 그리고 일반 민중의 잠재적 에너지가 있었다.

그 중 천주교는 한국 전래(傳來) 이후 한말의 수차에 걸친 박해와 탄압으로 그 주축(主軸) 세력이 꺾이었기 때문에 민족 운동에 나설 만한 힘이 이미 상실되고 말았다.

유교는 한말의 용감한 항일 의병 운동(抗日義兵運動)으로 많은 인재와 세력이 일제에 거세되었기 때문에 항일 투쟁에 주력할 만한 힘이 없었다.

3·1 운동의 민족 대표 33인 중에 유교계 지도자가 전혀 포함되어 있지 않은 것은 유교의 지도적 인재가 이미 고갈되어 있었기 때문이다.

불교는 한 용운(韓龍雲) 선생을 위시하여 소수의 민족 지도자는 있었지만, 그 전체적 세력이 미약했기 때문에 민족 운동에 기여할 힘이 없었다.

종교 사상과 민족 사상(民族思想)이 깊이 결부되어 있는 천도교는 항일 운동의 큰 잠재력의 하나였지만 동학 혁명의 좌절로 그 주력이 쇠약해졌었다.

민족주의의 사상과 운동에 가장 큰 주도적 역할을 담당한 것은 개신교였다. 개신교는 한국 민족 운동의 중심적 영도 세력(領導勢力)이었다.

3·1 운동의 선봉이 된 민족대표 33인의 반이 기독교계의 지도자였다는 것은 결코 우연한 일이 아니다. 그만한 인재의 자본(資本)과 저항의 에너지를 갖고 있었기 때문이다.

천주교는 이조 말에는 큰 박해를 수차 당했지만 일제의 박해는 거의 받지 않았다. 박해의 대상이 될 만한 민족 운동과 인물이 없었기 때문이다.

개신교는 일제의 탄압과 박해를 수없이 겪었다. 특히 일제의 삼대 박해(三大迫害)를 들지 않을 수 없다. 첫째는 기독교의 지도급 인사를 총망라해서 탄압한 1911년의 105인 사건이요, 둘째는 3·1 운동의 교회 탄압이요, 세째는 1937년의 신사참배(神社參拜) 반대에 따른 기독교계 학교와 교회에 대한 탄압이었다.

숭전대(崇田大)의 전신은 숭실 전문 학교(崇實專門學校)를 위시한 장로교 계열(長老敎系列)의 18개 학교가 폐교(廢校)의 비운을 당했고, 주 기철(朱基徹) 목사를 비롯하여 50여명의 목사와 교역자가 항일 투쟁으로 옥고(獄苦)를 치르고 순교(殉敎)를 하였다. 이것은 결코 작은 일이 아니다. 한국 기독교인의 민족적 양심(民族的 良心)과 신앙적 용기(信仰的 勇氣)를 웅변으로 표현하는 놀라운 의거(義擧)다.

일찌기 춘원 이 광수(春園 李光洙) 선생은 1917년 《청춘(靑春)》지에 한국 기독교의 공과(功過)에 대한 탁론(卓論)을 발표한 일이 있다. 필독할만한 문장이다.

한국의 개신교는 민족 사상과 근대화(近代化)에 얼마나 기여 공헌하였는가. 우리는 일곱 가지의 공적(功績)을 들 수 있다.

첫째는 서양 신문명(西洋新文明)의 도입이다. 어두운 한국 사회에 구미의 새로운 문명을 제일 먼저 도입하여 문명 개화와 자유 인권(自由人權)의 선구자가 된 것은, 개신 교회와 교계(敎系) 학교였다.

둘째는 민족 교회(民族敎會)를 창건하여 민중에게 신앙의 복음(福音)을 전파하고, 인격(人格)과 자유를 중심으로 한 새로운 도덕을 고창했다.

세째는 많은 학교와 병원과 봉사 기관을 세워 민족 교화(民族敎化)와 사회 복지에 공헌했다.

네째는 폐창 운동(廢娼運動)·금주 금연(禁酒禁煙)의 절제 운동을 위시하여 사회 개혁(社會改革) 운동에 앞장을 섰다.

다섯째는 한글 보급 운동을 펴고 성서와 찬송가의 간행으로 문맹 타파(文盲打破)에 앞장을 섰다.

일곱째는 교회가 중심이 되어 농촌 계몽 운동의 전위적 기수(前衞的 旗手)의 역할을 담당했다. 개신교가 한국의 민족적 자각(民族的 自覺)과 근대화의 추진과 사회 개혁(社會改革)에 기여한 공로는 막중하였다.

최근 1백년 동안에 기독교계에서는 많은 민족의 지도자가 배출했다. 교회는 인재의 위대한 저수지(貯水地)였다.

우남 이 승만(雩南 李承晩)·월남 이 상재(月南 李商在)·남강 이 승훈(南岡 李昇薰)·고당 조 만식(古堂 曹晩植)·한서 남궁 억(翰西 南宮檍)·도산 안 창호(島山 安昌浩) 등, 우리 나라 굴지(屈指)의 인물들이 모두 개신교 출신이다.

그 여러 인물 중에서 중추적 영도자는 도산 안 창호 선생이었다. 그는 일생 동안 학교를 셋이나 세운 뛰어난 교육자요, 60평생을 민족 독립 운동에 헌신한 애국적 정치가요, 탁월한 민족 경륜(民族經綸)의 이론과 방안을 가졌던 선각적 사상가(先覺的 思想家)였다.

도산이 민족의 다른 지도자와 크게 달랐던 점은 그에게는 독립 운동의 악전고투의 체험에서 얻은 구국제민(救國濟民)의 사상(思想)이 있었고, 민족 자력 갱생(民族自力更生)의 체계적 이론(體系的 理論)이 있었고 사회 개조의 방안과 이념을 갖고 있었던 점이다. 그는 한낱 정치가는 아니었다. 위대한 사상가였다. 이것이 도산의 가장 뛰어난 점이다. 그의 사상의 근본 기조(根本基調)를 이루는 것은 민족 사상(民族思想)과 경천 애인(敬天愛人)의 기독교 사상이었다. 그는 1894년 16세 때 선교사인 언더우드가 설립한 구세학당(救世學堂—후에 경신 학교가 되었다)에 입학하여 장로교에 입교 세례(入敎洗禮)를 받은 후 1938년, 61세에 옥고(獄苦)로 병환을 얻어 순국(殉國)할 때까지 독실(篤實)한 기독교 신앙인으로서 살았다.

그는 중국에서도 그랬고 국내에서도 그랬거니와 교회에서 많은 설교를 하고 애국 연설을 했다. 교회는 도산이 민족혼(民族魂)과 애국 사상을 국민에게 심어주는 말씀의 전당(殿堂)이었다.

우리 나라 기독교 1백년의 최고 인물을 든다면 도산을 들지 않을 수 없다. 그의 신앙·인격과 사상과 생활과 행동의 기조음(基調音)을 이루는 것은 기독교의 정신이었다.

그러면 도산은 어떤 민족 사상을 갖고 있었으며 어떤 방법으로 민족 운동을 전개하였던가. 한국의 민족 운동은 그 방법론(方法論)을 기준으로 구분할 때 네 갈래로 나누어진다.

첫째는 무력 행동파(武力行動派)다.

무력의 힘으로 민족 독립을 쟁취하자는 것이다. 한말(韓末)의 의병 운동(義兵運動), 만주와 중국의 무관 학교(武官學校)를 중심으로 한 독립 운동, 김 구(金九) 선생을 중심으로 한 의거 운동(義擧運動—尹奉吉·李奉昌의 의거), 이 동휘(李東輝)를 중심으로 한 급진론자(急進論者)들, 모두 이 계열에 속한다. 무력 항쟁(武力抗爭)을 외치는 그 기상(氣像)은 위대하다. 그러나 군대도 무기도 자금도 없는 상황에서 무력에 의한 독립 쟁취는 불가능에 가까운 일이다.

둘째는 외교파(外交派)다. 이 승만·김 규식(金奎植) 등이 주축이 되어 미국을 중심으로 한국제 여론에 호소하여 민족의 독립을 획득하자는 것이다. 1918년, 세계를 휩쓴 민족 자결주의(民族自決主義)는 이러한 운동에 박차를 더욱 가하는 계기가 되었다. 이것도 실현성(實現性)이 희박한 방법이다.

세째는 공산주의자(共產主義者)의 민족 운동이다.

1917의 러시아 혁명과 레닌의 민족 해방 운동에 자극되어 계급 혁명(階級革命)으로 민족 독립을 쟁취하자는 것이다. 이것도 실현성이 없는 방법이다.

네째는 실력 준비파(實力準備派)다.

도산은 이 계열에 속하는 대표적 인물이다.

1910년, 망국(亡國)을 앞두고 민족의 많은 지도자들이 국외로 탈출하여 중국 청도에서 독립 운동의 방략(方略)에 관하여 회의를 열었다. 이것이 유명한 청도(靑島)의 지도자 회의다. 독립 운동의 방법에 관하여 이대 주장(二大主張)으로 갈라졌다. 하나는 이 동휘(李東輝)를 중심으로 한 급진적 행동파(急進的 行動派)였고, 또 하나는 도산(島山)을 중심으로 한 점진적 준비파(漸進的 準備派)였다.

나라가 망한 이 불행한 판국에 당장 도끼건 총이건 폭탄이건 들고 나아가서 무력 항쟁(武力抗爭)을 전개하자는 것이 급진파의 주장이었다.

도산은 그들에게 힘의 준비를 역설했다. 싸우려면 싸울 수 있는 힘을 준비해야 한다. 무기도 탄약도 군자금(軍資金)도 없이 어떻게 맨주먹으로 싸울 수 있는가. 민족 독립에는 원대한 계획과 치밀한 준비가 있어야 한다. 교육을 일으키고 산업을 진흥시키고 인재를 양성하고 민족 독립 사상(民族獨立思想)을 주입시키면서 투쟁 역량(鬪爭力量)을 점진적(漸進的)으로 착실히 준비하는 것이 민족 독립의 정경 대도(正經大道)라고 도산은 외쳤다. 그러나 성급한 급진파의 지도자들은 도산의 말에 귀를 기울이려고 하지 않았다.

도산은 오랜 시간이 걸리더라도 점진적 실력 준비(漸進的 實力準備)를 하는 길밖에는 민족 독립의 대업(大業)을 성취하는 방법은 없다고 판단했다. 싸우기 전에 먼저 싸울 수 있는 민족 실력(民族實力)을 준비하고 저축하자는 것이 도산의 기본 구상이었다. 도산 사상(島山思想)은 한 마디로 말하면 민족의 힘의 사상이요, 힘의 철학(哲學)이다. 민족의 자주 독립과 자력 갱생(自力更生)의 실력 양성 운동을 그는 강조했다.

도산은 1921년에 상해(上海)에서 해외의 여러 동지들에게 편지를 썼다. 이 편지의 서두에서 그는 이렇게 말했다.

"내가 여러분에게 간절히 부탁하는 것은 이것이외다. 여러분은 힘을 기르소서, 힘을 기르소서, 이 말씀이외다."

이 세상의 모든 일에는 힘의 법칙이 작용한다. 만사(萬事)는 힘의 산물(産物)이다. 일은 힘의 열매다. 힘은 하늘에서 저절로 떨어지는 것도 아니다. 땅에서 혼자 솟아나는 것도 아니다.

기르면 생기고 안 기르면 안 생긴다. 우리가 믿고 바랄 것은 우리 스스로의 힘밖에 없다. 오늘의 힘 없음을 한탄하지 말고 힘은 기르면 생긴다는 것을 믿고 10년이 걸리건 50년이 걸리건 민족의 자주력(自主力)·근본력(根本力)을 길러야 한다. 이것이 그 편지의 요지다.

도산의 말을 몇 군데 인용하기로 한다.

"세상의 모든 일은 힘의 산물이다. 힘이 적으면 적게 이루고 힘이 크면 크게 이루며, 만일 힘이 도무지 없으면 일은 하나도 이룰 수 없다. 그러므로 누구든지 자기의 목적을 달하려는 자는 먼저 그 힘을 찾을 것이다. 제군이여, 일은 힘의 산물이라는 것을 확실히 믿는다. 이것을 믿고 힘을 찾는다면 그 힘은 어디서 오겠는가."

"천사만려(千思萬慮)하여 보아도 우리의 독립을 위하여 믿고 바랄 바는 오직 우리의 힘이외다."

"여러분 동지여, 우리는 우리의 힘을 믿고 우리의 힘을 바라고 우리의 힘을 기릅시다. 오늘 우리의 힘없음을 한탄하지만 말고 힘만 있으면 성공할 줄을 깊이 깨닫고, 적으면 적은 대로 많으면 많은 대로 우리에게 있는 마음과 있는 뜻과 있는 힘을 다하여 노력합시다. 세상만사에 작고 큰 것을 막론하고 일의 성공이라는 것은 곧 힘의 열매입니다. 힘이 작으면 성공이 작고 힘이 크면 성공이 크고, 힘이 없으면 죽고 힘이 있으면 사는 것이 하늘이 정한 원리 원칙(原理原則)이외다."

"오늘에 가장 힘이 많다고 자랑하는 그 민족들의 근본을 돌아보면 본래 하늘에서 그 힘을 가지고 온 것이 아니외다. 없는 가운데서 적은 가운데서 그와 같이 힘이 있는 지경(地境)에 이른 것이외다. 그러므로 우리 무리는 힘을 기르기 위하여 노력하다가 속히 쉽게 되지 안는다고 조금도 주저하지 말고 낙심하지 말 것이외다. 오직 대한 민족(大韓民族)의 생명은 힘을 기르고 못 기름에 달린 줄을 깊이 자각하고 굳은 결심으로 나아갈 뿐이외다. 꾸준히 나아갈 뿐이외다."

"옳은 것으로 깨달은 것은 이(利)롭거나 해(害)하거나 성(成)하거나 패(敗)하거나 그냥 꾸준히 붙들고 나아가는 것이 나의 천직(天職)이요, 본무(本務)인 줄을 깨달읍시다. 우리 앞에서는 순경(順境)보다도 역경(逆境)이 많습니다. 쉬운 것보다도 어렵고 험한 것이 많습니다. 대한 민국을 건지려는 큰 뜻을 세운 우리 무리는 이것 저것에 방황하지 말고 오직 우리의 자각(自覺)으로 세운 주의(主義)를 끝까지 붙들고 나아갈 뿐이외다. 다시 부탁하노니 여러분 동지는 부지런히 배우셔서 자신의 인격(人格)을 건전(健全)케 합시다. 서로서로 사랑하고 동정하여 단결력(團結力)을 더욱 공고하게 하옵시다."

"독립이란 본뜻이 내가 내 힘을 믿고 내가 내 힘을 의지하여 사는 것을 말함이요, 이 반대로 남의 힘만 믿고 남의 힘을 의지하여 사는 것을 노예라 하나니, 만일 우리가 이름으로는 독립 운동을 한다고 하고 사실은 다른 나라들의 관계만 쳐다보고 기다린다면 이는 독립 운동에 큰 모순이 되지 않습니까. 우리가 설혹 외국의 관계와 세계의 시운(時運)을 이용한다 하더라도 그것을 이용할 만한 힘이 있은 후에야 가(可)히 이용치 않으리까. 내가 일찍 여러번 말하기를 —— 참배나무에는 참배가 열리고, 돌배나무에는 돌배가 열리는 것처럼 독립할 자격이 있는 국민에게는 독립국(獨立國)의 열매가 있고, 노예될 만한 자격이 있는 민족에게는 망국(亡國)의 열매가 있다 —— 고 하였읍니다. 독립할 만한 자격이라는 것은 곧 독립할 만한 힘이 있음을 이름이외다."

우리는 도산의 이러한 말에서 민족 자주 사상(民族自主思想)·민족 자력 갱생주의(民族自力更生主義)의 기본 원리를 읽을 수 있다. 우리가 우리의 힘을 기르고 우리의 힘으로 우리의 활로(活路)와 운명을 자주적으로 개척하려는 것이 자력 갱생의 근본이다.

힘을 기르자고 강조했다. 참배나무에 참배가 열리고 돌배나무에 돌배가 열리듯이 독립할 만한 자격이 있을 때 독립할 수 있고 남의 노예가 될 만한 자격밖에 없을 때에는 망국인이 된다고 하였다. 그러면 독립할 만한 자격이란 무엇이냐. 독립할 만한 힘이 있는 것이다.

—— **民族的 自覺과 自信**

도산은 민족이 독립할 만한 자격 즉 민족의 힘을 키우기 위하여 어떤 구상을 하였고, 어떤 사업을 일으켰고, 어떤 운동을 벌이었는가.

도산은 이론가(理論家)이면서 실천가(實踐家)였다. 사상가(思想家)이면서 실제적 운동가(運動家)였다. 이 양자를 겸비하기는 지난(至難)하다.

이론에 밝은 사람은 실제에 어둡고 실천에 뛰어난 사람은 사상이 빈약하기 쉽다. 그러나 도산은 양자를 겸비한 지도자였다.

그는 지도자로서 세 가지의 특성이 있었다.

첫째로 원대(遠大)한 구상력(構想力)을 갖고 있었다. 그는 학교 교육은 중학교 2학년밖에 못다녔다. 그는 학자가 아니다. 그러나 그는 스스로의 체험에서 배웠고, 생활에서 배웠다. 그는 특히 독립 혁명 운동의 실천에서 더 많은 것을 배웠다. 그는 어려서 유교(儒敎) 교육을 받았다. 중국 근대의 사상가 양 계초(梁啓超)의 사상에서 많은 것을 배웠고, 세계 여행의 견문(見聞)에서 많은 것을 깨닫고 기독교 정신에서 많이 배웠다.

그는 민족의 백년 대계(百年大計)를 구상하는 원시적 안목(遠視的 眼目)과 공정(公正)한 사리판단(事理判斷)을 하는 명석한 두뇌의 소유자였다.

둘째로 그는 탁월한 조직력(組織力)을 갖고 있었다. 그는 조직의 천재였다. 그가 민족의 독립과 발전을 위하여 일생 동안에 만든 조직과 단체는 10여개 넘는다.

교육 기관으로는 점진 학교(漸進學校)·대성 학교(大成學校)·동명 학원(東明學院)·청년 학우회(靑年學友會)·홍사단(興士團)을 만들었다.

사회적 사업체로서는 만민 공동회(萬民共同會)·공립 협회(共立協會)·대한인 국민회(大韓人國民會)·북미 실업 주식회사(北美實業株式會社)·공평합작사(公平合作社)·태극서관(太極書館)·마산동 자기회사(馬山洞磁器會社) 등이 있다.

또 정치적 단체로서는 신민회(新民會)·상해 임시정부·조선 독립당(朝鮮獨立黨) 등이 있다.

조직과 단체를 만들지 않고는 대업(大業)을 할 수 없다는 것을 그는 알았다. 최근의 여러 지도자들 중에서 도산만큼 조직력이 뛰어난 분이 없다. 최근 1백년 동안에 우리 선각자들이 구국 운동(救國運動)·민족 운동(民族運動)·사회 운동의 단체로서 만든 조직이 수백이 넘는다. 그러나 오늘날까지 남아 있는 것이 하나도 없다. 모두 사멸해 버리고 말았다. 그러나 1913년에 도산이 창건한 흥사단이라는 사회 교육 운동(社會敎育運動)의 단체가 63년 동안 온갖 시련과 고난 속에서 꾸준히 존립 발전해 왔다는 것은 근대 우리 사회의 놀라운 기적의 하나다. 그것은 도산의 조직력이 뛰어났었기 때문이다.

세째로 도산은 투철한 실천력을 갖고 있었다. 그가 구상한 민족 사상이나 운동을 그는 끈기와 용기를 가지고 실천했다. 실패하면 구상을 가다듬어 다시 새로운 시도를 했다. 그는 불퇴전(不退轉)의 의지가 있었고, 부절불굴의 용기가 있었다. 그가 일생 동안에 10여개의 단체와 조직을 만들고 중추적(中樞的) 지도자가 되어 죽는 날까지 실천 운동을 계속했다는 것은 그 정신력과 애국혼이 얼마나 강한가를 가장 잘 나타낸다. 그는 구상력과 조직력과 실천력을 한몸에 겸비한 뛰어난 지도자였다. 도산은 민족적 자각(民族的 自覺)을 촉구하고 민족적 자신을 회복하는 것이 우리 민족의 급선무(急先務)라고 생각했다. 힘은 자각과 자신(自信)의 산물이다. 민족의 자각과 자신을 촉구하기 위하여 도산은 《동포(同胞)에게 고(告)하는 글》을 발표했다.

1924년(49세), 도산은 일제의 학정(虐政)하에 희망과 용기와 자신을 잃고 신음하는 동포들에게 민족의 희망과 용기와 자신을 주기 위하여 국내 동포에게 글을 보냈다.

도산은 중국 북경(中國北京)에 와서 그당시 동아 일보(東亞日報)의 신문 기자로 있는 춘원 이 광수(春園 李光洙)를 북경으로 오게 했다. 도산은 8일간 북경의 여관방에서 그의 사상과 메시지를 춘원에게 구술(口述)하였고 춘원은 그 글을 받아 썼다. 이 글은 도산이 심혈을 기울여서 구상한 민족 자주 사상(民族自主思想)의 체계다. 이 글은 갑자년에 쓰여졌기 때문에 《갑자 논설(甲子論說)》이라고도 하고 《동포에게 고하는 글》이라고도 한다. 춘원은 이 글을 가지고 귀국하여 1925년 정월에 동아 일보에 게재했다. 조선 총독부(朝鮮總督府)에 의하여 게재가 금지되고 또 더러는 삭제되었다. 1926년 홍사단의 기관지인 《동광(東光)》지(誌)에 나머지 부분이 게재 되었다.

이 글은 모두 10개 항목으로 구성된다.

1. 서론(序論), 2. 주인론(主人論), 3. 합동론(合同論), 4. 지도자론(指導者論), 5. 착실론(着實論), 6. 실천론(實踐論), 7. 사업론(事業論), 8. 대한 학생론(大韓學生論), 9. 청년론(靑年論), 10. 정의돈수론(情誼敦修論)이다.

도산은 이 글의 서론에서 "하고 싶은 뜻을 참지 못하여 전달될 만한 한도 안에서 말씀을 몇가지를 들어 묻고 고(告)합니다"라고 했다.

일제하에서 도산은 언론과 표현의 자유가 지극히 제한되어 있었기 때문에 그의 사상을 자유 자재로 펴지는 못했다. 그는 많은 제약을 받으면서 갑자 논설을 썼다. 이 글은 도산이 우리 민족에게 보내는 위대한 유언서(遺言書)요, 피맺힌 외침이요, 소중한 유산이다. 우리는 도산 사상의 핵심(核心)과 정수(精粹)의 결정체(結晶體)를 이 글에서 볼 수 있다. 이 글은 1808년 12월에서 1809년 3월에 이르기까지 14회에 걸쳐 베를린 아카데미에서 애국 철학자 피히테가 외친 《독일 국민에게 고한다》의 명웅변과 그 정신에서 일맥 상통(一脈相通)한다. 10개 항목의 제목만 보아도 도산이 우리에게 무엇을 외치고자 하였는지를 능히 알 수 있다. 갑자 논설은 우리가 반드시 한번 읽어 보아야 할 민족의 위대한 문장이다.

갑자 논설의 서론에서 우리는 도산의 한국 민족관(韓國民族觀)을 볼 수 있다.

그는 이렇게 말했다.

"우리는 근본이 우수한 민족이오." 도산은 한국 민족의 성격과 재능과 소질이 근본적으로 우수하다고 생각했다. 그는 서론에서 이런 요지를 말했다. 동양 삼국(三國)인 한·중·일(韓中日)을 볼 때에 중국은 대륙적(大陸的)인 성격이요, 일본은 해도적(海島的) 성격이요, 한국은 반도적(半島的) 성격이다. 그런데 반도적 성격은 민족 발전에 가장 합당한 장점을 갖는다. 우리는 서양의 신문화(新文化)를 수용(受容)하는데 일본보다 때가 늦었고 또 그 당시의 우리의 정치 지도자들이 역사와 시세(時勢)를 보는 눈이 어두워 쇄국(鎖國)으로 흘렀기 때문에 오늘의 불행과 불운에 빠지게 된 것뿐이다. 그는 우리 민족의 근본 우수성(根本優秀性)을 확신했다. 다만 기회와 정세가 여의치 못하여 일시적으로 민족적 비운에 빠졌을 따름이라고 했다. 그러면 우리는 우리 민족에 대하여 어떠한 태도를 가져야 하느냐. 도산은 세 가지의 태도를 지적한다.

첫째는 비관적 태도냐, 낙관적 태도냐.

둘째는 불평시(不平視)하는 태도냐, 측은시(惻隱視)하는 태도냐.

세째는 주인적 태도냐, 손님적 태도냐.

우리는 마땅히 낙관적(樂觀的) 태도와 측은시하는 태도와 주인적 태도를 가져야 한다고 도산은 갈파했다.

자기 민족의 현재와 장래, 소질(素質)과 천분(天分)에 대하여 비관하고, 불평하고, 방관하여 민족적 열등감(民族的 劣等感)·민족적 자기비하(自己卑下)·패배적 민족관(敗北的 民族觀)·허무적 민족관을 가질 때 민족의 힘은 도저히 생길 수 없다. 힘은 자신에서 생긴다. 개인적 자신에서 개인적 힘이 생기고 민족적 자신(民族的 自信)에서 민족적 힘이 생긴다.

그러면 우리 민족과 우리 사회에 대하여 낙관적 태도와 측은시하는 태도와 주인적 태도를 가져야 하는 근거와 까닭이 무엇이냐.

　민족 독립(民族獨立)이라는 우리의 목적이 옳기 때문에 우리는 반드시 성공한다. 그러므로 민족 전도(前途)에 대해서 낙관시해야 한다. 또 우리는 민족 사회에 대하여 측은시해야 한다.

　왜냐하면 측은시하는 데서 서로 돕고 아끼고 희생하고 봉사할 마음과 행동이 생기기 때문이다.

　도산의 글을 몇 구절 인용하기로 한다.

　"지금의 우리 민족이 도덕적(道德的)으로, 지식(知識)으로 여러 가지 처사(處事)하는 것이 부족하다 하여 무시하는 이가 있으나 우리 민족은 근본적으로 무시할 민족이 아닙니다. 우리 민족으로 말하면 아름다운 기질로 아름다운 산천에 생장하여, 아름다운 역사의 교화(敎化)로 살아온 민족이므로 근본이 우수한 민족입니다. 그런데 오늘 이와 같이 일시 불행한 경우에 처하여진 것은 다만 구미(歐美)의 문화를 남보다 늦게 수입한 까닭입니다. 일본으로 말하면 구미와 교통하는 첫 어구에 처하였으므로 구미와 먼저 교통이 되어, 우리보다 신문화(新文化)를 일찍 받게 되었고 중국으로 말하면 아시아 가운데 큰 폭원(幅圓)을 점령하였으므로 구미 각국이 중국과 교통하기를 먼저 주력한 까닭에 또한 신문화를 먼저 받게 되었으나 오직 우리는 그러한 경우에 처하지 아니하였고 동서의 신문화가 처음으로 오는 당시의 정권(政權)을 잡았던 자들이 몽매(蒙昧) 중에 있었으므로 신문화가 들어옴이 늦었읍니다. 만일 우리 민족이 일본이나 중국에 구미 문화가 들어 올 그 때에 같이 그 신문화를 받았더라면 우리 민족이 일본 민족이나 중국 민족보다도 훨씬 나았을 것입니다. 일본 민족은 해도적(海島的) 성질이 있고 중국 민족은 대륙적(大陸的) 성질이 있는데 우리 민족은 가장 발전하기에 합당한 반도적(半島的) 성질을 가진 민족입니다." 근본 우수한 지위에 처한 우리 민족으로서 이와 같이 불행한 경우에 처하여 남들이 열등(劣等)의 민족으로 오해함을 당하여 스스로 분(憤)하고 스스로 측은히 여길 수밖에 없읍니다."

　이 글은 도산의 한국 민족관(韓國民族觀)과 우리 민족의 뒤떨어진 원인에 대한 도산의 진단으로서 대단히 중요하다.
　도산은 주인론(主人論)에서 민족에 대한 주인 정신(主人精神)을 특히 강조했다. 그의 주인론의 골자는 이렇다.
　우리는 민족에 대하여 주인 정신과 손님 정신을 가질 수 있다. 주인 정신이란 무엇이냐. 책임 정신이다. 손님 정신이란 무엇이냐. 방관(傍觀) 정신이다.
　역사의 방청석에 앉아 제3차적 방관 정신을 가지고 남의 일처럼 바라다 보는 것이 손님 정신이다. 그러나 주인 정신은 그렇지 않다. 주인은 민족에 대하여 주인적 책임 의식(主人的 責任意識)을 가져야 한다. 주인에는 두 가지 종류의 주인이 있다. 하나는 참주인이요, 하나는 가짜 주인이다. 참주인은 실제상의 주인이요, 가짜 주인은 명의상(名義上)의 주인이다. 민족의 참주인은 '민족 사회에 대하여 영원한 책임심'을 갖는다. 그러나 가짜 주인은 일시적 책임심을 느낄 뿐이다. 우리에게 필요하고 우리가 갈구하는 것은 민족의 참주인이다. 민족의 참주인만이 민족에 대하여 영원한 책임심을 느끼고 민족 사회의 일을 자기 일로 알고, 민족을 건지기 위한 구체적 방법과 계획을 수립하고, 그 계획과 방법에 따라서 죽는 날까지 민족을 위하여 전심 노력(專心努力)한다. 그래서 도산은 우리에게 "당신은 이 나라의 참주인입니까, 가짜 주인입니까" 하고 준엄하게 물었다. 도산의 주인 정신은 표현을 고치면 자주 정신(自主精神)이요, 주체성(主體性)이요, 주체의식(主體意識)이다. 일시적 흥분이나 감격으로 하는 감정적 애국 운동은 오래 지속하지 못한다. 참된 주인 정신을 가지는 자만이 진정한 애국 운동을 시종일관 실천할 수가 있다.
　도산의 주인 정신에 관한 몇 구절을 인용한다.
　"묻노니 여러분이시여, 오늘 대한(大韓)의 주인이 되는 이가 몇분이나 되십니까."

"그 민족 사회에 대하여 책임감(責任感)이 있는 이는 주인이요, 책임감이 없는 이는 객(客)이다."

참주인은 무엇이냐. "우리 민족 사회에 대하여 영원한 책임심을 진정으로 품는 주인이다."

"우리가 한때에 우리 민족 사회를 위하여 뜨거운 눈물을 뿌리는 때도 있고, 분개한 말을 토하는 때도 있고, 눈물과 말뿐만이 아니라, 우리 민족을 위하여 몸을 위험한 경우에 던지는 때도 있다 할지라도 그렇다고 주인인 줄로 자처하면 오해입니다. 지나가는 객(客)도 남의 집에 참변(慘變)이 있는 것을 볼 때에는 눈물을 흘리거나 분한 말을 토하거나 또 그 집의 위급(危急)한 것을 구제하기 위해서 몸을 던지는 수도 있읍니다. 그러나 그는 주인이 아니요, 객이기 때문에 그때 한때 그럴 뿐이요, 그 집에 대한 영원한 책임심은 없읍니다."

"내가 알고자 하고 구(求)하고자 하는 주인은 우리 민족 사회에 대하여 영원한 책임심(責任心)을 진정으로 품는 주인입니다."

"진정한 주인에게는 비관(悲觀)도 없고 낙관(樂觀)도 없고 질투도 없고 불쌍히 여기는 마음도 없고 제 일인고로 오직 어찌하면 우리 민족 사회를 건질까 하는 책임심뿐입니다. 우리의 전도(前途)는 낙관이다, 비관이다 하는 것이나 대한 민족(大韓民族)의 현상은 측은하다 밉다하는 것이나 모두 다 객으로서 하는 말이지 주인이 할 말은 아닙니다."

"자기의 민족 사회가 어떠한 급난(急難)과 비운(悲運)에 처하였든지, 자기의 동족이 어떻게 못나고 잘못하든지 자기가 민족을 위하여 하던 일이 몇번 실패하든지, 자기 민족 사회의 일을 1분1초(秒)간에도 버리지 아니하고 또는 자기의 능력이 족하든 부족하든지 다만 자기의 지성(至誠)으로 자기 민족 사회의 처지와 경우를 의지하여 그 민족을 건져낼 구체적 계획을 세우고 그 방침과 계획대로 자기의 몸이 죽는 때까지 노력하는 이가 그 민족 사회의 책임을 중히 여기고 일하는 주인이외다."

우리 사회에는 민족의 참주인이 많은가 적은가. 도산은 적다고 보았다. 그래서 "영원한 책임심을 가지고 주인 노릇을 하는 일꾼은 드물게 보았다"고 그는 개탄했다.

"당신은 이 나라의 참주인입니까." 도산의 이 물음을 우리는 자기 자신에게 한번 엄숙히 반문해 볼 필요가 있다. 민족의 자주력(自主力)・근본력(根本力)을 구축(構築) 하자는 것이 도산의 힘의 사상의 핵심이다. 그러면 민족의 힘은 어떻게 생기는가. 민족의 힘을 구성하는 요소가 무엇인가.

도산은 여기에 대해서 삼대 자본 동맹 저축론(三大資本同盟貯蓄論)을 강조했다.

한 민족이 힘 있는 민족이 되려면 다음 세 가지의 자본을 저축해야 한다.

첫째는 금전(金錢)의 자본, 즉 경제적 자본이요,
둘째는 지식(知識)의 자본, 즉 정신적(精神的) 자본이요,
세째는 신용(信用)의 자본, 즉 도덕적(道德的) 자본이다.

이 3대 자본이 많이 저축되면 저축되는 만큼 민족의 힘이 강해지고 이 3대 자본이 저축 안되면 안되는 만큼 민족의 힘은 약해진다. 3대 자본의 저축의 다과(多寡)가 민족의 힘의 다과를 결정한다.

도산은 이렇게 말했다.

"힘을 준비함에는 별난 새 주의(主義)와 새 방법을 연구할 것이 없읍니다. 다만 우리의 근본 정한 주의와 방법을 관철할 뿐이외다. 개인개인의 힘이 있기 위하여 건전(健全)한 인격(人格)을 작성하여, 각 개인이 분리하지 아니하고, 집합(集合)하여 큰 힘을 발휘할 수 있게 신성(神聖)한 단결을 이루고자 하옵세다. 건전한 인격을 이루기 위하여 사대 정신(四大精神)과 삼대육(三大育)을 하자고 하옵세다. 속이거나 거짓말을 하지 아니하고 진실(眞實)하여 신용의 자본을 동맹 저축하옵세다. 한가지 이상의 학술(學術)이나 기예(技藝)를 학수(學修)하여 전문 직업을 감당할

만한 지식의 자본을 동맹 저축하옵세다. 자기 수입에서 10분의 2 이상을 저금하여 천원(그 당시의 1원은 지금의 3천원 정도) 이상의 금전(金錢)의 자본을 동맹 저축하옵세다. 이 주의와 이 방침이 곧 우리의 힘을 예비하는 바른 길이요, 순서이외다."

후진 국가의 근대화 이론(近代化理論)·사회 개발 이론(社會開發理論)을 제창하는 많은 학자가 민족의 경제적 자본 저축(經濟的 資本貯蓄)을 강조한다.

그러나 도산은 경제적 자본 형성 이외에 지식과 기술이라는 정신적 자본의 형성을 역설했고 그보다도 신용의 자본 즉, 도덕적(道德的) 자본의 형성을 더욱 역설했다. 이것이 도산의 민족 자본 형성론(民族資本形成論)의 특색이다.

경제적 자본만으로 나라가 발전하는 것이 아니다. 경제적 자본 이상으로 중요한 것은 사회의 정신적 주축(精神的 主軸)과 윤리적(倫理的) 기초를 이루는 신용의 자본, 도덕적 자본이다. 한 사회의 신용의 자본이 무너지고 도덕적 자본이 붕괴할 때 그 사회는 도저히 지탱할 수가 없다. 신용은 인간 존립(人間存立), 민족 번영의 근본이다.

공자(孔子)는 일찌기 무신불립(無信不立)의 철리(哲理)를 강조했다. 신용이 없으면 개인이건 사회건 국가건 튼튼하게 설 수 없다는 것이다.

경제에서 흥하고 도덕에서 망해 가는 선진 공업 사회(先進工業社會)가 있다. 경제적 성장만 추구하고 도덕적 성장이 뒤따르지 않을 때 그 사회는 정신적 황폐(精神的 荒廢) 때문에 부패 타락의 함정에 빠진다. 이(利)의 추구(追求)에 못지 않게 정의(正義)의 추구가 필요하다.

인간 관계의 기본 질서인 신용이 붕괴될 때, 그 사회는 존립과 번영이 불가능하다. 도산은 재미(在美) 교포들에게 삼대 신용(三大信用)의 확립을 역설했다.

1. 한국인의 말은 보증수표(保證手票)처럼 믿을 수 있어야 한

다.
  2. 한국 노동자와 기술자에게는 마음놓고 일을 맡길 수 있어야 한다.
  3. 한국인의 상점에서는 안심하고 물건을 살 수 있어야 한다.
  이러한 3대 신용의 기초가 확립될 때 우리는 미국 사회에서 마음대로 취직도 하고 돈도 벌고 장사도 하고 존경과 대접을 받으면서 살 수 있다고 도산은 역설했다.
  도산이 민족의 자본으로서 신용이라는 도덕적 자본을 딴 어느 자본보다도 강조한 것은 결코 우연한 일이 아니다. 그것은 사리(事理)의 핵심을 쩌른 탁견(卓見)이다.
  그는 자본은 저축하되 혼자서 하지 말고 동맹(同盟) 저축하자고 했다. 도산은 항상 동맹을 강조했다. 동맹은 서로 공동 목표(共同目標)·공동 약속을 수립하고 공동 노력을 하는 것이다.
  개인이 혼자서 무슨 일을 하려면 좌절하거나 낙심하기가 쉽다. 힘이 약하기 때문이다. 그러나 공동 목표·공동 행동을 취하는 동지(同志)가 많을 때, 우리는 커다란 힘과 용기를 얻는다. 도산은 민족의 자본 저축을 효과적 능률적으로 하기 위하여 동맹 저축론을 강조했다. 도산은 동맹 저축 이외에도 동맹 독서(讀書)·동맹 작업(作業)·동맹 체조 등을 역설했다.
  동일한 목표(目標)를 지향(志向)하는 다수인(多數人)이 공동 약속하에 서로 협동하여 목표를 추구하는 동맹의 방법은 분명히 훌륭한 방법이다.
  도산은 특히 동맹 수련(同盟修練)을 강조했다. 개인 수련(個人修練)보다 동맹 수련은 효과적이고 능률적이다. 도산은 협동 정신(協同精神)을 가장 강조하였거니와 동맹 수련·동맹 저축은 협동 정신의 구체적 표현의 하나다.
  그는 이렇게 말했다.
  "나는 우리 민족의 장래에 대하여 큰 소망을 가집니다. 나는 우리 민족의 본질에 대하여 조금도 비관을 품지 아니합니다. 우리는 넉넉히 대사업을 이룰 민족이라고 굳게 믿습니다."
 "사랑하는 동지 여러분이여, 이 때가 어름어름할 때가 아니외다. 독심(篤心)을 품고 기어이 불쌍한 대한 사람을 건지기 위하여 비상한 노력을 다할 때이외다. 나는 이제부터 전보다 더욱 의지의 힘을 강고(强固)하게 하여, 세상이야 비웃든지 칭찬하든지 돕든지 해하든지 미워하든지 믿든지 의심하든지 다 불고(不顧)하고 이것이 우리 민족을 건지는데 합당한 길이라고 깨달으면 그것을 붙들고 끝까지 나아가려 합니다."
 우리는 이러한 말에서 도산의 나라 사랑의 투철한 정신과 민족을 위하여 헌신적 노력을 바치는 뛰어난 선각적 지도자의 장한 의기(義氣)를 발견한다.
 도산은 힘있는 민족, 자립하는 민족을 만들기 위하여 민족적 자각(民族的 自覺)의 촉구와 민족적 자신(自信)의 회복을 가장 역설했다. 우리는 근본이 우수한 민족이라고 스스로를 믿는 긍정적(肯定的) 민족관(民族觀), 적극적 역사관의 확립은 무엇보다도 가장 중요한 정신적 과제(精神的 課題)가 아닐 수 없다. 우리는 먼저 민족적 자신부터 회복해야 한다.

——民族的 訓練과 改造

 도산처럼 훈련(訓練)을 강조하고 개조(改造)를 역설한 분이 없다. 훈련과 개조는 도산 사상(島山思想)의 핵심이다. 첫째도 훈련, 둘째도 훈련이요, 첫째도 개조, 둘째도 개조다.
 모든 위대한 것은 훈련의 산물이다. 훈련이 천재를 만들고, 훈련이 선수를 만들고, 훈련이 명인(名人)을 만들고, 훈련이 대인물을 만든다. 훈련받은 군대는 질서 정연하고, 훈련받지 않은 군대는 오합지졸이나 다름 없다. 훈련받은 국민과 훈련받지 않은 국민은 천양지차(天壤之差)가 있다.
 훈련해야만 개조가 되고 개조가 되려면 반드시 훈련해야 한다. 개인 훈련으로 개인의 인격 개조(人格改造)를 하고 민족 훈련으로 국민의 성격 개조(性格改造)를 하자. 이것이 도산의 훈련과 개조의 철학의 핵심이다.

그는 특히 우리 국민에게 이대 훈련(二大訓練)을 강조했다.

첫째는 인격 훈련(人格訓練)이요,

둘째는 단결 훈련(團結訓練)이다.

도산은《청년에게 호소함》이라는 글에서 이렇게 말했다.

"제군이여, 일은 힘의 산물이라는 것을 확실히 믿는가. 만일 그것을 믿고 힘을 찾는다면 그 힘이 어디서 오겠는가. 힘은 건전한 인격과 공고(鞏固)한 단결에서 난다는 것을 나는 확실히 믿는다.

그러므로 인격 훈련과 단결 훈련의 두 가지를 청년 제군에게 간절히 요구하는 바다.

오늘 일반 민중에서 큰 기대를 많이 가진 제군, 또 스스로 큰 힘을 지고 있는 제군이 하여야 될 일이 많지만 그 중에서 가장 먼저하고 가장 힘든 것은 인격 훈련과 단결 훈련, 이 두 가지라는 것을 말한다. 이 두 가지가 현재 우리 생활에 직접 관계가 없는 듯이 생각하여 냉담시(冷淡視)하는 이도 있고 또는 이 때가 어느 때라고 인격 훈련이나 단결 훈련 같은 것을 하고 앉아 있겠느냐고 이것을 배격하는 이도 없지 안다. 그러나 나는 이 때이기 때문에 인격을 훈련하고 단결을 훈련할 것이라고 생각한다. 오늘 우리 대한 청년이 인격 훈련과 단결 훈련을 하고 아니하는데 우리의 사활 문제(死活問題)가 달려 있다고 나는 생각한다.

우리가 일찍 단체 생활의 훈련이 부족한 민족인 것을 자인(自認)치 아니할 수 없다. 그러므로 우리로서는 다른 나라 사람보다 특별히 단결을 훈련하여 공고한 결합력(結合力)에 이르도록 힘써야 할 것이다."

우리 국민이 인격 훈련과 단결 훈련을 하고 아니하는데 민족의 사활 문제가 달렸다고 믿고 도산은 우리 국민에게 2대 훈련을 특히 강조했다. 왜 2대 훈련이 필요한가. 힘은 건전한 인격과 공고한 단결에서 생긴다. 그러므로 힘이 있으려면 먼저 건전한 인격을 형성해야 되고, 건전한 인격들이 모여서 반석(磐石)과 같이 강한 단결을 이루어야 한다.

힘의 이대 원천(二大源泉)이 건전한 인격과 공고한 단결이다. 그러므로 인격 훈련과 단결 훈련을 우리는 제일 먼저 힘써야 한다. 약한 벽돌과 재목으로 튼튼한 집을 지을 수 없다. 집의 기본 요소(基本要素)인 돌과 재목이 먼저 튼튼해야 한다. 그리고 그 재목이나 돌이 다 제 자리에 바로 놓여 서로 굳게 결합되고 단결되어 있어야 한다.

국가 건설(國家建設)・민족 건설의 원리도 마찬가지다. 사회의 기본적 구성 분자인 하나하나의 국민이 먼저 건전한 인격의 소유자가 되어야 하고, 그 다음에는 그 인격들이 굳게 뭉쳐서 공고한 단결과 협동을 이루어야 한다. 내가 나 하나를 건전한 인격으로 만드는 것이 애국의 근본이라고 도산은 생각했다. 그래서 이렇게 말했다.

"그대는 나라를 사랑하는가. 그러거든 그대가 먼저 건전한 인격이 되라."

이 말에서 우리는 도산의 차원이 높은 새로운 애국관(愛國觀)을 발견한다. 무엇이 애국이냐. 내가 나를 건전 인격(健全人格)으로 만드는 것이다. 자기가 자기를 건전한 인격으로 만드는 것을 그는 여러 가지 낱말로 표현했다.

건전 인격・인격 혁명・자아 혁신(自我革新)・인간 개조(人間改造)・자조(自助) 등, 모두 다 같은 뜻이다. 도산은 특히 우리 국민에게 인격 혁명을 강조했다. 모든 한국인이 먼저 힘쓰고 가장 힘써야 할 것은 국민 각자의 인격 혁명이다. 인격 혁명에 의해서 새로운 사람, 새로운 인격, 새로운 국민이 되어야 한다. 그렇게 되지 않고서는 나라의 기본력・자주력(自主力)이 생기지 않는다. 그러면 건전 인격은 어떤 내용과 요소를 갖추어야 하는가.

도산은 덕(德)・체(體)・지(知)의 삼요소(三要素)를 강조했

다. 건전 인격은,

첫째로 무실(務實)·역행(力行)·충의(忠義)·용감(勇敢)의 사대 정신(四大精神)을 갖는 도덕적 성격이요,

둘째로 기력(氣力)이 강장(强壯)한 튼튼한 몸이요,

세째로 한가지 이상의 전문 지식(專門知識)과 생산 기능(生產技能)을 갖는 것이다.

"덕·체·지 삼육(德體知三育)을 동맹 수련(同盟修練)하여 건전한 인격을 짓자고, 도산은 외쳤다. 혼히 지·덕·체를 말한다. 지가 제일 먼저고 그 다음이 덕이고 그 다음이 체라고 한다. 그러나 도산은 이 순서를 바꾸어 덕·체·지라고 했다. 도산의 인격관(人格觀)과 가치관(價値觀)과 인생관(人生觀)에 의하면 인격의 근본은 덕성이요, 그 다음에 튼튼한 몸이요, 제일 나중이 지식이라고 보았다. 덕·체·지는 가치의 순서를 나타낸다.

덕·체·지의 3요소를 갖출 때, 건전 인격이 된다. 최근에 전인 교육(全人敎育)을 강조한다. 온전한 인간을 만드는 것이 교육의 기본 목표다.

그는 전인이란 말 대신에 건전 인격이라고 했다.

1935년에 그는 이렇게 말했다.

"우리가 할 일이 많은 줄 압니다. 물산 장려(物產奬勵)도 해야 되고, 문화 운동도 해야 하고, 발명도 힘써야 하고 할 일이 많지요. 그러나 우리가 무엇을 하든지 근거되는 바는 인격 혁명이라고 생각합니다. 민족 변화(民族變化)란 말씀이오. 이것 또 춘원식(春園式)의 민족 개조론(民族改造論)이구나 하고 비웃을는지 모릅니다만 하여튼 지금 제일 필요한 것은 인격 혁명인줄 압니다. 우리는 서로 무슨 일을 하려고 할 때에 서로 믿고 일하는 게 아니라 시기와 질투와 당파가림을 먼저 하게 됩니다. 이것이 망종망민(亡種亡民)의 인격이란 말씀이예요. 과거에 우리가 이렇게 망하게 될 때의 심리를, 인격을 지금도 여전히 가지고 있단 말씀이오. 이런 인격을 가진 인간들이 무엇을 해요. 오──이렇게 말

하면 이러한 인격을 이렇도록 배양(培養)하는 악한 제도(制度)를 타파해야지. 지금쯤에 앉아서 케케묵은 인격 수양(人格修養)이란 무슨 수작이냐 할 것입니다. 나는 이 말에 찬성합니다. 나쁜 제도를 타파하는 것은 누구가 하는 것입니까. 인격이 하는 것이 아니고 무엇입니까. 그러나 망종망민의 인격으로 무슨 사회 혁명입니까. 근간(根幹)은 인격 혁명에 돌아가고 맙니다. 어느 하세월(何歲月)에 인격 혁명을 하여 갖고 사회적 혁명을 하느냐고 반격을 할는지 모릅니다만 우리 사회에 인격 혁명을 한 이가 한해에 열 사람이면 열 사람, 스무 사람이면 스무 사람이 같이 늘어갈수록 우리 사회는 좋아질 것이 분명합니다. 인격입니다. 가시나무에 가시만 열리고 포도나무에 포도만 열리는 것입니다. 인격 혁명을 못한 이는 제 아무리 나쁜 사회 제도를 타파하여도 다시 나쁜 제도 밖에 나오지 않습니다. 이것 보시오. 같은 데모크라시가 똑같은 이론을 가진 데모크라시가 멕시코에 떨어진 것과 아메리카에 떨어진 것과 다르지 않습니까. 본바탕이 그르면 아무리 좋은 씨라도 글렀단 말씀이야요."

1935년 천도교(天道敎)의 중진인 봉산 이 종린(鳳山 李鐘麟) 씨와의 문답에서 도산은 국민의 인격 혁명(人格革命)을 가장 역설했다. 인격 혁명으로 새 국민·새 민족·새 성격이 되자는 것이다. 인격 훈련에 못지 않게 중요한 것은 협동 훈련·단결 훈련이다.

그는 민족의 결합(結合)과 단결을 가장 강조했다. 그의 단결 철학·협동 사상(協同思想)을 우리는 합동과 분리라는 글에서 볼 수 있다.

협동은 민족 흥왕(民族興旺)의 원리요, 분열은 민족 쇠망의 근본임을 그는 다음과 같이 말했다.

"합동하면 흥하고 분리하면 망하며, 합동하면 살고 분리하면 죽는다. 이 모양으로 합동이 필요하다는 이론도 사석(私席)이나 공석이나 신문이나 잡지에 많이 보입니다. 그러므로 대한 사람은 합동해야 된다는 이론은 더 말할 필요가 없다고 생각합니다. 그러면 우리 대한 민족의 개개인은 과연 합동의 필요를 절실하게 깨달았는가, 이것이 의문입니다."

"남더러 합하지 않는다. 편당(偏黨)만 짓고 싸움만 한다고 원망하고, 꾸짓는 그 사람들만 다 모이어서 합동하더라도 적어도 몇 백만은 되리라고 믿습니다.

오늘 우리 대한을 보면 합해야 되겠다고 하면서 어찌하여 합하지 아니하고 어찌하여 편당을 짓는가, 왜 싸움만 하는가 하고 서로 원망하고 서로 꾸짓는 소리가 대한 천지(大韓天地)에 가득 찼으니 이것만 보더라도 우리 대한 사람은 합동적(合同的)이 아니요, 분리적인 것을 알 것이요, 또 오늘날 대한 사람은 합동하기를 간절히 기다리는 듯합니다."

"우리 무리는 이 합동에 대하여 주인(主人)된 자의 자격으로 책임을 지고 합동의 방법을 연구하며 합동하는 행위를 실천하도록 노력하여야 되겠읍니다."

온 국민이 협동 훈련을 힘써 협동하는 민족이 되느냐 못되는냐 하는 것은 앞으로 우리 민족의 흥망 성쇠(興亡盛衰)를 좌우할 근본 문제의 하나다.

도산은 합동을 강조하되 두 가지 원칙(原則)을 특히 역설했다.

첫째는 민족적 감정(民族的 感情)보다도 민족적 사업(事業)을 위하여 합동해야 하며,

둘째로 합동을 하려면 공통적(共通的) 신용(信用)을 먼저 세워야 한다는 것이다.

이 2대 원칙은 특히 중요하다.

서로 감정으로 뭉치지 말고 서로 일로 뭉치자고 하였다. 왜냐, 한때의 감정으로 뭉친 합동은 흔들리기 쉽고 깨어지기 쉽다. 확고한 목표와 공동의 사업을 중심으로 뭉친 합동만이 견고하고 깨어지지 않는다.

또 서로 합동하려면 서로 믿어야 한다. 신용이 없는 곳에 합동

은 불가능하다. 상호 신용은 합동과 단결의 필수 조건이다. 우리는 속이는 사람, 서로 믿지 못하는 사람하고는 합동과 단결이 안 된다. 그래서 그는 합동의 전제 조건(前提條件)으로서 공통적 신용(共通的 信用)을 역설했다.

"첫째는 전민족이 공통적으로 같이 희망하고 이행할 만한 조건을 먼저 세우는 것입니다. 오늘날 우리가 요구하는 합동은 민족적 감정(民族的 感情)으로 하는 합동이 아니요, 민족적 사업에 대한 합동이외다."

"둘째는 공통적 신용(共通的 信用)을 세울 것입니다. 서로 신용이 없으면 방침이 서로 같더라도 합동될 수 없고 서로 신용이 없으면 공통한 목적과 방법을 세우기부터 불가능할 것입니다──.

오늘 우리 민족 사회처럼 합동이 되지 못하고 분리한 상태에 있는 것은 공통한 방침을 세우지 못함과 그 밖에 다른 이유는 많지마는 그중의 가장 큰 이유는, 대한인이 대한인을 서로 믿을 수 없는 것이요, 서로 믿을 수 없이 된 것은 서로 속이기 때문입니다.

지금 우리 사회 중에 누구가 무슨 말을 하든지, 누가 무슨 글을 쓰든지, 그 말과 그 글을 정면으로 듣거나 보지 않고 그 뒤에 무슨 흑막이 있는가 하고 찾으려 합니다. 동지라 친구라 하고 무엇을 같이 하기를 간청하더라도 그 간청을 받는 사람은 이것이 또 무슨 협잡이나 아부인가 하고 참마음으로 응하지 아니합니다.

슬프다.── 우리 민족의 역사를 돌아보면 우리 민족의 생활이 소위 하급이라고 일컫는 평민(平民)들은 실지로 노동역작(勞動力作)하여 살아왔거니와 소위 중류 이상 상류 이상이라는 이들은 그 생활하는 것이 농사나 장사나 자신의 역작을 의뢰하지 아니하였고 그 생활의 유일한 길은 협잡이었읍니다. 그러므로 그네들은 거짓말하는 것이 자기의 생명을 유지하는 유일한 방법이었읍니다. 그러므로 거짓말하고 속이는 것은 가죽과 뼈에 젖어서, 양심(良心)의 아무 거리낌없이 사람을 대하고 일에 임(臨)하매 속일 궁리부터 먼저 하게 되었읍니다. 이것이 후진인 청년에까지 옮겨 대한 사회가 거짓말 사회가 되고 말았읍니다."

"아아, 슬프고 아프다. 우리 민족이 이 때문에 합동을 이루지 못하였고 서로 합동을 이루지 못하였기 때문에 사망에 임하였읍니다. 사망에 임한 것을 알고 스스로 건지기를 꾀하나 아직도 서로 믿을 수 없기 때문에 민족적 합동 운동(民族的 合同運動)이 실현되지 못합니다.

대한 민족을 참으로 건질 뜻이 있으면 그 건지는 법을 멀리 구하지 말고 먼저 우리의 가장 큰 원수되는 속임을 버리고 각 개인의 가슴 가운데 진실(眞實)과 정직(正直)을 모시어야 하겠읍니다. 대한 사람은 대한 사람의 말을 믿고 대한 사람은 대한 사람의 글을 믿는 날에야 대한 사람은 대한 사람으로 더불어 합동하기를 즐거워할 것입니다.

만일 대한 민족을 건질 뜻이 없으면 모르거니와 진실로 있다고 하면 네 가죽 속과 내 가죽 속에 있는 거짓을 버리고 참(誠)으로 채우자고 거듭거듭 맹세합시다."

도산이 반 세기 전에 외친 말씀이 오늘날 우리에게 강한 호소력(呼訴力)과 설득력(說得力)을 가지고 우리의 마음에 육박해 온다. 그 때에도 불신 사회(不信社會)의 요소가 강했다. 오늘도 불신 사회의 요소는 사라지지 않았다. 불신 사회의 제거와 신용 사회의 건설은 우리 민족이 당면한 기본 문제의 하나다. 힘은 합동과 단결에서 생기고 합동과 단결은 서로 공동 사업(共同事業)과 공동 신용(信用)에서 생기고 신용은 서로 정직하고 속이지 않는 데서부터 생긴다. 그러므로 참되고 진실하기를 힘써야 한다. 그래서 도산은 우리 국민에게 진실 혁명(眞實革命)을 가장 강조하고 신용의 자본을 역설했다.

서로 협동하는 것을 도산은 여러 가지로 표현했다. 상조(相助)

라고도 하고 신성 단체(神聖團體)라고도 하고 공고(鞏固)한 단결이라고도 하고, 또 정의돈수(情誼敦修)라고도 했다.

도산은 협동과 단결의 본보기를 '기러기'라는 새에서 발견했다. 그래서 도산은 기러기 정신을 강조하였다. 한국인에게 가장 필요하면서 가장 결핍된 것이 기러기 정신(精神)이다. 우리 민족이 흥왕하고 번영하려면 기러기의 정신과 덕(德)을 가져야 한다. 기러기는 모범적(模範的)인 새다. 우리는 기러기라고 하면 가을의 밤하늘을 나는 쓸쓸한 새를 연상한다. 이것이 기러기에 대한 우리의 공통된 이미지다. 그러나 도산의 기러기관(觀)은 다르다.

기러기는 다섯 가지의 뛰어난 덕(德)을 갖는다.

첫째는 투철한 방향 감각(方向感覺)과 목표 의식(目標意識)이다. 기러기는 9만리 장천(九萬里長天)을 날아도 대열을 흐뜨리지 않고 일사 불란(一絲不亂)하게 날아간다. 기러기처럼 방향과 목표의 의식이 투철한 새가 없다.

둘째는 놀라운 행동 통일(行動統一)이다. 기러기는 독수리처럼 외롭게 날지도 않고, 참새처럼 산지사방의 행동을 하지 않는다. 같이 날고 같이 쉬고 같이 행동한다.

세째로 단결력이 강하다. 기러기처럼 굳게 뭉치고 단결력이 강한 새가 없다. 그러기 때문에 떼를 지어 수만리 장천을 힘차게 날아갈 수 있다.

네째로 규율(規律)과 질서(秩序)의 정신이 강하다. 앞의 새를 뒤의 새가 질서있게 따라간다. 그래서 한문에는 안서(雁序)와 안행(雁行)이란 말이 있다. 기러기와 같이 정연(整然)한 순서가 안서요, 기러기와 같은 규율을 가지고 날아가는 것을 안행이라고 한다. 끝으로 신의(信義)의 덕(德)이다. 서로 굳게 믿기 때문에 행동 통일(行動統一)이 잘되고 규율을 지키고 단결력이 강하다. 기러기처럼 신의의 정신이 두터운 새가 없다.

우리 국민은 기러기의 정신과 덕을 배우고 본받아야 한다. 그래서 도산은 기러기를 가장 좋아했다. 그가 흥사단(興士團)의 마아크를 만들 때에 선비 사(士)자를 기러기 모양으로 도안(圖案)한 것은 결코 우연한 일이 아니다.

도산은 부단한 훈련의 방법으로 개인의 인격 개조(人格改造)와 민족의 성격 개조(性格改造)를 하자고 역설했다. 그의 철학은 개조의 철학이요, 그의 사상은 개조의 사상이다.

도산의 민족 개조 사상(民族改造思想)은 너무나 유명하다. 춘원(春園)이 1922년에 천도교의 기관지인 《개벽(開闢)》지에서 연재한 '민족 개조론'은 도산의 개조 사상을 설명한 것이다. 1919년 도산이 상해에서 행(行)한 '개조'라는 강연에서도 우리는 민족 개조 사상의 골자와 근본을 읽을 수 있다.

그는 인간을 어떻게 보았는가. 그의 인간관(人間觀)은 어떤 것인가. 그는 인간을 개조하는 동물(動物)이라고 보았다. 인간이 딴 동물에서 구별되는 근본 요소는 개조 능력을 가진 점이다. 동물은 환경에 소극적 순응을 할 따름이다. 그러나 인간은 환경을 능동적으로 개조하는 적극적 자유(自由)를 갖는다. 산다는 것은 곧 개조하는 것이다. 그러므로 개조가 없는 생활은 생활이 아니다. 위대한 개인은 위대한 개조를 하는 사람이요, 위대한 민족은 위대한 개조의 힘을 가진 민족이다. 공자(孔子)·석가·그리스도의 사상과 사업도 결국은 인간과 사회를 개조하여 이상 사회(理想社會)를 건설하는 것이다.

도산의 말을 인용한다.

"여러분 우리 사람이 일생에 힘써 할 일은 개조하는 일이라 하오."

"나는 사람을 가리켜서 개조하는 동물이라 하오. 이에서 우리가 맹수와 다른 점이 있소. 만일 누구든지 개조의 사업을 할 수 없다면, 그는 사람이 아니거나 사람이라도 죽은 사람일 것이오. 여러분 공자가 무엇을 가르쳤소, 석가가 무엇을 가르쳤소, 소크라테스나 톨스토이가 무엇을 말씀했읍니까. 그들이 일생에 많은 글을 썼고 많은 말을 하였소마는 그것을 한 마디로 말하면 다만

'개조(改造)' 두 글자뿐이오. 예수보다 좀 먼저 온 요한이 맨처음으로 백성에게 부르짖은 말씀이 무엇이오. '회개(悔改)하라' 하였소. 그 후에 예수가 맨처음으로 크게 외친 말씀이 무엇이요, 또 '회개하라' 하였소. 나는 이 '회개'라는 것이 곧 '개조'라 하오."

그러면 우리는 무엇을 개조할까. 또 어떻게 개조할까. 개조의 대상(對象)과 방법이 근제가 된다.

도산은 한국의 모든 것을 개조하자고 했다. 자연도 개조하고 사회도 개조하고 생활도 개조하고 습관도 개조하자고 했다. 그러나 그 여러 개조 중에서 가장 중요한 것은, 우리 민족의 성격 개조(性格改造)요, 정신 개조(精神改造)라고 생각했다.

그러면 어떤 방법으로 개조하느냐. 내가 나부터 나를 개조하자고 했다. 그는 자기 개조(自己改造)가 민족 개조의 시작이요, 근본이요, 순서라고 하였다.

도산은 민족 개조의 대목표, 대사업(大事業)을 계획하고 그것을 위해서 일생 동안 분투 노력했다. 정말 우리가 한국 민족을 사랑한다면 내가 나부터 나를 개조하는 일을 해야 한다. 이것이 민족 개조의 첫걸음이다. 내가 남을 개조할 수는 없다. 남에게 개조하라고 권면하고 영향을 줄 수는 있지만 개조하고 안하고는 그 사람 자신의 결단(決斷)과 실천의 문제다.

자기 개조(自己改造)에서 민족 개조(民族改造)로 나아가야 한다. 도산의 민족 개조의 내용은 다섯 가지로 요약된다.

① 국토 개조(國土改造) ② 사회 개조(社會改造) ③ 생활 개조 ④ 성격 개조 ⑤ 정신 개조다.

그의 말을 옮기기로 한다.

"여러분 우리 한국을 개조하여야 하오. 이 행복이 없는 한국 —— 이 문명(文明)되지 않은 한국 —— 반드시 개조하여야 하겠소.

여러분이 참으로 나라를 사랑하십니까. 만일 너도 한국을 사랑하고 나도 한국을 사랑할 것같으면 나와 우리가 다 합하여 한국을 개조합시다. 즉 이 한국을 개조하여 문명한 한국을 만듭시다. 무엇을 개조하잡니까. 우리 한국의 모든 것을 다 개조하여야 하겠소. 우리의 교육과 종교도 개조하여야 하겠소. 우리의 농업도 상업도 개조하여야 하겠소. 우리의 음식·의복·거처(居處)도 개조하여야 하겠소. 우리의 도시도 농촌도 개조하여야 하겠소. 심지어 우리의 강(江)과 산(山)까지도 개조하여야 하겠소."

이 능력(能力)없는 우리 민족을 개조하여 능력있는 민족을 만들어야 하겠소. 민족 개조의 의미와 방법과 순서에 관한 도산의 말을 들어보기로 하자.

"어떻게 하여야 우리 민족을 개조할 수 있소. 한국 민족이 개조되었다 하는 말은 즉 다시 말하면 한국 민족의 모든 분자(分子) 각 개인이 개조되었다 하는 말이요, 그런고로 한국 민족이라는 한 전체를 개조하려면 그 부분인 각 개인을 개조하여야 하겠소. 이 각 개인을 누구가 개조할까요. 누가 다른 사람이 개조하여 줄 것이 아니라, 각자 자기가 자기를 개조하여야 하겠소. 왜 그럴까, 그것은 자기를 개조하는 권리(權利)가 오직 자기에게만 있는 까닭이요, 아무리 좋은 말로 그 귀에 들려주고 아무리 귀한 글이 그 눈앞에 벌려 있을지라도 자기가 듣지 않고 보지 않으면 할 수 없는 일이오.

그런고로 우리는 각각 자기 자신을 개조합시다. 너는 너를 개조하고 나는 나를 개조합시다. 곁에 있는 김군이나 이군이 개조 아니한다고 한탄하지 말고 내가 나를 개조 못하는 것을 아프게 생각하고 부끄럽게 압시다.

내가 나를 개조하는 것이 즉 우리 한 민족을 개조하는 첫걸음이 아니오. 이에서 비로소 우리 전체를 개조할 희망(希望)이 생길 것이오."

민족 개조는 자아 개조(自我改造)에서부터 시작해야 한다. 그러면 자아 개조란 무엇이냐. 자기의 습관 개조(習慣改造)다. 습관이란 말을 성격(性格)이란 말로 바꾸어도 무방하다. 민족의 습관 개조 운동, 국민의 성격 건설 운동(性格建設運動), 이것이 도산 사상의 특색이다. 그는 습관 개조에 관하여 이렇게 말했다.

"그러면 나 자신에서 무엇을 개조할까. 나는 대답하기를 '습관을 개조하라' 하오. 문명한 사람이라는 것은 그 사람의 습관이 문명스럽기 때문이요, 야만이라 하는 것은 그 사람의 습관이 야만스럽기 때문이외다. 그러므로 여러분의 모든 악한 습관을 각각 개조하여 선(善)한 습관을 만듭시다. 거짓말을 잘하는 습관을 가진 그 입을 개조하여 참된 말만 하도록 합시다.

글 보기를 싫어하는 그 눈을 개조하여 책 보기를 즐겨하도록 합시다. 게으른 습관을 가진 그 사지(四肢)를 개조하여 활발하고 부지런한 사지를 만듭시다. ── 어떤 사람들이 말하기를 '그까짓 습관 같은 것이야──, 하고 아주 쉽게 압니다마는 그렇지 않소. 저 천병 만마(千兵萬馬)를 쳐 이기기는 오히려 쉬우나 내 습관을 이기기는 어려운 일이니 이 일에 일생을 노력하여야 하오.

여러분은 혹 우습게 생각하시리라. 문제는 매우 큰 것으로 시작하여 마지막에 이같은 작은 것으로 결말(結末)을 지으니까. 그러나 그렇지 않소. 이 세상의 모든 큰 일은 가장 작은 것으로부터 시작하였고 크게 어려운 일은 가장 쉬운 것으로부터 풀어야 하오."

천병 만마를 쳐서 이기기는 쉽지만 자기의 습관을 이기기는 어려우므로 우리는 일생 동안 자기의 습관 개조를 위해서 노력해야 한다고 도산은 말했다.

도산의 민족 개조 운동(民族改造運動)은 민족의 성격 개조 습관 개조 운동이요, 그것은 자기가 자기의 습관과 성격을 개조하는 데서부터 시작해야 한다고 그는 주장했다. 그러나 그것은 일조 일석(一朝一夕)에 되는 것이 아니다. 장구한 세월이 걸리는 민족의 사회 교육 운동(社會敎育運動)이다. 도산은 '개조'라는 강연의 결론(結論)을 다음과 같은 의미깊은 말로 맺었다.

"한국 민족(韓國民族)아! 너희가 개조할 자신이 있느냐?"
그러면 민족 훈련·민족 개조 운동의 기본 목표가 무엇이냐.

―― **民族的 理想과 使命**

민족 훈련과 민족 개조의 목적은 우리 민족을 최고 민족(最高民族)으로 완성(完成)하는 것이다. 한국 민족을 세계에서 으뜸가는 모범 민족(模範民族)·최고 민족으로 만들어 보자는 것이다. 그것은 엄청나게 높은 민족적 이상(理想)이요, 사명이다.

우리 민족은 근본이 우수한 민족이기 때문에 민족적 자각과 자신(自信)을 가지고, 꾸준히 민족적 훈련과 개조를 쌓으면 모든 인류의 존경을 받을 수 있는 모범 민족·최고 민족이 될 수 있다고 도산은 확신했다. 도산의 민족 이상은 민족 독립(民族獨立)에만 머무르지 않았다. 민족 완성(完成)이 그의 구극 목표(究極目標)였다. 한말의 모든 애국지사들의 행동 목표(行動目標)는 국권 회복(國權回復)이요, 민족의 독립이었다. 그러나 도산은 그 단계를 넘어서 우리 민족을 도덕적으로나 지식적으로나 최고 민족으로 형성하자는 것이다. 여기에 도산 사상의 높은 이상과 특색이 있다. 그래서 그의 사상은 앞으로도 우리 민족의 진로(進路)·역사의 방향을 밝히는 정신의 위대한 등불이 될 수 있다. 최고 민족 완성(最高民族完成)·모범 민족 완성, 얼마나 높은 이상인가. 한국 민족의 수준, 도덕적 수준, 지식적 수준, 문화적(文化的) 수준 등, 모든 수준을 최고 경지에까지 높이 끌어 올려서 민족 번영의 영원한 기초를 수립하려는 것이 도산 사상의 근본 이상(根本理想)이다. 개인 성격(個人性格)이 개인의 운명을 지배하고 국민 성격이 국민의 운명을 결정한다. 성격은 운명의 어머니요, 운명은 성격의 산물이다. 한국 민족의 성격이 어떤 상태냐에 따라서 한국 민족의 운명이 좌우된다. 그러므로 위대한 국민 성격을 건설하면 위대한 민족 운명이 전개된다. 위대한 국민 성격의 건설, 이것이 도산의 철학의 근본이다.

그래서 그는 우리 국민의 인격 혁명(人格革命)과 자아 혁신(自我革新)을 가장 강조했다.

그러면 위대한 국민 성격은 어떤 내용을 갖추어야 하는가.

도산은 세 가지 원리(原理)를 강조했다.

첫째는 무실(務實)·역행(力行)·충의(忠義)·용감(勇敢)의 사대 정신(四大精神)이요, 4대 정신의 근본은 참의 원리다.

둘째는 사랑의 원리 즉 정의돈수(情誼敦修) 사상이다.

세째는 대공주의(大公主義), 즉 민족에 대한 봉사(奉仕)의 원리다.

도산 사상은 참과 사랑과 봉사의 3대 원리를 핵심으로 한다.

먼저 4대 정신을 설명하기로 한다. '무실 역행(務實力行)'을 생명(生命)으로 삼는 충의 남녀(忠義男女)를 만들자. 이것이 도산의 인격 혁명의 근본 목표다.

무실(務實)은 소극적 표현을 하면 '속이지 말자'요, 적극적 표현을 하면 '참되자'다. 무실의 반대는 거짓이요, 허위(虛僞)다. 무(務)자는 힘쓸 무자다. 우리는 무엇을 힘써야 하는가. 도산은 실(實)을 힘쓰자고 했다. 그러면 실이란 무엇이냐.

실(實)은 ① 진실(眞實)·성실(誠實)의 실이요. ② 착실(着實)·실질(實質)의 실이요, ③ 실력(實力)의 실이다. 진실하기를 힘쓰고, 착실하기를 힘쓰고, 실력있기를 힘쓰자는 것이다.

실의 반대는 세 가지가 있다.

첫째는 명(名)이요, 둘째는 허(虛)요, 세째는 위(僞)다. 실의 반대는 명이다. 이름만 있고 알맹이가 없는 것은 유명 무실(有名無實)이다. 이름과 알맹이를 다 갖춘 것이 명실 상부(名實相符), 명실 겸비(兼備), 명실 쌍전(雙全)이다. 명이 중요한 것이 아니다. 실이 중요하다. 이름이 문제가 아니다. 알맹이가 있느냐 없느냐가 문제다.

실의 반대는 허(虛)다. 허는 속이 빈 것이요, 실은 알찬 것이다. 실의 반대는 위(僞)요 거짓이다. 이름과 빈 것과 거짓을 버리고 진실(眞實)과 실질(實質)과 실력(實力)을 힘쓰는 것이 무실이다. 도산은 이렇게 말했다.

"죽더라도 거짓이 없으라."

"농담으로라도 거짓말을 말아라."

"꿈에라도 성실(誠實)을 잃었거든 통회(痛悔)하라."

"거짓이여, 너는 내 나라를 죽인 원수로구나. 군부(君父)의 원수는 불공대천(不共戴天)이라 했으니 내 평생에 죽어도 다시는 거짓말을 아니하리라."

"먼저 우리의 가장 큰 원수되는 속임을 버리는 진실과 정직(正直)을 모시어야 하겠읍니다. 네 가죽 속과 내 가죽 속에 있는 거짓을 버리고 참(誠)으로 채우자고 거듭거듭 맹세합시다."

얼마나 높고 준엄한 진실 정신(眞實精神)인가.

"부허(浮虛)는 패망(敗亡)의 근본이요, 착실(着實)은 성공의 기초외다. 그런데 우리 대한의 사회 상태가 부허적(浮虛的)인가, 착실적(着實的)인가. 다시 말하면 패망적(敗亡的)인가, 성공적(成功的)인가. 오늘은 빈 말로 살아가는 세상이 아니요, 그 살아갈 만한 일을 참으로 지녀야 사는 세상이외다."

"우리 청년이 작정할 것 두 가지가 있소. 하나는 속이지 말자, 둘째는 놀지 말자, 이 말을 매일 주야(晝夜)로 생각하오."

온 민족이 무실적 인간(務實的 人間)이 되어 무실적 행동(務實的 行動)과 생활을 하고 무실적 사회를 건설하자. 이것이 도산의 무실주의다. 무실 근본은 진실주의(眞實主義)다.

4대 정신의 둘째는 역행(力行)이다. 역행은 행하기를 힘쓰는 것이다. 역행의 반대는 공리공상(空理空想), 빈 말 빈 소리라고 도산은 말했다.

역행은 소극적 표현을 하면 '놀지 말자'요, 적극적 표현을 하면 '일하자'다. 도산의 사상은 왕 양명(王陽明)의 지행일치(知行一致)의 철학과 대동 소이하다. 행이 없는 지, 실천(實踐)이 없는 이론(理論)은 의미와 가치가 없다고 그는 생각했다. 공리공론을 물리치고 실천 궁행(實踐躬行)하는 민족이 되자는 것이다.
 춘원은 《도산 안 창호》에서 이렇게 말했다.
 "도산은 극언(極言)했다. 이조 5백년의 역사는 공리공론의 역사였다고. 그러하기 때문에 이조 5백년에 경제적으로나 문화적으로나 위대한 유산(遺産)이 적고 오직 갑론을박과 그로인하여 온 참무(讒誣)·탄핵·비방·살륙(殺戮)·빈축·산비(酸鼻)할 기록이 있을 뿐이라고. 심지어 이렇다 할 건출물 하나 토목 공사 하나 크게 자랑할 것이 없지 아니하냐고. 공담·공론에서 나올 필연한 사물이 쟁론(爭論)과 모해(謀害)밖에 없다고 했다."
 그는 경술국치(庚戌國恥)에 대해서 이렇게 말했다.
 "우리 나라를 망하게 한 것이 일본도 아니고 이 완용(李完用)도 아니요, 그러면 우리 나라를 망하게 한 책임이 누구요. 그것은 나 자신이오. 내가 왜 일본으로 하여금 조국에 조아(爪牙)를 박게 하였으며, 내가 왜 이 완용으로 하여금 조국을 팔기를 용허(容許)하였소. 그러면 망국의 책임자는 곧 나 자신이오.
 자손은 조상을 원망하고 후진은 선배를 원망하고, 우리 민족의 불행의 책임을 자기 외에 돌리려고 하니 대관절 당신은 왜 남만 책망하시오. 우리 나라가 독립이 못되는 것이 아아, 나 때문이로구나 하고 가슴을 두드리고 아프게 뉘우칠 생각을 왜 못하고, 어찌하여 그 놈이 죽일 놈이요, 저놈이 죽일 놈이라고 말하고 가만히 앉아 계시오. 내가 죽일 놈이라고 왜들 깨닫지 못하시오."
 공리공론(空理空論)을 버리고 역행(力行)하는 인간이 되자. 이것이 역행주의(力行主義)다. 무실 역행은 율곡(栗谷)이 강조한 사상이다. 도산은 그것을 오늘에 살리어 한국 민족의 국민사상(國民思想)의 근본으로 삼으려고 했다.
 이조 중엽(李朝中葉) 이후에 민족적 자각(民族的 自覺)과 학문적 반성(學問的 反省)이 생기어 실사 구시(實事求是)와 이용 후생(利用厚生)을 근본으로 하는 실학 사상(實學思想)이 나왔다.
 이 수광(李晬光)·한 백겸(韓百謙)·정 다산(丁茶山)·이 덕무(李德懋)·박 제가(朴齊家)·이 익(李瀷)·신 경준(申景濬)·김 정희(金正喜)·박 지원(朴趾源)·유 공득(柳恭得)·이 서구(李書九) 모두 다 실학파에 속하는 학자들이다. 도산의 무실 역행 철학은 실학 사상(實學思想)과 동일한 정신과 계열(系列)에 속한다.

4대 정신의 세째는 충의(忠義)다. 충의는 충성(忠誠)과 신의(信義)가 합한 것이다.

충성과 신의는 어떻게 다른가. 모두 다 참된 것이다. 인간의 도덕은 2대 원리로 구성된다. 하나는 대물원리(對物原理)요, 또 하나는 대인원리(對人原理)다. 우리는 늘 사물을 처리하고 사람을 대하며 살아간다.

대물 관계(對物關係)의 기본원리가 충성이요, 대인 관계의 기본원리가 신의다. 일에 대하여 성실한 것이 충성이요, 사람에 대하여 성실한 것이 신의다. 충성과 신의가 합한 것이 충의다.

"나는 밥을 먹어도 대한의 독립을 위해, 잠을 자도 대한의 독립을 위해서 해 왔다. 이것은 내 목숨이 없어질 때까지 변함이 없을 것이다."

"우리의 하려고 하는 위대하고 신성한 사업의 성공을 허(虛)와 위(僞)의 기초 위에 세우려고 하지 말고 진(眞)과 정(正)의 기초 위에 세우려고 하자. 어떤 신이 무심(無心) 중에 와서 홀출(忽出), 내게 묻기를 너는 무엇을 하느냐 할 때에 나는 아무 것을 하노라고 서슴지 않고 대답할 수 있게 하라."

우리는 도산의 이러한 말에서 충의(忠義)의 정신이 어떤 것인지를 발견한다.

일에 대해서 정성을 다하고 사람에 대해서 신의(信義)를 굳게 지키는 충의(忠義)의 국민이 되자는 것이다.

4대 정신의 마지막은 용감이다. 용감은 비겁의 반대다. 무슨 일이나 적극적으로 씩씩하게 능동적으로 하는 것이다. 도산은 한국 민족을 용감한 민족으로 만들자고 했다. 한번 작정한 이상(理

想)이나 목표(目標)를 견인 불발(堅忍不拔)의 정신과 불퇴전(不退轉)의 의지로 변치않고 꾸준히 추구해 나아가는 것이 용감이다. 그는 이렇게 말했다. "우리 청년은 태산(泰山)같은 큰 일을 준비합시다. 낙심말고 겁(怯)내지 말고 쉬지 말고 용감하고 대담하게 나아갑시다. 총독부 사령부라도 당돌히 출입하는 청년이 되시오. 죽을 작정하고 대담하게 일합시다."

"사투(私鬪)에 겁(怯)하고 공전(公戰)에는 용(勇)하시오."
"나는 죽음의 공포가 없다."
도산의 용감의 정신이 잘 나타난 말이다.

무실 역행 중의 용감의 4대 정신은 간결 명쾌한 가운데, 우리 국민의 지향(志向)할 정신과 방향을 가장 잘 표현하였다. 도산의 이상적 한국인상(理想的 韓國人像)의 핵심을 말한 것이다. 4대 정신의 근본은 참이요 진실이다. 요컨대 실(實)과 행(行)의 생활, 실과 행의 국민을 만들자는 것이다.

도산 사상의 둘째 원리는 사랑이다. 그는 진실을 가장 강조했고 그 다음에 사랑을 역설했다. 사랑을 도산은 정의돈수(情誼敦修)란 말로 표현했다.

서로 사랑하기 공부를 힘써서 우리 사회를 사랑의 사회로 만들자는 것이다.

그는 기독교 사상에서 사랑의 원리를 배웠고 또 실천했다.

그가 얼마나 사랑을 강조하였는가. 그의 말에서 찾아 보기로 하자.

"너도 사랑을 공부하고, 나도 사랑을 공부하자. 남자도 여자도 우리 2천만이 다같이 사랑하기를 공부하자. 그래서 2천만 한민족은 서로 사랑하는 민족이 되자."

"서로 사랑하면 살고 서로 싸우면 죽는다."

"죽더라도 동포끼리는 무저항주의(無抵抗主義)를 쓰자. 때리면 맞고 욕하면 먹자. 동포끼리만은 악을 악으로 대하지 말고 오직 사랑하자."

"왜 우리 사회는 이렇게 차오, 훈훈한 기운이 없소. 서로 사랑하는 마음으로 빙그레 웃는 세상을 만들어야 하겠소."

"저마다 훈훈한 마음으로 빙그레 웃는 얼굴" 이것이 도산이 그리는 새 국민의 새 표정(表情)이요, 새 민족의 새 얼굴이다.

서로 사랑하기 공부를 힘쓰고 동포(同胞)끼리는 무저항주의를 쓰고, 저마다 훈훈한 마음으로 빙그레 웃는 얼굴의 새 국민이 되자. 이것이 도산이 추구하는 새로운 한국 사회상(韓國社會像)이요, 새로운 한국인상(韓國人像)이다.

그는 정의돈수(情誼敦修)의 원리를 강조했다. 정의란 정답고 의좋은 것이요, 돈수는 두텁게 닦는 것이다. 즉 사랑하기 공부다. 우리 한국인이 저마다 정의돈수하여 무정(無情)한 사회를 유정(有情)한 사회로 만들자고 했다.

그의 "무정한 사회와 유정한 사회"는 사랑의 철학을 명쾌하게 논한 명문이다.

"인류 중 불행하고 불쌍한 자 중에 가장 불행하고 불쌍한 자는 무정한 사회에서 사는 사람이요, 복(福)있는 자 중에 가장 다행하고 복있는 자는 유정한 사회에 사는 사람이다."

"사회에 정의(情誼)가 있으면 화기(和氣)가 있고 화기가 있으면 흥미가 있고 흥미가 있으면 활동(活動)과 용기가 있읍니다."

"정의(情誼)없는 대한 민족의 고통은 실로 지옥이외다. 대한인(大韓人)의 사회는 가시밭이외다. 아무 낙(樂)이 없읍니다."

"정의(情誼)는 친애(親愛)와 동정(同情)의 결합이외다."

"우리는 어디를 가든지 오직 정의돈수 네 글자에 의지하여 삽시다."

도산은 사랑하기 공부, 즉 정의돈수를 하는데 주의할 점을 일곱 가지 들었다. 그가 얼마나 인간심리(人間心理)의 깊은 이해자(理解者)요, 통찰자인가를 알 수 있다.

1. 남의 일에 개의(介意)치 말라.
2. 개성(個性)을 존중하라.

3. 자유(自由)를 침범치 말라.
4. 물질적 의뢰(物質的 依賴)를 말라.
5. 정의(情誼)를 혼동치 말라.
6. 신의(信義)를 확수(確守)하라.
7. 예절을 존중히 하라.

서로 사랑하기 공부를 힘써 무정한 사회를 유정(有情)한 사회로 만들자. 이것이 그의 사랑의 사상이다.

세째는 대공주의 사상(大公主義思想), 즉 민족에 대한 봉사(奉仕)의 철학이다.

사(私)는 나요, 공(公)은 우리다. 사는 작은 것이요, 공은 큰 것이다. 우리는 민족이라는 대공(大公)을 위해서 봉사(奉仕)해야 한다. 그것이 또한 인류라는 더 큰 대공(大公)에 봉사하는 것이다. 그래서 그는 대공주의(大公主義)를 강조했다. 대공주의는 곧 민족에 대한 봉사를 의미한다.

"개인은 민족에 봉사함으로써 자신에 대한 의무와 인류(人類)에 대한 의무를 완수한다."

이 말속에 그의 대공주의 사상이 잘 나타나 있다.

나는 도산의 진실 정신(眞實精神)과 사랑의 원리와 민족 봉사(民族奉仕)의 이념(理念)을 설명했다.

우리는 도산 사상의 집약적 표현(集約的 表現)은 도산의 다음 말에서 찾을 수 있다.

"무실 역행(務實力行)으로 생명(生命)을 삼는 충의남녀(忠義男女)를 단합하여 정의(情誼)를 돈수(敦修)하며 덕·체·지 삼육(德體知三育)을 동맹수련(同盟修練)하여 건전한 인격을 지으며 신성한 단체를 이루어 우리 민족 전도 대업(民族前途大業)의 기초를 준비함."

"진리(眞理)는 반드시 따르는 자가 있고, 정의(正義)는 반드시 이루는 날이 있다"고 그는 갈파했다.

민족의 자각(自覺)과 자신(自信)을 강조하고 민족의 훈련과 개조를 역설하고 민족의 이상(理想)과 사명(使命)을 제창한 도산의 민족 자력 갱생(民族自力更生)의 철학과 최고 민족 완성 사상(最高民族完成思想)은 현대의 뛰어난 정신적 유산(精神的 遺産)의 하나다. 이 유산은 앞으로도 우리 역사의 진로(進路)와 민족의 미래를 밝히는 커다란 사상적 지표(思想的 指標)가 될 것이다.

◎略　歷

1920年 平安南道 龍崗 出生.
早稻田大學 文學部 哲學科 卒業.
思想界社 主幹 및 編輯委員 歷任.
서울大學校 講師 歷任.
現　在 : 崇實大學校 名譽敎授.

◎著　書

《現代思想》, 《島山思想》, 《키에르케고르 思想》, 《빠스깔 思想》, 《삶의 보람을 찾아서》, 《思索人의 饗宴》, 《마음의 窓門을 열고》, 《精神의 巡禮》, 《幸福의 美學》, 《인생은 藝術처럼》, 《永遠한 自由人》, 《哲學 노우트》, 《아름다운 創造》, 《眞理의 샘터에서》, 《휴우머니즘》, 《네 영혼이 孤獨하거든》, 《너와 나의 만남》, 《苦惱를 넘어서 歡喜로》, 《뜻이 있는 곳에 길이》, 《내일 지상에 종말이 올지라도》, 《安秉煜 人生論》, 《智慧롭게 사는 길》, 《새 韓國人의 使命》, 《생의 푸른 草原에서》, 《좌우명 365 일》외 多數.

◎譯　書

《實存主義哲學》, 《美國哲學史》, 《幸福의 探求》, 《幸福論》, 《文明批判과 價値의 世界》, 《知識人의 阿片》, 《에이브라함 슈바이쩌 全集》 分譯.

안병욱 희망론

1989年	8月	10日	印刷	
1989年	8月	15日	發行	
1989年	11月	20日	再版	
1997年	12月	10日	重版	

著　者　安　秉　煜
發行者　張　奎　燮
組　版　和　　成　社
印　刷　大　新　印　刷　社
製　本　二　友　製　册　社
發　行　**三育出版社**
서울特別市 中區 舞鶴洞 27番地
電話 235~6039
登錄 1968年 4月 8日 제 2~299 호

값 7,000 원